咸丰文史资料第十三辑

咸丰历史名人传

政协湖北省咸丰县委员会文史资料委 编

學苑出版社

图书在版编目（CIP）数据

咸丰历史名人传 / 政协湖北省咸丰县委员会文史资料委编．—北京：学苑出版社，2018.12

（咸丰文史资料．第十三辑）

ISBN 978-7-5077-5621-0

Ⅰ．①咸…　Ⅱ．①政…　Ⅲ．①历史人物—生平事迹—咸丰县　Ⅳ．①K820.863.4

中国版本图书馆 CIP 数据核字（2018）第 284966 号

责任编辑：任彦霞
出版发行：学苑出版社
社　　址：北京市丰台区南方庄 2 号院 1 号楼　100079
网　　址：www.book001.com
电子信箱：xueyuanpress@163.com
联系电话：010-67601101（销售部）、67603091（总编室）
印 刷 厂：小森印刷（北京）有限公司
开本尺寸：787×1092　1/16
印　　张：20
字　　数：320 千字
版　　次：2018 年 12 月第 1 版
印　　次：2018 年 12 月第 1 次印刷
定　　价：125.00 元

《咸丰历史名人传》编委会

序 言

咸丰是块宝地，更是个福地。唐崖土司时期，明熹宗皇帝朱由校钦赐之为“荆南雄镇”“楚蜀屏翰”；清雍正十三年（1735）改土归流，清世宗皇帝钦定“咸丰”县名，取“咸庆丰年”之意。

被两朝皇帝“代言”的咸丰，也确实有着充分的文化自信和丰厚的历史底蕴，为自己的“金字招牌”背书。钟灵毓秀的咸丰山水，孕育出代代英才，他们历来都以“敢为天下先”的大无畏精神，创造出一个个“唯一”，在中华文明灿烂的历史画卷中，留下极具自身特色的浓墨重彩。

唐崖土司覃鼎和田氏夫人，为大明王朝平定西南叛乱立下汗马功劳，并为后世留下一座“世界文化遗产”级的高规格城池；清代丁寨乡绅秦朝品捐学田，首倡义学，建造培英书院，昌盛百年，开咸丰文明教化风气之先；清光绪年间，大水坪严道培率领族人创建严家祠堂，教化子孙，将宗祠文化在鄂西的土地上发扬光大……这些神奇土地孕育的杰出人才，为地方文明繁荣做出了杰出的贡献，他们的精彩故事也一直在民间广为流传。

咸丰更是一片具有优良传统的革命热土。同盟义士温朝钟，组织“铁血英雄会”，在辛亥革命爆发的九个月前，擎起反清义旗；“神兵”“总理”庹万鹏，抛弃神坛跟贺龙，成长为红军副师长；“特科队长”黄子全领导龙潭司武装暴动，掀起轰轰烈烈的咸丰农民大革命；小村“韦氏七雄”，全家踊跃参加红军，英勇善战，壮烈殉国……土地革命时期，全县有万人之众投身革命，其中两千余人参加红军。

咸丰也是民族英雄与爱国人士的孕育地。担任孙中山“非常总统府秘书”的冯子恭，为存留孙中山“五权宪法”演讲手稿影印件付出巨大的努力，回到咸丰后，为当地的文化教育事业做出了重要贡献。还有武昌首义战士王云龙，“中国航空第一人”秦国镛，对日首战航空烈士秦家柱等，都是非常杰出的时代英雄。

文化是灵魂，旅游是载体。迈入新时代，在建设“五个咸丰”的征程中，我们放宽视野、着眼长远，努力把得天独厚的生态资源和内涵丰厚的文化资源融为一体，把他们保护传承好、整合利用好，争取让每一处青山绿水、每一栋干栏村居、每一则文化故事、每一份特色产品都成为咸丰的旅游形象和品牌代表。

县政协充分发挥文史资料编撰所长，聘请专家作者，在深度调研、充分考证、运用以往政协累积的史料基础上，高视野、高标准挖掘融合各方面史料，编撰出一本全新的“咸丰文史资料第十三辑”《咸丰历史名人传》。

本书最大的特点，就是以历史人物为第一写作视角，尊重史实，扩大历史视野，串联历史细节，将咸丰的历史人物和地标性文化遗址故事，巧妙组合，精致拼接，并一一娓娓道来，让读者犹如亲临历史第一现场。所写人物生动，故事鲜活，有着极强的画面感和体验感。本书编排图文并茂，设计精美，让人耳目一新，是发挥文史资料“存史、资政、团结、育人”功能的创新尝试。

本书顺利出版，是深入挖掘和传承咸丰优秀传统民族文化的成果，对于打造咸丰文化品牌、丰富地方文化内涵、提升咸丰人文旅游品质、建设“文化强县”，有着鲜明的示范意义和推进作用。

如今，咸丰正在探索文化和旅游深度融合的新路径，描绘“诗和远方”的新画卷。希望通过本书，可以增强广大咸丰人士热爱咸丰、维护咸丰、建设咸丰的激情与使命；也希望通过本书，能够让广大读者了解咸丰秀美的山川、多彩的文化、厚重的历史，爱上这片神奇的热土。

郑东来

中共咸丰县委书记

2018 年 11 月

第一章 秦氏五杰

第二章 同盟三雄

目录

第三章 红色群英

第四章 风流名士

第一章

秦/氏/五/杰

第一节
一飞冲天秦国镛

秦国镛（1876—1940），字子壮，湖北咸丰县丁寨人，北洋政府陆军中将，“中华民国”空军创始人。1913年，创办中国第一所航空学校南苑航校，亲任校长，有“中国航空第一人”之美誉 。

他创造了中国航空史上的多个“第一”：第一个驾驶飞机飞上天空的中国人，创办中国第一所航空学校，完成中国第一次航线飞行，成功飞越秦岭，是中国第一次远航纪录，完成中国人第一次飞机夜航，组建中国历史上第一支独立飞行大队等。

1917年，张勋复辟之时，秦国镛率机散发传单，轰炸清宫，逼迫清帝二次退位，有“再造共和”之功；1926年解甲归田，创办华陆石工厂和华陆商行；1931年4月，参加在南京召开的第一次全国航空会议，提出《由军事航空机关组织航空国防会议祥筹全国航空国防计划案》等14项重要提案。1940年在北平病逝，时年64岁。

▲ 秦国镛画像（绘图／任靖雯）

一、骄傲的俊秀才

弱冠之年的秦国镛已经敏锐地意识到，一个新的大时代正热气腾腾地扑面而来。鄂西南的重重山峦，咸丰城的浓浓亲情，都已无法阻挡这只心系天下、胸怀宇宙，欲直冲云霄、振翅扶摇九万里的土家族雄鹰。

武秀才家中的文秀才

清光绪二年（1876）闰五月五日，随着一声响亮的啼哭，一名健康可爱的土家族男婴诞生在湖北省施南府咸丰县乐乡里（今曲江镇）丁寨林麓口的一个秦姓大户宅院里。

这名男婴就是未来开创中国空军，谱写无数个“破天荒”的中国航空纪录，有“中国航空第一人”美誉的秦国镛。他出生的大院名为“林麓宅院”，宅地坐西向东，前依曲江水，后枕狮子山，风水绝佳。秦家也是当地颇有名望的大户人家，不但书香四溢，而且武风昂然。

书香只看两副对联。一副刻在“林麓宅院”门前曲江河上一座石墩桥桥南的石碑上：“岸转涪江，倒流西北三千里；桥通楚塞，横锁东南十万峰”；而在宅院头道大门上，挂有另一副木刻楹联：“忠孝传家和平处事，仁义待友道德为师”。两副对联都由宅第主人亲自创作书写，由此可知其胸怀气魄之大，修行品味之高。

武风且看宅院摆设。在宅院正屋的南头立有兵器架，置有刀、枪、剑、戟等十八般兵器；而在正屋北头一侧的近千平方米花园里，还摆有一对状若肥皂的巨型石块，单重 180 斤，石块中央有圆形孔洞，可用铁杠挑石举重练功。由此也能判断宅第主人定是习武之人，而且功力非凡。

▲ **秦国镛故居“林麓宅院”复原图**（供图 / 秦援民）

这座宅院的主人，正是秦国镛的父亲秦钟岳（沄洲公）。他是一个很了不起的人物，“文武兼备，忠义正直”，壮年时高中武秀才，后报国从戎，成为湘军悍将鲍超手下的一员猛将。沄洲公曾远赴越南抗击法军（中法战争），屡立战功，官至游击花翎都司（正四品，从三品待遇），封武威将军、昭武大夫。

正所谓宅如其人，沄洲公虽是习武出身，却偏爱书香，对文化颇是痴迷，文学造诣也是颇深，曾著有《豹皮诗集》，所以给孩子起的名字也是内秀风雅，譬如他给大儿子起名叫秀彰，字子文。秦国镛是沄洲公的第三个儿子，最初起名叫秀镛，字子壮。这些名字，至少从字面意义上讲，毫无将门虎子的霸气风范。沄洲公为儿子起这么秀气的名字，或是刻意规避，想努力改换门风，期望孩子走传统的科举仕途之路，而非在打打杀杀的战场上以血和命来博取功名。

沄洲公也确实教子有方，他的七个儿子个个都很争气，也有出息。老大秦秀彰 18 岁时就考中秀才。而秦国镛也没让父亲失望，从小就才艺超群，加上勤奋过人，大概 20 岁左右，第一次参加童试就考中文庠（秀才）。需要说明的是，清代的秀才并没有想象的那么容易考中，因为学额实在有限。当时秀才的学额是以县为单位分配，按赋税、文风归为三档——大州县 50 人，中等县 30 人，小县 15 人。

同时代的梁启超曾回忆说，“邑聚千数百童生，擢十数人为生员”，算下来录取率仅 1%，完全不是夸张。许多人可能考了一辈子都考不中，一些七老八十，甚至九十多岁的白发老叟，还和孙子一起坚持“童试”的现象，当时并不鲜见。

咸丰县地处偏远的鄂西南，当时实行“改土归流”仅一百余年，文脉偏弱，当属小县，加上赋税不高，能捐得起的比例很小，所以考取难度会更大一些。可以想象，当年秦府收到生员捷报时，秦父一定是喜极而泣。那大概也是少年秦国镛最得意的时刻。

根据当时的规定，连过县试、府试、院试三道考关的考中童生，会在省城学院举行一个特别隆重的典礼仪式，即“簪花”之礼。考中的第二天，年轻富有的童生，一般都会置办一套全新的“套装”——穿青衫、戴飞绒帽、置金雀顶，然后去学院听学使训话。有意思的是，按当时约定俗成的惯例，如已订婚或结婚的童生，这套新衣服一般由岳父家赠贺。

当时秦国镛娶的是前广东大埔县知县王伟的孙女，该县庠生王公绪的长女，清孝廉方正王承烈的胞妹王氏，一位“识诗书，娴礼教”的大家闺秀。出过一大堆秀才的岳父家，也是当地有名的书香门第，在科举应试准备方面自然有着丰富的操办经验。可想当年给贤婿置办的这套秀才装，用料、裁剪、配饰，都应该非常讲究。毕竟，在那个时代，考中秀才是进入士大夫阶层的第一步，既是响当当的“功名”，也有很实在的特权，譬如可免除差徭，见知县不跪、不能随便用刑等。

所以讲究也好，张扬也罢，都在情理之中。

洋学堂里的老学生

也是在省城参加院试的时段，青年秦国镛不但获取了功名，更是大开了眼界。

当时的湖北是洋务运动的中心和重镇，开一代风气之先，省城里有着太多壮观得不可思议，新鲜得无法描绘的“现代化”场景——工业化制造的枪炮局，烟囱林立的汉阳铁厂，开起来地动山摇的蒸汽火车……还有农务学堂、工艺学堂、武备自强学堂、商务学堂等一系列的新式洋学堂，应都给予青年秦国镛莫大的震撼和刺激。

当时热火朝天的洋务运动，是内忧外患的中国第一次主动拥抱变革，也让满怀报国情怀的热血青年、有识之士看到了希望。大概也是在那个时段，沄洲公把自己七个儿子名字中的“秀”字都改为“国”字，以此激励他们的报国之心。从小饱读诗书，又兼修武略的秦国镛并不缺乏才情，在命运之神的眷顾下，趁着年轻，他要朝着更大的雄心和梦想进发。在那个时代，他这样的官二代并无特权，也没什么捷径可走，报国图强的理想也好，实现功名的追求也罢，都还需要靠自己脚踏实地的努力来争取。

祖宗的荣耀，体面的姻亲，更多的是一种无形的压力。青年秦国镛，必须将这种压力化作一种奋进的动力，在学识和功名上，他要更上一层楼，为了光宗耀祖，也是为了自己的远大前程。

弱冠之年的秦国镛已经敏锐地意识到，一个新的大时代正热气腾腾地扑面而来。他无心沉醉于秀才功名给予的“小确幸”，也不满足传统科举仕途的“慢节奏”。他决意抛弃旧见识，走出小县城，拥抱新世界，用勇气和才华，与这个时代碰撞出最激烈的火花。鄂西南的重重山峦，咸丰城的浓浓亲情，都已无法阻挡这只心系天下、胸怀宇宙，欲直冲云霄、振翅扶摇九万里的土家族雄鹰。

可以说，当时的秦国镛是主动拥抱了变革。早在1905年清廷正式宣布废除科举的前两年，即1903年前后，秦国镛就勇敢地放弃了依然充满功名利禄诱惑的科举之路，来到武昌，正式报考张之洞新创办的武昌文普通中学堂（今湖北第十四中学），在27岁的年纪，甘愿再做一名中学生，从头学起。

▲ **汉阳铁厂** 中国近代最早的官办钢铁企业，诞生于1890年，由晚清名臣张之洞创办。

二、幸运的洋学生

成熟稳重的秦国镛，或早在留学之初，就已规划好七年的留学生涯应如何度过。他清楚地知道待他学成归国时，已是35岁的中年大叔。失去年龄优势的他，必须在职业能力上弯道超车，才有胜算的可能。

两位大人物

在那个时代，秦国镛是个运气极好的“幸运男孩”，特别是在他求学的前半生里，与太多的大人物产生过交集。

首先，他最应该感谢两位洋务派的大人物——端方和张之洞。

端方当时任湖北巡抚，后代理湖广总督，1905年调任湖南巡抚。这位端大人虽是满臣，却极其开明，又特别奋发有为。

早在出洋考察宪政之前，他就对当时中国社会转型所需要的现代化人才培养和教育极为重视。在他历任封疆大吏期间，不但筹办了许多新式学堂，而且还派遣大批“明通端正”的学子，官费出洋留学。当时，湖北省是国内各省派出留学生最多的省份。据统计，1903—1908年间，湖北官府用于留学生的费用，每年约40万元，约占全省教育经费的1/6。

秦国镛便是受益者之一。有意思的是，端方和前任张之洞一样，还特别鼓励当时的学子自费留洋。1901年，湖北恩施人饶凤璜等4人率先自费留学日本。1902年，湖北恩施人王莲自费留日，开启了湖北地区女子自费留学之先河。大概也正是在两位恩施老乡的精神感染和榜样激励下，当时在武昌文普通中学堂读书的秦国镛也选择了出国留学这条路。

▲ **1908年清政府第二批留法学生抵达后之合影** 图中着法式双排扣制服的系第一批学员。右起第二排第二人，双臂抱于胸前者系吴承禧，后被秦国镛聘任为南苑航校机器厂厂长，兼无线电教习。

光绪三十年（1904）春，通过激烈的考选，考试达人秦国镛如愿以偿地拿到了派往法国留学的官费生名额，当时这一批仅有8人。

而选择法国留学也和端方有很大关系。早在1902年，朝廷或为了博采众长，更好地学习各国先进军事经验，觉得留日的军队学生过多，要求向欧洲派遣军队学生来维持平衡。当时张之洞一直不喜欢法国，提倡往英国派遣海军学生，往德国派遣陆军学生。

但端方是个实证派，他在1904年先派了10个官费军校生去法国留学，后通过考察比较，发现法国培养的军校生远比德国培养的军校生水平高，所以第二年就立马计划派遣第二批学生留法，秦国镛正好赶上了这一批。

也是在这一年（1905）的四月，当时已调任湖南巡抚的端方，还选派了一批湖南学生官费留学日本，路过武昌时，两湖总督张之洞爱才心切，准备接见这批留学生。于是，一个特别耐人寻味的历史细节发生了。

根据当时留学生黄尊三的《留学日记》记载，张之洞接见时有一个特别要求，就是要留学生行跪见之礼。而这批已接受新式教育洗礼的留学生竟然大胆说不，因为觉得有失人格。

张之洞勃然大怒，下令不跪就不准放行。双方僵持不下，一直拖了十余天。端大人发来急电，警告留学生不要对张之洞大人无礼，否则取消遣派留学资格。

这批可爱又可敬的留学生竟然不为所动，并愤慨地“怼”了回去，抱怨说“中国大官，只顾一己之虚，不知尊重他人人格，实属可鄙”，并扬言如要牺牲人格的话，那就不留学好了。

更可敬的是，两位位高权重的大人物竟然最终和留学生妥协了，接受了“行鞠躬之礼”的方案。可爱的“老顽固”张之洞大人还特设西餐宴请全体留学生，并每人赠送《劝学篇》及《钦定学堂章程》等书各一部。

以此推想，作为同一年湖北官派的留学生，又是出自张之洞亲自开办学校的秦国镛这一行，肯定也会被张之洞接见，也应该得到了西餐宴请及赠书的优待。至于秦国镛这一批留学生有没有下跪，我们则不得而知。

作为开新式教育之先河的武昌文普通中学堂的学生，秦国镛应该和那批留日的湖南学生一样坚守尊严，只是骄傲却深情地向这位刚毅峻严却又不失温情的张之洞大人鞠了一躬。

▲ **法国圣西尔军校校门** 1907 年 11 月，秦国镛正式进入该校学习。

留学法兰西

经历了35天的海上航程，秦国镛终于来到了梦寐以求的法兰西。

根据晚他两年留学的师弟吴承禧回忆录《留学法兰西》描述，他们在出发前就会剪去发辫，并穿上政府发给的黑呢制服一套，携带黄色布箱一只，以现代文明的崭新形象展示给洋人。那时年轻且自信的他们，个个精神饱满，意气风发，他们对未来，对前程，对国家，对自己，都充满了乐观且阳光的想象。

法国各军队部门或为了争取更多的留法军校生和更多的国家利益，特别热情地欢迎这些“小中国人”。当时的法国总理克列孟梭（Clemenceau），甚至亲自操刀，制订了一项针对性的培养中国军校生的教育计划。

根据计划，秦国镛这一批八人组成的湖北官费生，先是在巴黎的几所公立中学补习法语，并鼓励他们积极融入法国当地生活，了解当地文化。两年后，即1907年3月，中国公使馆要求学生，根据法国国防部于1906年10月通报的教育大纲，开始接受军事训练。

按法国最初制订的教育计划，这一行八人应该先去自己选择的部队当兵一年。但以秦国镛为首的四个人，当时因年龄或学费的压力，借口时间过紧，要求直接进入圣西尔军校（Special Military School of St.Cyr）学习。最后他们也如愿以偿，于1907年11月正式入学。

最终的学习结果是，有两人学习仅一年后就应召回国、一人留级，唯有秦国镛顺利读完两年课程。后来他再接再厉，又进入索米尔马队军官学校学习一年，然后以军官身份，于1910—1911年在凡尔赛某联队实习一年。

根据法国著名汉学家巴斯蒂夫人整理的法国外交部档案表明，1905—1911年的七年时间里，秦国镛大多数留学时光都是在法国度过，他攻读的是世界四大军事名校之一的圣西尔军校，学习的专业是陆军骑兵科。

由于学业繁重，训练繁多，加上当时官费不足，秦国镛还要抽时间勤工俭学，赚取生活费用。我们不知道秦国镛在留学期间是如何有效地分配自己的时间和精力，以应对专业学习和职业训练的重重挑战。不可思议的是，除了专业学习外，他竟然还同时兼修了英、法、日、比等多国语言。

在法留学期间，秦国镛的父亲秦钟岳还亲自写了两首诗词，予以鼓励。一首写得激情满怀，诗曰：

一别宗邦漫五年，梦魂长在岛云边。几回寄语全忠孝，自古立身本圣贤。久客诸侯联肺腹，壮游海岛便神仙。殊方虽美吾君老，快把陆军练在先。

另一首则是深情款款，诗曰：

书来海外慰平安，再再叮嘱仔细看。万里支身三尺剑，百年霸业一征鞍。关河险阻须牢记，朝市变迁不忍观。当国休谈天下恨，风尘只觉将才难。

在父亲的激励下，秦国镛自然是“立志振国，潜心求知”，非常努力刻苦，甚至有些拼命。除了爱国情怀和家人鼓励，很大程度也和其年龄压力有关。当时的留学生中，秦国镛是年龄偏大的一位。与他同专业、同留学轨迹的唐宝潮，一样是近三年的语言学习，然后在圣西尔军校骑兵科专业学习两年，在索米尔马队担任实习军官一年，在联队担任实习军官一年。虽说都是花费了七年时间，但唐宝潮早他两年出国，且比秦国镛小了整整十一岁。

成熟稳重的秦国镛，或早在留学之初，就已经规划好七年的留学生涯应如何度过。他清楚地知道待他学成归国时，已是 35 岁的中年大叔。失去年龄优势的他，必须在职业能力上弯道超车，才有胜算的可能。

▲《豹皮诗集》秦钟岳著，收录有写给儿子秦国镛的诗词《示三子》。

与载涛的不解缘

秦国镛作为一个学骑兵的军官，为何要跨界去学习航空呢？

除了他敏锐地把准了现代军事科技的发展脉搏外，还在很大程度上和另一位大人物有关，他就是宣统皇帝的叔叔爱新觉罗·载涛（时称“载贝勒”）。

这位贝勒爷早年也曾留学法国索米尔骑兵学校，专修骑兵作战科目，留学时间和秦国镛重合。也就是说两人可能曾是同班同学，加上两人专业相同，又都酷爱战马，所以惺惺相惜也在情理之中。

而在族谱里记载的秦国镛个人传记中，说秦国镛曾任御林军（应是禁卫军）都教练使，也可能与这位当时专司训练禁卫军大臣的载涛有关。

1910 年 4—7 月间，清政府为编练皇家禁卫军，以载涛为首的陆军军事考察团前往日、美、英、法、德、义、奥、俄等国考察。值得一提的是，当时陪同出访的考察团成员中，就有前文提到的早秦两年回国的唐宝潮。

载涛在这次出洋考察中，对空中的航行器产生了浓厚的兴趣。他先是 4 月参观了日本的热气球侦察部队，后在 6 月又亲自登上德国的帕赛伐尔 49 型飞艇（Parseval IL），飞行了 20 分钟。而 5 月在法国考察时，法国的飞机航空表演，更是给载涛留下了极其深刻的印象。

有关清朝皇室的这段军事考察经历，法国史料只有模糊记载，说当时载涛为了“让大清帝国走向现代化、国际化”，听从留学生的意见，订购了几架法国飞机，并让中国人参与驾驶训练。

一年之后，即 1911 年 5 月 26 日，《申报》刊登的一则新闻提及此事，说的则很详细——当时载涛决定“拟由留欧学生中，选派精通法语者七八人，入法国飞艇学堂，赶紧学习，约两月即可毕业。并由欧购回飞行艇三只，组织空中飞行艇队，以备秋操通信之用”。这里所说的飞艇或飞行艇，指的即是飞机。

1910 年的下半年，经选派的以秦国镛为首的几个法国留学生，开始奉命在法国和比利时学习航空驾驶和机械维修，并最终拿到了法兰西国际航空联合会颁发的飞机驾驶执照。

载涛重视飞机在军事方面的运用，是因为在他出洋考察时，敏锐地发现“各国均组织有飞行艇队，由空中传递消息”的军队通信发展潮流，也充分意识到新科技

▲ 1910 年 5 月 16 日，载涛在巴黎郊外伊西莱穆利诺机场

的应用，是军队战斗力提升的关键。从某种程度上讲，也正是这位爱赶时髦、能摆威风的年轻载贝勒，或有心，或无意撒下了中国航空史的第一批种子。

能间接证明载涛在中国航空史起步阶段影响力的，还有一个证据，即中国航空界第一次被世界著名的《简氏航空年鉴》提及的1913年，和中国有关的两个飞行人物，其中一个就是载涛（Tsai Tao Prince）。

仅宣统二年（1910），载涛领导的军咨府就做了好几个与中国飞行事业有关的重要决策——先是同意官费资助厉汝燕在英国学习飞机制造和驾驶；8 月份，又拨款在北京南苑的毅军操场，修建厂棚和供飞机起降的简易跑道，供日本留学归国的刘佐成、李宝焌回国造飞机；11 月 7 日，又责令陆军第一镇在北京仰山洼（今北苑附近）筹建飞行器学校。

而在法国学习飞机驾驶的秦国镛等一行，更是载涛特别看重的中国飞行事业腾飞的中坚力量。

三、冲天的飞英雄

秦国镛破天荒的“第一飞”是中国人第一次驾驶飞机在自己的国土上飞行，他自己也光荣地成为“在祖国蓝天飞行的第一位杰出的中国飞行员”，被美誉为飞行能人。4月6日这一天，也被清廷隆重地命名为“首次放演飞行机日”。

首飞的中国人

宣统三年(1911)四月，学成归国的秦国镛，终于在7年之后再次踏上祖国的土地。

当时随他一起回国的，是一架50马力的“高德隆”单座教练机。这大概是一年前载涛在法国订购的三架飞机之一。

当时载涛要求秦国镛学习飞行，并购买法国飞机的目的非常明确，即“以备秋操通信之用”。这个秋操，指的就是这年十月份在直隶省永平府举行的“永平秋操”。这是清末最大，也是最后一次超大规模的军事演习，当时参加演习的新军就达6万多人，预算经费更是高达1800万银元。

而这次军演的头号主角，就是时任军咨大臣并掌管禁卫军的载涛。当时的载涛年仅24岁，血气方刚，雄心勃勃，身为清朝皇室最被看好的少壮派代表，担负着“皇族内阁”从汉臣要员手中重新夺取军权的野心和重任。

但身为典型八旗子弟的载涛，对军事的热爱主要体现的还是表面的形式主义，醉心于游戏般的军事演习和阅兵仪式上。或是赶时髦的心理，或是摆威风的需要，载涛对于世界上最新潮、最前端的军事技术应用特别痴迷。在永平秋操演习时，他就让军队展示了刚从德国购买的最新式“克虏伯机关枪”和自美国引进，刚刚开始应用的行军电话。

而秦国镛带着最先进的飞行器归国，也是给载涛打了一剂强心针，或是兴奋剂。当秦国镛来到军咨府报到时，载涛迫不及待地下令秦国镛马上准备一次飞行表演。同时还在当时著名的新闻媒体——《顺天时报》上，大张旗鼓地刊发“试演重体航天器”的宣传广告。

1911 年 4 月 6 日，恰是中国的清明节，北京城的天气乍暖还寒。阳光明媚的南苑校阅场彩旗招展，人山人海，清冽的空气中虽然有丝丝寒意，可依然阻挡不住人们的热情。看台上，满是文武百官、皇亲国戚、驻华使节和其他各界社会名流；便是校阅场外面，也聚集了许多看热闹的平民百姓。他们个个怀着激动的心情，翘首仰望，期望见证一个“破天荒”的奇迹。

对于当时的中国人而言，飞机还是非常新鲜的玩意，飞行表演更是少见。虽说此前也有几位外国飞行员和华侨，在中国上空做过飞行表演。但作为堂堂正正的中国人，在自己的祖国上空飞行还是头一遭。特别是秦国镛这一次飞行表演，是由官方组织，代表的是国家的意志，变革的希望，也意味着军事图强，民族奋发的新生机、新力量，所以这次活动，从上到下，自始至终，都洋溢着一股让中国人久违了的扬眉吐气的欢快气氛。

试飞之前，为示庄重，还举办了试飞典礼，由军机大臣世续亲自主持。会场正中央置有双龙盘踞的描金龙牌，上书“大清皇帝万岁万岁万万岁！”，象征着“如朕亲临”，以示朝廷对本次活动的高度重视。为了表示朝廷拥抱变革，融入世界的决心，本次飞行表演活动还特别遵照国际惯例，升大清黄龙国旗，奏大清国歌《颂龙旗》：“于斯万年，亚东大帝国！山岳纵横独立帜，江河漫延文明波；四百兆民神明胄，地大物产博。扬我黄龙帝国徽，唱我帝国歌！”（当时法定的国歌《巩金瓯》还没制定，大多场合下，清廷会用这首陆军部军歌《颂龙旗》来替代国歌演奏）。

试飞典礼结束后，意气风发的秦国镛换上飞行服，登上“高德隆”单座双翼教练机，随着一阵阵震耳欲聋的发动机轰鸣声，只见一只“神鹰”伴随着飞扬的尘土，腾空而起，直冲蓝天。顿时校阅场内外的观众纷纷起立鼓掌，欢呼声响彻云霄。有的高兴得手舞足蹈，有的惊讶得不知所措，有的害怕得瑟瑟发抖。当飞机从观众头顶低空掠过，许多人吓得抱头大叫，等到飞机的引擎声刚刚渐弱，又忍不住抬头追望瞬间已经“抟扶摇而上四千米”的机械“神鹰”。

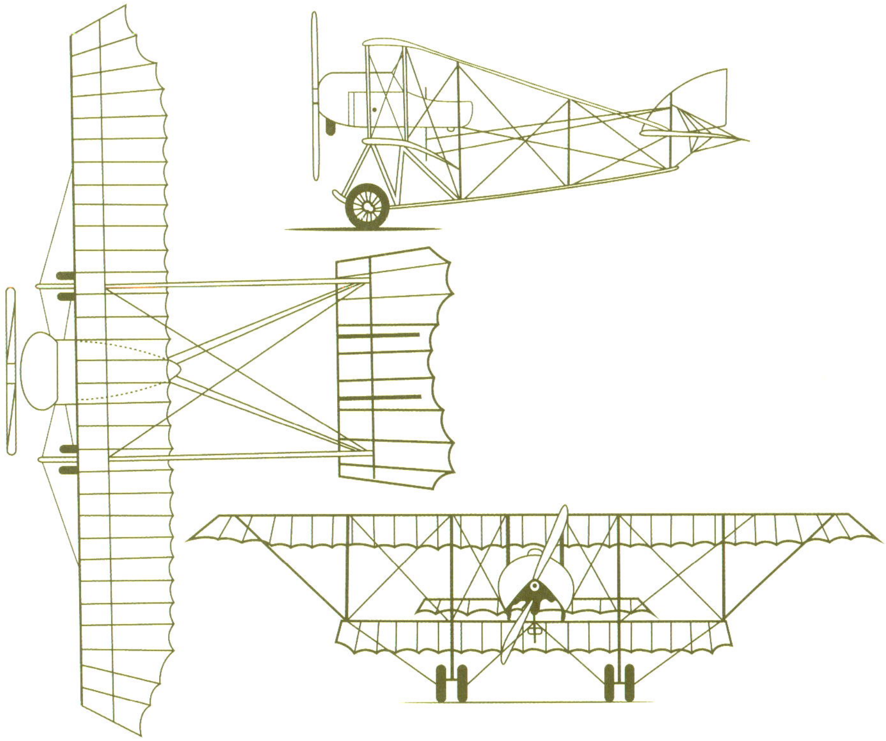

▲“高德隆”单座双翼教练机（机型示意图）

在众目睽睽之下，秦国镛凭借高超的飞行技艺，驾驶着飞机在南苑校阅场上空成功盘旋飞行三周后，开始寻找机会降落。由于当时的飞机制造技术还不成熟，落地前要关闭引擎，靠惯性来控制降落，最容易发生机毁人亡的事故。据史料记载，大概早一个月在中国飞行的法国飞行员路易斯·范隆（Louis Vallon），在上海表演时就坠机身亡；而迟秦国镛首飞一年之后，有“中国首创飞行大家”美誉的冯如，也在广州燕塘的一场飞行表演中，不幸失事牺牲。因此当飞机怒吼的轰鸣声突然消失，飞机双翼开始倾斜，急速抖动时，许多观众不禁为秦国镛的安全捏了一把汗，生怕发生意外。

说时迟，那时快，秦国镛驾驭着“神鹰”从高空高速俯冲而下，平稳地降落在南苑校阅场内，并用慢速准确地滑行到停机棚里。待飞机停稳，当一身飞行装束的秦国镛从飞机驾驶舱跳出来，挥手向大家致意时，场上顿时掌声雷动。伴随着雄壮欢快的凯旋军乐节奏，秦国镛被激动的同事和官员护拥至观演台前，再次高举双手，向在场的文武官员、驻华使节和广大观众致谢。

当时，无论国内，还是国外，这样的飞行表演都堪称完美。坐在外交使节席位的十多个年轻人，抑制不住激动的心情，纷纷簇拥到观演台前，将秦国镛抬举到头顶，绕场一周，一一与他热情握手，祝贺试飞成功。期间，还有两位洋姑娘，跑过来向秦国镛献上大束鲜花，以示敬佩和祝贺。

秦国镛这破天荒的“第一飞”，在当时的影响和意义非同凡响。这是中国人第一次驾驶飞机在自己的国土上飞行，他自己也光荣地成为“在祖国蓝天飞行的第一位杰出的中国飞行员”，被美誉为飞行能人。4 月 6 日这一天，也被清廷隆重地命名为“首次放演飞行机日”。

当时热情且敏感的媒体，或因为官方宣传的暗示，或缘于民族自信的需要，从秦国镛这次代表国家意志的成功试飞表演里，看到了“东方巨龙再次腾飞”的美好寓意和无限期望，因此纷纷予以隆重的报道。

当天下午，《顺天时报》就特地刊发了“号外”新闻。翌日，当时影响最广、发行量最大的两大报刊——北京《顺天时报》和上海《申报》又纷纷发布详细新闻，予以隆重报道。这个被媒体抬至“圆了中国人蓝天飞行梦”“重铸中华魂”爱国高度的“南苑第一飞”消息很快就传播海外。不但许多华侨报纸纷纷转载报道，就是法、英、俄、德以及东南亚地区的国家传媒，也都作为要闻予以报道。

令人遗憾的是，声名鹊起的秦国镛实在是生不逢时，就在这次漂亮且完美的飞行表演完成不到半年后，南方革命党人就开始在秦国镛的家乡——湖北武昌首义，辛亥革命正式爆发。

变天了。秦国镛纵是国家英雄，却被固化成一个旧朝廷的官样代表；他的光辉事迹，也被当作一个旧帝国的黄昏挽歌。一切个人成就，都被刻意遗忘，便是他自己，也在官场被刻意边缘化。

尴尬的秦参谋

从某种程度上讲，秦国镛是“保皇党”，再确切地讲，他应该算是半个载涛的人。

我们可以从两人的戎装对照图里看出一些端倪。这两张照片大概拍摄于民国元年（1912）年初。秦国镛穿的是典型清新军 11 式官佐夏常服（由于照片不太清楚，也可能是相差很小的禁卫军官佐服），两个人甚至摆拍的姿势都很相似。

说来也不奇怪，毕竟秦国镛是清廷派遣的官费生。他归国时还没有爆发辛亥革命，天下依旧是清朝的天下。

他归国前学飞行是由载涛安排的，回国后接受的第一个飞行任务是载涛下令的，而他留学归来报到的军咨府，也是归载涛管辖。载涛是上司，听命于他，没毛病。

只是可惜位高权重的载贝勒不太争气。他虽锐意改革，思想也算开明，可并非能臣，只是个华而不实的假把式。

年轻气盛的载涛，喜欢的只是笔挺新军服的威风感，还有校阅士兵踢正步时带来的虚幻荣誉感，一旦说真要带兵打仗，他就立马认怂了。

“永平秋操”后不到一个月，袁世凯略施小计，假意要载涛带禁卫军去讨伐革命党。吓得载贝勒马上讨饶，乖乖地把禁卫军的全部兵权交给北洋系的冯国璋。装备精良的禁卫军，就这样轻易被袁世凯所掌控。

▶ 秦国镛戎装像（左） 载涛戎装像（右）

此后便是辛亥革命，清帝退位，民国建立，袁世凯受命改组政府。改组后，原在军咨府作参事的秦国镛，服务载贝勒，现在改任参谋本部的参事，服务大总统。

虽说是改朝换代的大事，但当时的秦国镛却感觉很简单。除了自己服务的领导由载贝勒变成袁总统外，其他都没有变——办公地址不变，军衔职务不变，甚至连军服都没有变，最多也就是摘换个帽徽而已。

虽说秦国镛当时只是一位刚刚归国，根基尚浅的留学生，可毕竟是当了一年多载贝勒的旧臣；虽说袁大总统也是清廷的旧臣，但此旧臣非彼旧臣。更何况以载贝勒为代表的皇室势力，起初大操大办禁卫军，其政治目的就是排挤袁世凯。此时不尴不尬的秦国镛，没办法，也没机会做太多解释，也只能低调地在参谋本部一边老实上班，干坐冷板凳，一边韬光养晦，苦等机会。

此后差不多两年的时间里，满腔报国热情却无处释放的秦国镛，在历史上只存在两处微弱的痕迹：一是以参谋部调查员的名义赴四川考察；二是以北京军学研究社的集体名义在报纸上“沥血陈词”，为北洋政府建言献策，反对外蒙古独立。

图强的秦上校

1913年年初，依据“中华民国”临时约法，中国历史上第一次国会选举正式举行。

深受法兰西共和制度影响的秦国镛，乐观地以为国家就要走上正轨，于是开始满腔热情地“躁”动起来，寻求仕途上自我突围的机会。

37岁的秦国镛觉得自己已经等不起了。经过周密筹备，他先是利用自己的留学优势，成功说服总统府顾问、法国驻华公使馆武官白理索（Balliso），联合提出一个旨在发展中国空军的“飞潜计划”，同时向袁大总统进呈了自己亲手制作的飞机模型，以及建设航校，发展空军的建议书。当时的袁大总统为实现南北武力统一，正野心勃勃地扩充北洋军队的实力。这一极具前瞻性的军事建议正中他的下怀，为拉拢人才之需要，他大手一挥，准了。

秦国镛终是时来运转，迎来人生第一个实职性的任命——南苑航空学校校长，同时被授予陆军骑兵上校军衔。也是从这一年，从这一个职务开始，秦国镛开始正式载入世界航空史的史册。1914年版的《简氏航空年鉴》里，提到与中国有关的关键飞行人物中，秦上校（Colonel Tsing）便名列其中。

▲ 南苑航校所装备的“高德隆”G.II 式双翼教练机彩绘图（绘图 / 陈应明）

1913 年 3 月，通过向外国银行借款方式，秦国镛拿到 27 万银元的专项经费，得以向法国订购 12 架“高德隆”G 型（Caudron G）双翼教练机以及相关维修器材和设备。同时，袁大总统还特地拨款 6 万银元的建设经费，在南苑的旧营房以南、校阅场以西，建立一所航空学校，并将南苑校阅场正式扩建为飞机场，这也是中国历史上第一个机场。终可以放开手脚的秦国镛，怀着满腔热情，为中国的航空事业，为中国的空军事业，准备好好大干一场。

起初，对于航校建设的所有细节，秦国镛都是严格按照国际一流的标准来执行的。1913 年 6 月底，在航校筹办不到三个月的时间里，他就通过参谋本部，给袁大总统呈报了精心设计的航空学校的学员、学生、教职员，以及技士的服装识别徽章，以期通过正规化的办学手段，给予有志于飞行的学员和教员以最体面的荣誉感和使命感。要知道，南苑航空学校的前几批学员，都是从陆、海军各机关部队的现役军官中选拔出来的精英人才。

对于来之不易的办学经费，他精打细算；对于学校的人才培养计划，他想得也很周全。从法国订制的第一批飞机，秦国镛就仔细筹划，仅仅 12 架飞机，就细分了三种不同马力，以及单座机、双座机两种型号，甚至还特地定购了一架水上飞机。这样做的目的，就是尽可能配齐教具，丰富机种，以便学校可以全方位、多维度地培养高素质的复合型航空人才。

1913年7月，首批6架飞机的交接典礼在南苑机场隆重举行，其中3架是刚刚推出不久的G. Ⅲ，另外3架是G. Ⅱ。飞机厂的厂长雷内·高德隆专程从法国赶来主持典礼，并亲自驾机升空做飞行表演，向在场的嘉宾们展示飞机的各种性能。

为了保证航空人才的培训质量，秦国镛大量外聘外籍专家，特别聘请了两位法籍飞行教官彭少尉（LT. Bon）及欧伯尔少尉（LT. Emie Obra），以及两位法籍机械维修人员波力（Boffa）和马丁（Martineche）。

此外，秦国镛也大胆启用同胞中的优秀人才，不分派系，不论资格，唯才是论。他力邀小自己十多岁的青年精英历汝燕、潘世忠担任飞行教官，蒋丙然、越干臣等担任地面学科教官。另外，秦国镛还聘请一同留法的小师弟吴承禧担任机器厂厂长，兼无线电教习。他的五弟秦国城，是毕业于湖北两湖总师范学堂的高才生，也被他“举贤不避亲”地聘任为机器厂副厂长。

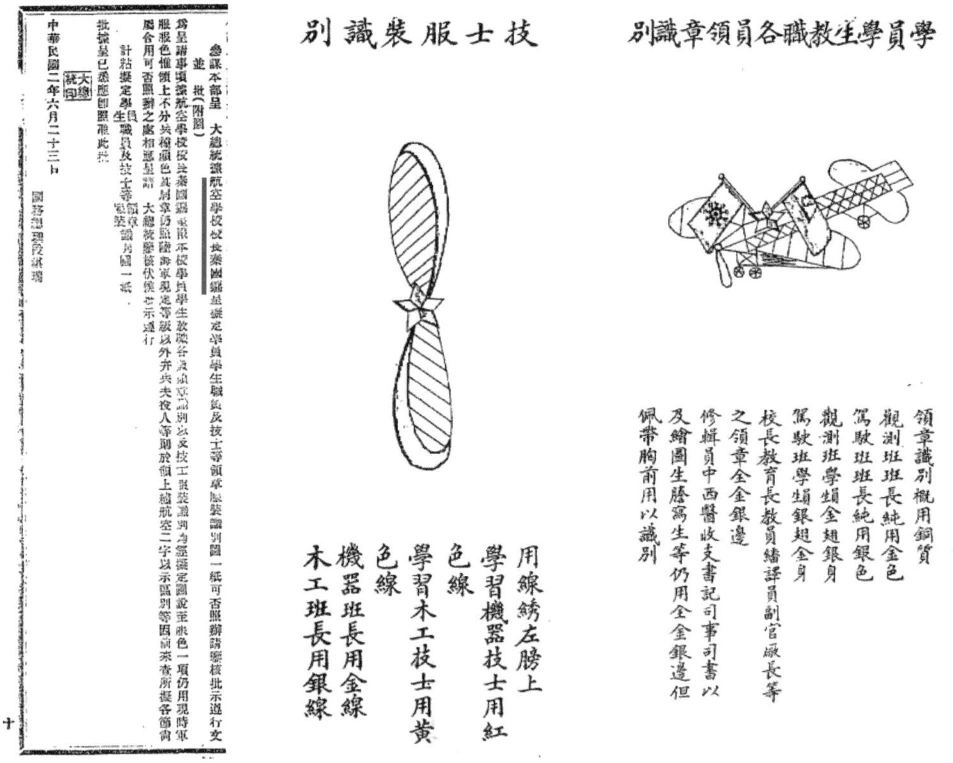

▲ **参谋本部呈大总统公文** 据（南苑）航空学校校长秦国镛呈拟定学员学生职员及技士等领章服装识别图一纸，可否照办，请鉴核批示，遵行文并批（附图），民国二年（1913）六月二十三日。

▲ 1913 年 5 月 25 日，南苑机场的高德隆 G. Ⅱ式双翼飞机和法国友人

在航校始建过程中，无论是机场、校舍、厂房、仓库之设计施工，还是铁、木、石、工之遴选，秦国镛都事无巨细、无不躬亲、废寝忘食、殚精竭虑，直到把所有事情都落实完备，才能稍作喘息。

即便很多年后，秦夫人一提及此事，还会心疼地感叹道："那段时间真苦了国镛，吃住在工地，数月未归家，连换洗衣服都是家里人送去的。"

那时秦国镛的小儿子还在襁褓之中，不到一岁。孩子大名叫秦家柱。家里长辈开玩笑地抱怨说，因为他叫国镛，所以天生为国操劳的命，留洋七年很少给家里写信，现在回国后又整日不着家，好像他这个儿子真是给国家生的。现在这个小孙子一定要牢牢拴住，做家里的顶梁柱，而不能再被国家给"拐"跑了。

秦国镛理解家人的抱怨，心里也多少有些愧疚，所以他才愿意遵照族谱排序，同意给孩子起一个"土气"的名字，多多少少有给家人宽心示歉的意思。或许他在心里有个温柔的盘算，让家里的长辈多念唠几遍家柱、家柱，心里会宽慰一些。

只是许多年后，这个名叫秦家柱的孩子，终还是被国家给"拐"跑了，年纪轻轻就为国捐躯，战死沙场，家柱再次变成了国柱，则是另一段有点伤感的话题了。

实干的秦校长

在“不顾家，只爱校”的秦国镛带领下，中国的第一个航空学校，焕发出惊人的组织活力和创新能力，创造出中国航空史上无数个开天辟地的“第一”。

在学校成立不到一年的时间里，由潘世忠牵头的研发团队，就开始大胆独立地制造新飞机。1914 年，他们在参考高德隆及法曼飞机的基础上，终于制造出一架双翼飞机，动力采用汉阳兵工厂仿制法国的“格莱姆”80 马力发动机，采用推进式方案，座舱前可安放一挺机枪，名为“枪车 1 号”。

这是目前国内有证可查的中国人仿制航空发动机及制成军用机的破天荒纪录，也使得中国成为继美、英、法之后的第四个成功自造军用飞机的国家。此外，留英的飞行教官厉汝燕也亲自设计制造出中国的第一架水上飞机。

秦国镛带领的这批中国航空精英，以精湛的技术和旺盛的创造力，开时代风气之先，在当时可谓“破天荒”的奇迹。这些成绩的取得，对于提振一个积弱民族的群体自信，开创一个落后国家的现代基业，都有着极大的历史进步意义。要知道，与已完成工业化的近代西方列强相比，当时的中国还是一个民智未开、经济困顿的半殖民地半封建落后国家。

▲ 1918 年，秦国镛（左一）与潘世忠（右二）在南苑航空学校自制的第一架飞机前合影（《圣教杂志》1918 年第 7 卷第 1 期）

▲ **中国第一架水上飞机** 南苑航校飞行教官厉汝燕亲自设计制造。

当时的中国有多落后呢？与秦国镛同时代的张学良将军（创办东北航空学校，而且自己也会开飞机）讲过一个半真半假的故事，就很能说明问题。

有一次，一架飞机因没油而迫降在乡村的稻田里。农民们带着棍棒围上来，认定飞行员是“蜻蜓精”，要打死他。飞行员赶紧说：“我是人！”

农民说：“人怎么会有两个蜻蜓眼？”飞行员赶忙把护目镜摘下。农民又说：“怎么还有个蜻蜓头？”飞行员又赶紧脱下飞行帽。

农民说：“你身上这层皮是咋回事？”飞行员只好再脱下飞行服。农民要烧飞行服，飞行员恳求他们不要烧，说要是烧了，他在天上会冻死的，并说自己绝对不是蜻蜓精。

有几个胆大的农民上前摸了摸说：“真是个人哩！”

飞行员这才说他开的是飞机。农民一听“飞鸡”，马上去提了一大桶水和一桶小米，说要喂这只“大鸡”吃。

在当时历史条件下，如果说飞机还是稀罕之物，会开飞机已经很了不起，那么开辟航线，建立航校，训练空军，则更是难上加难的事情了。要知道，秦国镛初创南苑航空学校的时候，离飞机的发明也不过10年的光景。国际上也无太多经验可供借鉴，许多事情都需要自己摸索。

当然，在尚是萌芽期的航空领域开天辟地，有很大风险，也要面临巨大挑战。要想成功，除了热血和胆气，还需要专业的科学知识和精湛的航空技能来打底的。

▲ **南苑航空学校校舍旧址** 占地约25亩，总建筑面积为3912平方米。

好在这些条件秦国镛都具备。这是老天抬爱，也是中国之幸。当时，作为一校之长的秦国镛深感责任重大，也满怀强军报国，抗衡列强的热血激情。他总是身先士卒，率先垂范，和他亲密的航校战友，共同创造了许多个航空史上的“第一”。随着这个来自鄂西南的土家族雄鹰一次次冲上蓝天，中国的航空史和空军史，开始绽露出一缕光明的曙光。

1914年3月，秦国镛携外籍教官欧伯尔少尉（LT. Emie Obra），中国教官厉汝燕，以及学员章斌，驾驶50马力双翼飞机三架，以及自造的50马力新式单翅飞机一架，率先完成北京到保定的航线飞行课目，开创了中国航空史上的第一次航线飞行。其后，他又冒险驾机顺利地飞越秦岭，并安全返回南苑，首破中国第一次远航纪录。

中国人的第一次飞机夜航纪录，也是由秦国镛创造的。这个创纪录的历史过程非常浪漫。满天繁星的夜晚，低沉的马达声不断轰鸣，身着飞行服，头戴风镜的秦国镛，一手抚探田野麦穗，低空飞行，一手稳把操纵杆，缓慢下降，最终安全着陆。当他跳出机舱时，蜂拥而来的学员们包围了他，用热烈的掌声和尖叫的口哨向他们的秦校长致敬。

此后，在参谋本部的指令下，秦国镛在航校组建了中国历史上第一支独立飞行大队，秦国镛兼任大队长。这在中国空军历史上具有划时代的意义，独立飞行大队实际上也就是中国最早的空军。这个大队后来远赴四川、蒙古、河南、陕西、甘肃

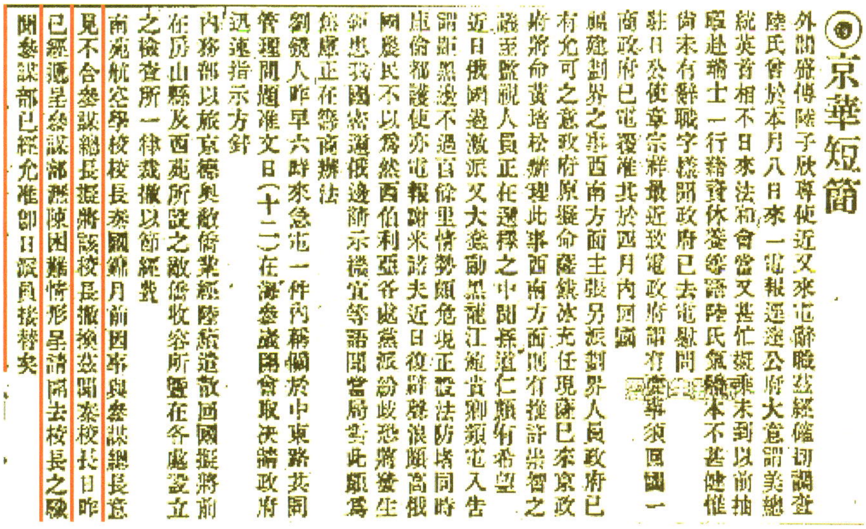

◉京華短簡

外間盛傳陸子欣專使近又來電辭職茲經確切調查陸氏曾於本月八日來一電報逕達公府大意謂美總統英首相不日來法和會當又甚忙擬乘未到以前抽暇赴瑞士一行藉資休養等語陸氏氣體本不甚健惟尚未有辭職字樣聞政府已去電慰問

駐日公使章宗祥最近致電政府謂有事須回國一商政府已電覆准其於四月內回國

關於劃界之事西南方面主張另派劃界人員政府已有允可之意政府原擬命薩鎮冰充任現薩已來京政府將命黃培松辦理此事西南方面則有推許岑智之議至監視人員正在選擇之中聞孫道仁頗有希望

近日俄國過激派又大鼓動黑龍江省貴卿頻電入告謂距黑邊不過百餘里情勢頗危現正設法防堵同時庫倫都護使亦電報謝米諾夫近日復辭職浪頗高俄國農民不以為然西伯利亞各處黨派紛歧恐將發生新患我國宜密邏俄邊節示機宜等語聞當局對此頗為焦慮正在籌商辦法

劉鏡人昨早六時來急電一件內稱關於中東路共同管理問題准文日(十二)在海參崴開會取決請政府迅速指示方針

內務部以旅京德奧敵僑業經陸續遣散回國擬將前在房山縣及西苑所設之敵僑收容所暨在各處設立之檢查所一律裁撤以節經費

南苑航空學校校長秦國鏞月前因事與參謀總長意見不合參謀總長擬將該校長撤換茲聞秦校長日昨已經遞呈參謀部聲陳困難情形呈請開去校長之職聞參謀部已經允准即日派員接替矣

▲ 1919 年 3 月 15 日，上海《申报》刊登的秦国镛辞职电文

等地执行任务，立下许多汗马功劳。

可以说，秦国镛在主政南苑航校期间，是非常尽职尽责的，政绩也是非常突出的。在 1917 年送至美国国务院的一份来自北平的情报上评价说，在南苑机场指挥官秦国镛（K. Y. Chin）先生的领导下，“约 100 名飞行员接受了训练，已达到一战前飞行资格标准”。

与其形成鲜明对比的是，在秦国镛离开南苑航校十年后的 1928 年，《简氏航空年鉴》报道说：“在北平南苑的航校已经停办，而且没有任何一个中国飞行员被授予资格去驾驶可载乘客的维米商业客机。”

只是可惜，纵使他再能干，纵使他再奋发，却抵不过时局的无情捉弄。时代的风云诡谲，政治的混乱复杂，都远超他作为一名技术派职业军人的想象。他沮丧地发现，他的飞机和队员，包括他自己，正逐渐沦为军阀争斗的武器和炫耀的工具。

由于内乱和派系之争，当时的北洋政府早已无心，或已无力建设空军。辛辛苦苦培养出来的高才生，竟沦落为无飞机可开，无航行职位可担的尴尬地步。绝大多数毕业的精英学员，只能回归原来的海军或陆军工作，无奈将航空抱负、飞行热血，以及漂亮文凭，一起束之高阁，打包收藏。

1919 年 3 月，苦心经营航校六年之久的秦国镛，黯然辞去校长职务。

这一年，他才 43 岁，正是年富力强之时。

四、落寞的老将军

对于溜须拍马才有机会，沆瀣一气方能存活，营私舞弊当成惯常的北洋官场，真是容不下一个洁身自好、严谨律己的秦校长。一心只想做事的秦国镛，显得太过较真，破坏了和气，寒碜了庸者，影响了平衡，从而与整个官场都格格不入。

尴尬的官场人

在北洋政府的官场生态里，秦国镛并不是一个合格的官场人。

虽说他的业务能力突出，工作上也是勤勤恳恳，兢兢业业，但他太过清高，不会作假，不愿吹嘘，又缺乏足够敏感的政治嗅觉和随风倒的“墙头草”本领，所以在官场上，职位也好，名声也罢，一直都很尴尬。

便是想对领导示好，他也做得太过一本正经，总是缺乏一些官场的通融和世故的油滑。譬如 1913 年 10 月 10 日，时逢“中华民国”的第二个周年纪念日，也是袁世凯正式就任大总统的就职典礼日，作为成立刚半年的南苑航空学校校长，秦国镛计划驾驶飞机飞过总统府，并通过抛撒五色国旗以示庆贺。

这是一个非常棒的想法，也是一个特别新奇的庆祝方式。但问题是对于把大总统就职典礼放到紫禁城太和殿举行，称帝野心昭然若揭的袁世凯而言，秦国镛的做法就有些不合时宜，甚至可以理解为深受法兰西共和理想熏陶的秦国镛，通过飞跃总统府（而非举行典礼的故宫太和殿），抛撒五色国旗（而非袁大总统万岁纸旗）的形式，是在柔性示威进谏，提醒袁大总统勿忘共和。

无论秦国镛的真实动机如何，反正这么积极且新奇的庆祝方式，并没有得到袁大总统的欢心，甚至可能还有点让他“堵心”。此后几年间，袁世凯有没有生秦国

▲ 秦国镛晚年像

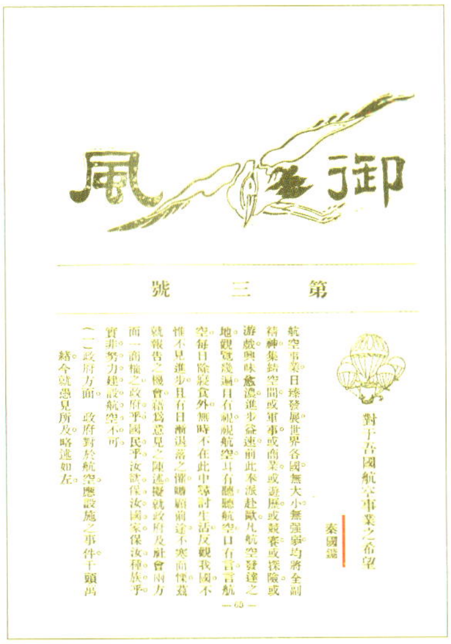

御風

第三號

對于吾國航空事業之希望

秦國鏞

航空事業。日臻發展。世界各國。無大小。無強弱。均將全副精神。集結空間。或軍事。或商業。或遊歷。或競賽。或探險。或遊戲。興味愈濃。進步益速。前此奉派赴歐。凡航空發達之地。觀覽幾遍。目有視。視航空。耳有聽。聽航空。口有言。言航空。每日除寢食外。無時不在此中尋討生活。反觀我國。不惟不見進步。且有日漸退落之概。瞻顧前途。不寒而慄。茲就報告之機會。謹爲意見之陳述。擬就政府及社會兩方面。一商榷之。政府乎。國民乎。汝欲保汝國家。保汝種族乎。實非努力建設航空不可。

(一)政府方面　政府對於航空應設施之事件。千頭萬緒。今就愚見所及。略述如左。

—65—

▲ 1923 年，秦国镛在《御风》杂志发表的文章

镛的气不知道，但南苑航校的办学经费，再也没有第一次批的那么痛快，却是事实。在袁世凯生前，纵使他办学成绩显著，但一直没被提升，没有获得奖励也是事实。直到袁世凯去世大半年后，他才被北洋政府授予三等嘉禾勋章一枚。

对于溜须拍马才有机会，沆瀣一气方能存活，营私舞弊当成惯常的北洋官场，真是容不下一个洁身自好、严谨律己的秦校长。当时混官场的，整日琢磨的是如何在官场上夺更高的权、图更大的名、争更多的利。

正如当时著名的政治家，曾三造共和，以清廉著称的民国总理段祺瑞所言：“世人终日忙，无非名利场”。而一心只想做事的秦国镛，就显得太过较真，破坏了和气，寒碜了庸者，影响了平衡，从而与整个官场都格格不入。

自辞去航空学校校长职务后，秦国镛的仕途就一直很不顺利。此后几年间，他一直担任的是航空筹备处提调、张库航空运输公司经理、航空署参事等不痛不痒的闲职。期间，他对航空事业的热爱和关注，也只能以发表文章的形式，“存放”在行业的刊物中。譬如 1921 年、1922 年，在《航空（北京）》杂志上先后发表了《航空条约似应批准之意见 》和《欧洲航空事业发展情形报告书》。1923 年，又在《御风》杂志上先后发表了《对于吾国航空事业之希望》和《世界航空概况 》等重磅文章。

唯一让秦国镛聊以自慰的，便是民国十二年（1923）6 月 2 日，北洋政府终是对他的以往功绩予以嘉奖——授陆军少将加中将衔，同时颁发一枚一等文虎勋章。

英勇的秦司令

被边缘化的秦国镛突然被当局嘉奖，可能和两个著名的政治事件有关。

第一个就是被后人所津津乐道的“清宫扔炸弹事件”。

1917年6月，“辫子军”统帅张勋借“调停”黎元洪与段祺瑞矛盾为名，率5000“辫子军”，进驻北京。7月1日，张勋公开声称“共和解体，补救已穷”，正式宣布复辟，把12岁的废帝溥仪再次扶上宝座，同时通过军警，强令全城改挂黄龙旗。7月2日，时任民国大总统的黎元洪通电下野，逃到东交民巷日本使馆区避难。7月3日，寓居天津的段祺瑞很快就在北洋军事重镇——马厂（今河北青县马厂镇）成立“讨逆军总司令部”，并以总司令名义发布通电檄文，誓师讨逆，保卫共和。

巧合的是，马厂也是南苑航校开展长途飞行训练“南苑—保定—马厂”的三大飞行基地之一。作为航空学校校长的秦国镛，自然是第一时间得到“讨逆军”的消息，也在第一时间加入“讨逆军”的阵营。秦国镛以“空军讨逆司令”名义，迅速致电讨逆军总司令段祺瑞，声称“率飞行人员与讨逆各军取一致行动。”7月5日，“讨逆军”第三师、第八师正式展开军事行动，秦国镛率空军打头阵，当日下午5时，即派飞机一架，飞至永定门、丰台一带侦察敌情，并命令飞行员刻意加大马力，低空掠过逆军部队头顶，用嗡嗡的机械马达声，威吓逆军，让那些没见过世面的“辫子军”，“闻之当不寒而栗”。

7月6日是秦国镛率领的空军最繁忙的一天，从早晨五时起，至晚上七时，先后派出五个架次的飞机执行敌情侦察、递送情报、投掷传单等各种作战任务，期间虽遭遇狂风骤雨，但飞行员们毅然克服种种困难，圆满完成任务。特别值得一提的是，当时秦国镛以“空军讨逆司令”名义，先后派两架飞机，在北京城上空散发《空军讨逆布公文》警告传单，声称：“国镛不敏，愿同志诸军长后，率领空军以速解决”，但考虑到“城内诸军平日共事，有同僚之谊”，所以先投掷传单以示警告，要求附逆张勋的军警部队或解散或投诚，否则“炸弹”伺候。

为加强警告意味，当时秦国镛还特地安排飞行员驾驶飞机从西直门方向飞过皇城上空，除了投掷传单外，还在皇城上空盘旋几周，“作示威运动，期逆军以畏而退”。作为军人的秦国镛，自然知道只靠“纸弹”是吓阻不住逆军的，便是战术性威慑，也要玩点真的方可奏效。

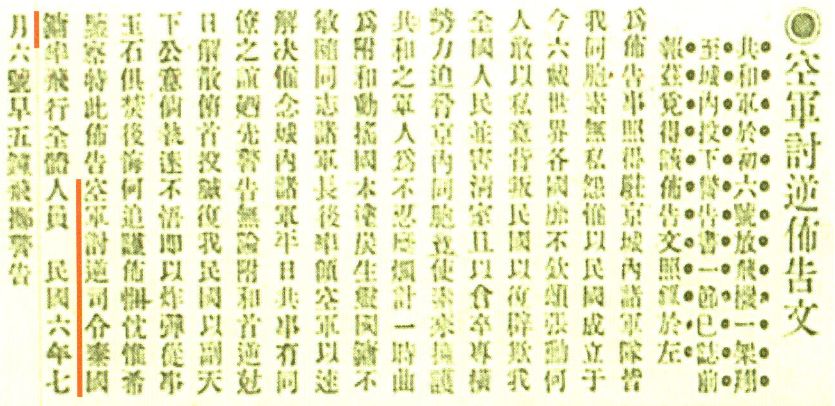
空軍討逆佈告文

共和軍於初六號放飛機一架翔至城內投下傳告書一節已誌前報茲覓得該佈告文照錄於左

爲佈告事照得駐京城內諸軍隊皆我同胞素無私怨惟以民國成立于今六載世界各國皆不欽頌張勳何人敢以私意背叛民國以負辟然我全國人民並皆消室且以命卒專橫勞力迫脅京內同胞並使害來擁護共和之軍人爲不忍居爛計一時由爲附和動搖國本途炭生靈國鏞不敏隨同志諸軍長後率領空軍以速解決惟念城內諸軍半日共事有同僚之誼迺先警告無論附和首逆延日僻散僻首投誠從我民國以副天下公意倘執迷不悟即以炸彈從事玉石俱焚後悔何追謹佈悃忱惟希監察特此佈告空軍討逆司令秦國鏞率飛行全體人員　民國六年七月六號早五鐘飛擲警告

▲ 1917 年 7 月 11 日，《顺天时报》刊登的“空军讨逆布告文”

7 月 7 日，“空军讨逆司令”秦国镛率领的空军，迎来了中国早期空军史上最值得浓墨重彩的戏剧性一刻。这一天，除了早上派飞机一架，飞至马厂给段总司令递送密件情报外，秦国镛当天工作的重心，都放在组织中国空军史上的第一次“真枪实弹”的战术轰炸任务。

早上七点二十五分，秦国镛先派出一架飞机飞至丰台“辫子军”一处阵地，抛掷炸弹数枚，迅速将其击溃。十时左右，秦国镛再派出一架飞机继续进攻丰台逆军阵地，却发现逆军早已逃遁，按照早初制定的空袭计划，这架满载炸弹的飞机转而飞向皇城。

当时身处历史现场的《南华早报》记者，在报道中生动地描述道：

今天（1917 年 7 月 7 日）早晨 11 点不到，最耸人听闻的事情发生了，一架南苑的飞机轰炸了紫禁城。在北平人众目睽睽之下，这架飞机缓缓地从南面飞来，机翼倾斜地在紫禁城上空盘旋了几周，突然间摆正姿势，快速下降，接着扔下一些东西。这东西在蓝天下发出炫目的闪光，在几次盘旋后，紧接着又是第二次闪光，第三次……最后一次闪光伴随着响彻全城的巨响。

当时身在紫禁城的小皇帝爱新觉罗·溥仪，作为被空袭的重点对象，心里则是另一番滋味。后来他在《我的前半生》里回忆道：

飞机空袭那天，我正在书房里和老师们说话，听见了飞机声和从来没听见过的爆炸声，吓得我浑身发抖，师傅们也是面无人色。在一片混乱中，太监们簇拥着我赶忙回到养心殿，好像只有睡觉的地方才最安全。太妃们的情形更加狼狈，有的躲进卧室的角落里，有的钻到桌子底下。当时各宫人声嘈杂，乱成几团。这是中国历史上第一次出现空袭，内战史上第一次使用中国空军。如果第一次的防空情形也值得说一下的话，那就是：各人躲到各人的卧室里，把廊子里的竹帘子（即雨搭）全放下来——根据太监和护军的知识，这就是最聪明的措施了。

这次雷声大、雨点小的空袭，貌似形式恐怖，其实损伤不大，正如溥仪后来所说的那样——“幸亏那次讨逆军的飞机并不是真干，不过是恐吓了一下”，只是象征性地扔下三个尺把长的小炸弹，所以军事战果自然谈不上辉煌，甚至有点搞笑。空袭的结果是：

这三个炸弹一个落在隆宗门外，炸伤了抬“二人肩舆”的轿夫一名，一个落在御花园里的水池里，炸坏了水池子的一角，第三个落在西长街隆福门的瓦檐上，没有炸，把聚在那里赌钱的太监们吓了个半死。

虽说军事战果微小，但政治意义巨大。正如秦国镛起初设想的那样，通过展示飞机炸弹这种稀奇且先进的空军进攻手段和武器威力，以军事威胁和精神震慑手段来吓阻复辟党人，从而以最小的代价，换取“以速解决”复辟闹剧的最终结果。

事实也是如此，正如溥仪后来感叹的那样：

宫中掉下讨逆军的炸弹，局面就完全坏了。磕头的不来了，上谕没有了，大多数的议臣没有了影子，纷纷东逃西散，最后只剩下了王士珍和陈宝琛。

从某种程度上讲，这次示威性的空袭效果，比秦国镛预期的还要快，还要好。按照最初计划，秦国镛本来在 7 日下午五时，“拟再派飞机进城攻击”，但就在这

▲ 南苑“讨逆军”之飞机 《东方杂志》1917 年 第 14 卷 第 8 期

个时刻，秦的司令部忽然接到一个特别人物打来的电话。这个人就是还算有点骨气，没有跑掉的议事大臣王士珍。

王士珍是北洋时代一个非常特别的历史人物，他和段祺瑞、冯国璋并称为“北洋三杰”，凭借其过人的才智和卓越的政绩，以“北洋之龙”之名位列三杰之首，深得袁世凯的青睐。1915 年，他继段祺瑞之后任陆军总长。1916 年任参谋部总长，1917 年 5 月，黎罢免段祺瑞国务总理职务，他又被任命为京畿警备总司令。7 月，他又拥戴张勋复辟，做了一名保皇党，并任内阁议政大臣和参谋部大臣等要职。

更不可思议的是，复辟失败之后，王士珍也没受到太多牵连，仍旧回到北洋政府当他的参谋总长，同年底，他居然还当上了冯国璋任总统时期的国务总理兼参谋总长。如此不可思议的从政经历，绝非处世圆滑一言可蔽之。客观地讲，应该是王士珍这个人物人品过硬，能力过人，方才深受各方势力认可、景仰和需要。

虽说王士珍代表的是张勋复辟党一方，但因为他是北洋政府的前参谋总长，曾是秦国镛的直接上司、老领导，加上在北洋官场上的良好威望，所以秦国镛还是恭恭敬敬地接听了他的电话。王士珍声称，上午飞机所掷的炸弹炸伤数人，清廷很是恐惧，所以派他为代表，“来贵处接洽，请暂毋飞入禁城，日内自有办法”云云。

秦国镛听了老长官的一席话，知道空袭的战略目的已经达到，所以顺水推舟送了个人情，当即应允。也正是这一莫大的人情，让王士珍在小皇帝面前赚足了面子。空袭的第二天，迫于压力的张勋宣布辞职，其要职均由王士珍代之。

“辫子军”主帅张勋的好日子也因此到头，此后不到四天的时间，“讨逆军”便攻入北京，7 月 12 日，张勋率领残部退守南河沿自家宅邸，负隅顽抗。可无心恋战的“辫子军”一触即溃，双方象征性的“枪炮互放”一阵儿，战事便草草结束。张家住宅也被乱军一把火烧得精光，而张勋则灰溜溜地逃到荷兰使馆去避难。史称“丁巳复辟”的历史闹剧仅仅过了十二天，便烟消云散。

秦国镛率领的空军在“丁巳复辟”的讨逆运动中起到了非常关键和重要的作用。其军功伟业被当时《顺天时报》的随军记者详细记录在《破天荒之空军独立始末记》中。当时《顺天时报》还特地发表了《清室与炸弹》的新闻评论，认为“惟此次推翻复辟，炸弹之功，固有足多，而所以利用此炸弹者，惟飞艇耳”。而对南苑航空学校校长兼“空军讨逆司令”的秦国镛，无论是指挥本领，还是人品胸怀，也都大加褒奖，并最后总结陈词，作歌赞曰：“剧烈哉炸弹之性质，慈善哉炸弹之作用。”

敢在太岁头上动土，敢往皇帝家里丢炸弹，秦国镛用一次巧妙且意义非凡的军事示威行动，向国人宣告了一个理念：打倒皇权并非难事，共和民主才有未来。

如今，我们谈及张勋复辟这场闹剧，总是习惯将功劳归功于大人物段祺瑞身上，盛赞他三次维护共和的丰功伟绩。但客观地讲，无论从军事支持层面，还是政治意义角度，段祺瑞“三造共和”的军功章上，应该记上秦国镛一份功劳。

慨然的老校长

秦国镛突然被当局嘉奖的第二个可能，与 1923 年 4 月 5 日举办的南苑航校（当时已改名为航空训练所）第三期毕业典礼，也是航校成立十周年的庆典密切相关。

秦国镛主政航校的前六年间，一共才完成两期学员培训。第一期 1913 年 3 月招生，1914 年 12 月毕业，共 41 人；第二期学员 1915 年 3 月入学，由于战争关系，飞机和零件器材的补充日益困难，一直到 1917 年 3 月才毕业，共 42 人。

说来也是咄咄怪事，当时南北两方军饷每月就高达七百万两，可一年区区几十万两的航空经费，却总是不能及时划拨发放。由于经费紧张，政局混乱，第三期办得更是艰难。1920 年 3 月 27 日，第三期才正式开学，共录取 50 名正额生，20 名备取生。期间由于航空教练所五易所长，外籍教练也经常不到现场授课，导致训练周期延长，直到 1923 年 4 月 5 日，第三期才正式毕业，共 38 人。

虽说北洋政府在办学的财政支持上总不给力，但精神上的激励还是很到位的。为了给航校师生鼓励加油，当时的北洋政府决定举办一次隆重的毕业典礼。由黎元洪大总统亲自给学员颁发毕业证书和礼品。同时还亲自发布训词鼓励学员“未来有无穷之希望”，并声称“将来捍卫国家非空军莫属”。

时任陆军次长的金永炎也代表国务总理段祺瑞发表训词，特别提出段总理要求学员高度关注邻国日本的航空近况，并希望大家反思，日本航空事业后办于我国，却为何发展得比我国快且好。而此后时任航空署署长的潘矩楹讲话，更是提到当时各国“莫不举全国之力扩张航空事业”，希望学员不断精进技艺，与“各国并驾齐驱于大陆大海之外”。

如果纯粹看当时的领导讲话，我们会发现个个英明无比，对于航空事业的认知有高度、有深度、有精度、有角度，世界眼光，爱国情怀，战略格局……可谓面面

▶ **“德范永垂”石刻**
秦国镛父亲墓碑的石坊上刻有“德范永垂”四字，据传是黎元洪的手迹。

俱到，但为何说得那么漂亮，可现实中的政治斗争却又如此低劣不堪，并导致国运衰败得一塌糊涂，就只有鬼知道了。

不知道这些聪明的军阀，如果能先知先觉，知道短短十几年之后，被强邻日本肆无忌惮地欺负，会不会早早放弃内斗；也不知活到后一个历史时期的他们，面对国难家仇，又会对当年的“英明”讲话持何种感想……

举办第三期毕业典礼时，恰是南苑航校成立十周年，劳苦功高的老校长秦国镛也被盛情邀约。虽然没有被安排讲话，但在毕业典礼后举行飞行表演时，特地被安排坐在黎大总统旁的席位上，亲自为其解说。理由有二：一是当时担任特技表演的蒋逵和沈德燮，都是秦国镛亲自带出来的二期毕业优秀学员；二是秦国镛和黎大总统同籍湖北，乡言交谈，容易沟通，又显亲切。

典礼之后，刚从美国学成归来的二期学员代表沈德燮，特地进行了一次特技飞行表演，非常成功。表演快结束时，飞机俯冲而下，沈德燮一边对观众席点头示意，一边伸出一只手在舱外挥动不已。秦国镛忙对黎总统解释说：“飞机对你老人家敬礼啦！”一时全场欢声雷动，黎大总统更是啧啧称奇，叫绝不已。

值得一提的是，在本次毕业典礼上，还安排了学员驾驶两架十人座的“维梅”商用大飞机，乘载来宾升空做飞行体验。由于学员技术精湛，飞机离地迅速，落地平稳，无论乘坐者，还是观看者，都纷纷予以高度评价。这次隆重且活泼的毕业典礼，也被媒体盛赞为“中国自有航空以来未有之盛举”。

也许正是这个令人难忘，且振奋人心的航校毕业典礼，让黎元洪大总统想起了有“中国航空第一人”之称的秦国镛的诸多功绩，或许还有诸多委屈，因此很快就安排人给这位老乡补发了授勋奖励。

但有一个很尴尬的事实，就是那次授勋之后，北洋政府好像就彻底遗忘了秦国镛，授勋更像是一个安慰奖。

孤立的少数派

1923 年 6 月，秦国镛被授陆军少将加中将衔时，他刚刚过了 47 周岁的生日，还不算老。这个年纪就退休当老前辈，内心实在不甘。

秦国镛也不是没反思过自己的政治立场。

他发现坚持了大半辈子的“正统”观念，无论是服务清廷，还是继承清朝衣钵的北洋政府，都让他失望透顶。在专业领域，他愿意积极拥抱世界最新的技术变革，但在政治立场上，他一直保守有余，激进不足。

1923 年 1 月，孙中山在广州重组大元帅府，发表《中国国民党宣言》，其中提到的“三民主义”和“五权宪法”，深得其心。秦国镛幡然醒悟，正统的永远只能是法理，而不能是个人。而孙中山提到全面改组国民党的计划，更是让他看清了政府改革的出路和国家强盛的希望。

十余年的北洋官场经历，让他明白一个道理——没有成熟的政治思想和有力组织的政府，是政局混乱、战事纷争的本因，也是国弱民贫的根源。如果继续为北洋这个混乱的政体效劳，无疑是为虎作伥。而若继续为其所用，则必违背报国的初衷。

稳重了大半辈子的秦国镛，先是在思想上真诚地“革自己的命”，承认自己服务了十余年的北洋政府是“反动军阀”。然后在行动上，也计划来一次“革命”，造旧军阀的反，准备策动南苑航空学校的旧属驾机起义，投奔光明的南方。

然而在政治和革命的层面上，秦国镛都实在太缺乏经验和天赋，很快秘密起义之事就被泄漏。大概北洋当局觉得他也就一理论派的教书匠，正所谓“书生造反，三年不成”，而且又没什么实权，所以对他也没什么惩戒。

被“革命”激情点燃的秦国镛，依然不放弃希望，他甚至曾独身一人南下，投奔过革命军。可理想虽说丰满，现实却很骨感。

在南方革命军的大本营里，同样派系林立，同样钩心斗角。他依然被边缘化，

▲ 1923 年，孙中山、宋庆龄与抗击陈炯明叛变的立功将士合影

仍然是不被信任的“少数派”，最后他只是得到委任“骑兵团长”的一纸空文。

郁郁返京的秦国镛，从此彻底断了仕途的念想。1926 年 9 月，当秦国镛被国务会议免去航空署参事一职后，他的弟弟秦国城也于次年放弃军职，解甲归田，回到家乡咸丰。

敬业的秦专家

此后多年，在政治层面，秦国镛基本放弃了仕途上的主动进取，除了继续担任航空署的参事、高等顾问之外，只在危急关头，才会稍微积极些，担任一些有利于民生的政治角色。

那些年，北京政府的军阀们轮番粉墨登场，他已见惯不惯，懒得伺候，也不愿评价。张作霖入京任命他为航空飞行主任，后来冯阎倒蒋时成立西北军，又任命他为西北二方面军航空总司令，他都当作政治笑话，从没当过真。

而一些小的政治角色，他却特别放在心上。譬如 1924 年 10 月，第二次直奉战争期间，他主动担任了京畿警备司令部的防空处长，主要任务是给民众普及防空知

▲ **1926 年 8 月 30 日，德国航空学会飞机“温格汉莎”号来华访问** 秦国镛以航空署顾问身份陪同德国公使参加欢迎仪式，图为停靠在南苑机场的德国飞机，供观众免费参观。

识，尽力预防军阀混战时伤及无辜。1928 年 6 月，奉军退出北京后，他又因同样的初衷，以在京治安会的名义，赴南苑机场欢迎山西军阀阎锡山的代表谭庆林部。他甘当这些不起眼的政治小角色，其目的就一个，以他所学专长和政治资历，尽力维护他深爱的北京城，还有城里的老百姓，避免无妄的“兵灾”之祸。

或是缘于对政治的极度失望，秦国镛转而在社会和学术层面寻求更有意义和价值的人生角色。他先后担任过北京航空学会会长、中国道路协会会长等诸多闲职，同时也乐意接受北京大学的教职，积极发挥他在军事航空、交通运输、外语造诣等方面的专业素养，安心做他的学问。

在诸多社会角色中，秦国镛最看重的是他的军事航空专家身份。1931 年 4 月 20—28 日，第一次全国航空会议在南京胜利召开。秦国镛在大会上提出《由军事航空机关组织航空国防会议详筹全国航空国防计划案》等 14 项重要提案。

秦国镛如此热情澎湃，是因为他乐观地认为名义上已完成统一的国民政府，不会再有军阀混战，整个中国已进入全面建设的“黄金十年”，他一直坚守为国家培养现代化飞行人才，帮助国家建立新兴空军武装力量的两大强国梦想，也必将快速

▲ **1931 年，全国第一次航空会议参会人员合影** 参会人员在南京中山陵前集体合影留念，后排中间标红者为秦国镛。

实现。特别是他亲手培养的前两期飞行学员，当时大多都已成为中国其他各地航校的教学骨干和中国空军的建设中坚，这大概是他最感欣慰的地方。

至于他已经无法占据政治舞台中央，无法成为行业主角的缺憾，他已释然且坦然。航空领域日新月异的技术进步，以及世界各国军事的激烈竞争，让他深深地明白，江山代有才人出，“各领风骚”的时代光辉还是让位给更优秀、更进步的年轻人。被时代耽误的秦国镛已经老了，他甘心服老，并认真扮好“老前辈、老专家”的角色，大声地说，积极地说，为中国发声，为行业发声，为百姓发声。

除了扮演好专家的角色外，1920 年前后，秦国镛还投入实业，在北平开办了华陆石工厂和华陆商行，主要是加工销售汉白玉和大理石等高级建材。工厂出产的建材产品质坚色美，主要为东交民巷的使馆建筑、古建筑及高端建材市场服务。中华人民共和国成立后，华陆石工厂通过公私合营方式，继续为人民英雄纪念碑、十大建筑提供优质石材，这是后话。

值得一提的是，1929 年南京中山陵修建时，据说也曾大量采用秦国镛工厂加工的石制品。这大概也算他向孙中山先生致敬的一种特别方式吧。

五、时代的真豪杰

如秦国镛这样的时代精英，或可以通过智慧和才华，为国家锚定最好的竞争起点，却无法推动整个国家进步的速度。大多时候，我们都是时代的奴隶，随波逐流。只有那些不世出的英雄，才会主动扼住时代的喉咙，让世俗屈服。

1940 年，北平府前街十八号（在今天安门右前方，人民大会堂南）。

64 岁的秦国镛忧劳成疾，病卧在床，每日咯血不止，已是病入膏肓。

国难家仇的山崩式刺激，让一辈子要强不服输的他，最终被病魔和痛苦所击倒。

病，太无情。痛，比天大。

国难之伤

先说国难的伤。

他居住了近三十年的北平，他奋斗了大半辈子的北平，却早已不是中国人的北平了。自卢沟桥事变以来，大量的日本侨民就疯狂地涌入这座城市。截至 1940 年 7 月，北平城已经拥来 7 万多的日侨，是原来的 17 倍之多。

这些所谓大日本的侨民，个头不大，可个个都是横着走的。特别是在秦国镛家附近的著名商圈，如东单、王府井、东西交民巷等地，许多嚣张的日本商人强迫中国商人挂日文招牌，甚至会直接强占商铺。而在西四牌坊附近，日本人甚至划出特别区域，强令当地的中国人搬迁，要建设他们的高端人口居住区。

1939 年的冬天，秦国镛听到大门外有工程机械和工人施工的嘈杂声音，询问佣人才知道是日伪当局正在铺修沥青马路。

▲ 1937 年 8 月 8 日，日军进入北平前门大街

他甚至听说日本的规划师，两年前就制订好北平都市建设计划要案，正野心勃勃地按照他们的设想，要把北平城改造成“王道乐土”。当然，这“王道”是要中国人跪下来做奴隶的“王道”，这“乐土”是让日本人开心的“乐土”。

做亡国奴最切身的痛苦，大概莫过于敌人在你自家的土地上，欢天喜地搞建设。他们占你田地，抢你生意，却还要无耻地宣称这是“共建共荣”。

早在 1931 年“九·一八”事变后，日伪满洲傀儡政权就曾派人劝说秦国镛出任伪满航空要职，并给予优厚待遇，他大义凛然，严词拒绝。一句“身为炎黄子孙，绝不做此卖国勾当！”的辞令掷地有声，使前来做说客的汉奸又羞又恼，暗骂一句不识抬举，悻悻而去。

1937 年 8 月，日本鬼子侵占北平城后，和住在府前街 8 号的邻居方石珊关停亲手创办的首善医院一样，秦国镛也坚持不合作态度，主动关停自己苦心经营多年的工厂和商行。此后失去经济来源的日子，自然是过得窘迫艰难。

当时的伪华北政权乘人之危，派人以优厚条件，想再次拉拢秦国镛担任伪政 权要职。刚近花甲之年的秦国镛，冷眼待之，声称“吾已无能为力，甘愿清贫度日耳”，再一次断然拒绝高官厚禄的诱惑。此后秦国镛一直洁身自好，信守晚节，不要媚敌

▲ **1937年淞沪会战时，日军疯狂轰炸上海市区** 当时秦国镛的小儿子秦家柱驾机参战。

的“伪”功名，放弃发财的“好”机会。便是穷困到出售厂房宅第，甚至典当衣物的地步，秦国镛也不愿低下骄傲的头颅。

铁骨铮铮的他，怎么可能当汉奸呢，又怎么可能与欺负到家门口的敌人“共建共荣”呢？

家仇之痛

再说家仇的痛。

1935年，先是任北京大学拉丁语系主任教授的长子秦家椿，因痨疾而病故于北平。仅仅过了两年，即1937年“七・七事变”之后的8月23日，时任“中华民国”空军第3大队17中队分队长的小儿子秦家柱，驾机空袭日军，壮烈殉国于淞沪战场，年仅25岁。

人世间最大的痛苦，大概莫过于白发人送黑发人。这位刚近花甲的老人，还没开始享受天伦之乐，却在短短两年的时间里，要连办两场儿子的葬礼，这让年老病重的秦国镛情何以堪。

我们无法感知此后三年间秦国镛的心路历程。想来骄傲了一辈子的他，也许会很痛苦，但绝不会丧失体面的尊严；也许会很伤心，但绝不会博取无谓的同情。曾是一位开天辟地的先行者，现是一位壮志未酬的老英雄；曾是一位热血报国的土家汉，现是一位风烛残年的朽老叟。秦国镛明白，无论是困在历史的大旋涡中，还是卡在时代的大夹缝里，都要靠血气来扛，都要用性命来相搏。

时局混乱是事实，军队败坏是事实，国运维艰是事实，民族沦难是事实……可悲又如何？愤又如何？难道还要被吓死或是气死么？

在秦国镛看来，命丢了就丢了，不要紧，至少不受气，可若是血性没了，骨头碎了，那只能跪着做亡国奴，爬着当可怜虫了。在秦国镛的最后几年，他的内心大致应该是平静的。但对战争时局，特别是中日双方的空战态势，又应该保持一定敏锐的专业观察力和敏感度。

当时小儿子秦家柱参加的淞沪会战，中国空军虽然战绩耀眼，可短短三个多月就拼完了全部空军家底，对此他应会扼腕一叹；此后三年间，耀武扬威的日本空军，借助成熟的工业体系和强大的先进战机双重优势，掌握了中国战场上的绝对制空权。无论对军队，还是对平民，日机从来都是肆意狂轰滥炸，各地被空袭的惨案屡见不鲜，对此他也只能扼腕一叹；1938 年年底，武汉失守，国民党政府中央驻湖北省机关、省府西迁到他的家乡——恩施。紧接着第二年的 1—9 月，日机就开始接连轰炸恩施、巴东、来凤等家乡的县城，对此他还是只能扼腕一叹。

这些令人扼腕不已的新闻，远在北平的秦国镛应该都能收听到，只不过是从敌人“胜利捷报”的角度。对此秦老将军的内心，应该有太多的波澜和不甘。

难解的结

他应该无数次回想起，20 多年前由他一手创办的南苑航空学校，不仅是中国的第一所航空学校，也是亚洲的第一所航校。在南苑航空学校创办三年后，日本才建立第一所民间飞行学校，直到 1919 年，日本政府才创办了第一所正规航空学校。

是的，在航空业起步层面，中国当年曾遥遥领先！

中日战事胶着时段，秦国镛应在心中有过无数次假想和复盘：

如果没有军阀混战，如果没有官场倾轧，如果没有污吏贪官……过去 30 年里，

◀ **秦国镛纪念碑** 2011 年 12 月，咸丰县人民政府在秦国镛故居所在地丁寨竖立纪念碑一座。（摄影 / 陈旭）

国民上下团结一致，专注建设，专注办学，那么当下战事必然是另一种格局，中国空军必然是另一番气象。

然而……

就国家竞争力而言，从来就没有无缘无故的先进，也没有无缘无故的落后。

1931 年，苏联领袖斯大林曾说过一句名言：“延缓速度就是落后，而落后是要挨打的。”这句话不知当时的秦老将军是否听说过，听说过又会持何感想？

如秦国镛这样的时代精英，或可以通过智慧和才华，为国家锚定最好的竞争起点，却无法推动整个国家进步的速度。

大多时候，我们都是时代的奴隶，随波逐流。只有那些不世出的英雄，才会主动扼住时代的喉咙，努力去改变命运，让世俗屈服。

对此，我们应冲天一啸，向这个叫秦国镛的时代英雄致敬。

附录：秦国镛大事记

- 1876年闰5月5日，出生于湖北咸丰县乐乡里（今曲江镇）丁寨林麓宅院。
- 1903年，就读武昌文普通中学堂。
- 1905春，赴法国留学，就读于圣西尔陆军军官学校骑兵科专业。
- 1911年4月6日，学成回国，在南苑机场完成中国人第一次本土飞行表演。
- 1912年8月2日，回家省亲途中，次子秦家柱生于武汉。
- 1912年11月，以参谋部调查员名义赴四川考察。
- 1912年11月30日，以北京军学研究社名义，沥血陈词 反对外蒙独立。
- 1913年3月2日，北洋政府授予陆军骑兵上校衔，开始筹办南苑航空学校。
- 1913年6月23日，拟定航空学校学员、学生、职员、技工等领章、服装识别图纸。
- 1913年10月10日，双十国庆节暨袁大总统正式就职典礼，率飞机飞过总统府，抛撒五色国旗以示祝贺。
- 1914年3月10—13日，携外籍教官欧伯尔少尉（LT. Emie Obra）、中国教官厉汝燕、学员章斌用50马力双翼飞机三架及自造50马力新式单翅飞机一架，飞保定，并在涿州与定兴设油站。
- 1917年2月11日，以湖北咸丰县代表名义参加北京各省县请愿恢复地方自治代表谈话会。
- 1917年2月25日，授三等嘉禾勋章。
- 1917年7月7日，以空中讨逆司令名义，率机轰炸故宫，逼迫废帝溥仪二次退位。
- 1917年9月18日，大儿子秦家椿乘法公司邮船高田利亚号赴法留学。
- 1917年9月20日，在交通研究会（府右街交通博物馆）成立大会上发表演说，提出航空可为军事设备，亦可为交通辅助，提议设立航空运输科，大力推行航空民用化。
- 1918年11月3日，徐树铮赴日观操，奉调为考察团随员。
- 1919年3月15日，因与参谋总长意见不合，向参谋部递交辞呈。
- 1919年4月，任张库航空运输公司经理。
- 1919年4月28日，交通部派任为航空筹备处提调。
- 1921年1月，组织南苑飞行同学会。
- 1921年3月， 根据大总统令，被任命为航空署参事。
- 1921年，在《航空（北京）》杂志上发表《航空条约似应批准之意见 》。
- 1922年，在《航空（北京）》杂志第3卷第2期上发表《欧洲航空事业发展情形报告书》。
- 1923年3月，以航空署首席参事身份争夺航空署署长之位，不力敌景文。

- 1923 年，在《御风》杂志第 3 期上发表《对于吾国航空事业之希望》。
- 1923 年，在《御风》杂志第 6 期上发表《世界航空概况》。
- 1923 年 4 月 12 日，参加南苑航校第三期毕业典礼，为黎元洪大总统解说飞行表演。
- 1923 年 6 月 2 日，授陆军少将加中将衔。
- 1924 年 10 月，任京畿警备司令部防空处长。
- 1924 年 12 月 20 日，国务会议议定航空署参事秦国镛准予补实。
- 1925 年 8 月 2 日上午 10 时，前门中国大学参加外交沪案讨论会，反对重查沪案。
- 1926 年 1 月，长子秦家椿从法国巴黎大学文科毕业，乘黄丹白绿号邮船归国。
- 1926 年 4 月，被聘为航空署高等顾问。
- 1926 年 8 月 30 日，德国航空学会来华访问，以航空署顾问身份参加欢迎仪式。
- 1926 年 9 月 9 日，国务会议上免去航空署参事一职。
- 1928 年 6 月 6 日，晋军谭庆林部抵南苑，以在京治安会名义赴南苑机场欢迎。
- 1930 年 5 月 5 日，在北平就任二方面军航空司令。
- 1930 年 5 月 29 日，以二方面军航空司令名义抵北京办理飞机接洽事宜。
- 1931 年 4 月 20—28 日，赴南京参加第一次全国航空会议，提出《由军事航空机关组织航空国
- 防会议祥筹全国航空国防计划案》等 14 项提案。
- 1931 年末，日伪满洲傀儡政权派人劝说出任伪满航空要职，严词拒绝。
- 1935 年 6 月 1 日，次子秦家柱毕业于中央航空学校第四期飞行科，参加恳亲会。
- 1935 年，长子秦家椿痨疾病故。
- 1937 年 8 月 23 日，次子秦家柱与日机血战吴淞口，壮烈殉国。
- 1937 年末，日军侵占北平，公苦心经营之工厂、商行，被迫停办。
- 1937 年末，伪华北政权派人以优厚条件游说公出任华北要职，断然拒绝。
- 1940 年，病逝于北京府前街 12 号家中，葬于北平香山区万安公墓火组第八号（现编号为火组燧字第十九号）。

参考文献

[1] 秦国镛传 [G] // 秦氏家谱 .1920(民国九年).

[2] 刘禺生 . 世载堂杂忆 [M]. 沈阳：辽宁教育出版社，1997.

[3] 吴承禧 . 留学法兰西 [Z]. 1923.

[4] 实藤惠秀 . 中国人留学日本史 [M]. 谭汝谦，林启彦，译 . 北京：北京大学出版社 ，2012.

[5] 黄尊三 . 三十年日记：第一部 留学日记 [M]. 湖南印书馆，1933.

[6] 法国外交部档案 . 外交信件新系列：中国 第 635 盒 [A]. 1900—1917.

[7] 斯蒂夫人 . 清末民初的留法学生与中法文化交流 [C]. 北京：北京师范大学，2014.

[8] 四川政报 [N]. 成都：1912.

[9] 福州商船总工会月刊 [A]. 福州：1919.

[10] 民国内务公报 [A]. 北京：1921：第 89 期 .

[11] 民国政府公报 [A]. 北京：1913：第 448 期，516 期，1919：第 1164 期，1921：第 1803 期，1846 期 .

[12] 民国交通公报 [A]. 北京： 1928.

[13] 民国航空（北京）杂志 [J]. 1921： 增刊，1922： 第三卷第 2 期，1926.

[14] 民国航空（北京）杂志 [J].1929 ： 第 2 期 .

[15] 民国“御风”杂志 [J].1923： 第 3 期、第 6 期 .

[16] 民国“飞行”杂志 [J]. 1926.

[17] 民国“顺天时报”[N]. 北京：1911—1921.

[18] 民国“申报”[N]. 上海：1911—1940.

[19] 胡宝华 . 北洋政府参谋本部琐忆 [J]. 文史精华，2001.11.

[20] 黄飞英 . 第一位在祖国上空飞行的中国人——中国航空事业的开拓者秦国镛 [J]. 发明与创新，2004.

[21] 姜长英 . 中国航空史 [M]. 北京：清华大学出版社 ，2000.

[22](美) 饶世和 . 飞翔在中国上空——1910—1950 年中国航空史话 [M]. 戈叔亚，译 . 沈阳：辽宁教育出版社，2005.

[23] 姜根金 . 民国空军 [M]. 北京：中国文史出版社，2017.

[24] 徐平 . 中国百年军服 [M]. 北京： 金城出版社，2005.

[25] 侯建华 . 中国石材工业百年事记 [J]. 石材，2001.

[26] 胡世德 . 北京建筑志：第四篇第四节 建筑材料与制品 [M]. 北京：北京出版社，2003.

[27] 秦家铎 . 为国图强求索一生——追忆胞伯秦国镛 [M]// 咸丰文史资料第一辑 .1987.

[28] 秦家铎，滕树清 .“林麓宅院”久流芳——秦国镛故居追忆 [M]// 咸丰革命遗址 . 中国文化出版社，2007.

▲ **秦国镛墓** 位于北京香山万安公墓火组燧字第十九号。2016 年 5 月，咸丰县人民政府和秦氏后人联合予以重修。（供图 / 秦援民）

中国航空第一人

第二节
壮志凌云秦家柱

秦家柱(1912—1937),字汉生,土家族,湖北咸丰县丁寨人,“中国航空第一人”秦国镛次子。1933年7月,以交通大学大学生身份,投笔从戎,考入笕桥中央航空学校第四期飞行科学习;1935年6月毕业,留校任飞行教官,同时担任空军第四(驱逐)大队23中队少尉分队长,后转任第三(驱逐)大队17中队分队长。

1937年“八·一三”淞沪会战爆发后,参加对日空战,击落击伤敌机数架,8月23日参加上海吴淞会战时,壮烈牺牲,时年25岁。后追赠空军中尉,安葬于南京抗日航空烈士公墓,入祀咸丰县忠烈祠。

▲ 秦家柱画像（绘图／任靖雯）

一、北平城里的足球先生

“九·一八事变“之后，北平城的大街小巷，贴满了学生宣传的标语，街上四处都是愤怒的学生游行队伍。19 岁的秦家柱，再也无心去酣畅淋漓地踢球。他明白，国难当头之际，足球场上再风光的英雄也不算英雄。

浑不懔的世家子弟

秦家柱身上有一种很特别的气质。

简单来讲，就是北京城里世家子弟特有的一股浑不懔劲儿。脾气透明，内心强大，人活得很生猛，聪明得也很直接，什么都敢讲，也什么都不怕。如果非要和现代人比，和有部队大院背景的姜文、王朔有点相像。

秦家柱生于 1912 年 8 月，而他的父亲秦国镛，身为北洋时期的陆军中将和中国空军的创始人，创办南苑航校是在 1913 年，所以他的童年时期，可以说是在南苑航校这样的军队大院里成长起来的。他的家住在离总统府不远的府前街十八号（今人民大会堂附近），幼年时也肯定在秦府见识过很多的大世面和大人物。所以至少在心理上，他有着强大的优越感。

据和他一起在北平长大的堂弟秦家柄回忆，秦家柱最大的特点就是性子野，胆子大。小时候和伙伴们一起去公园玩耍，只有他敢旁若无人地爬到公园的树上，偷摘柿子吃。让人惊奇的是，秦家柱小小年纪，就敢经常乘坐父亲航校的军用飞机，还喜欢承担领航任务，从来不怕空中飞行的颠簸风寒之苦，反是乐在其中。

更让人羡慕的是，秦家柱从小就很聪颖，小学时曾因成绩优良和爱踢足球并屡获冠军的特长，而被学校免过学费。加上他是父亲 36 岁才生的幺儿子，又是在仕

▶ 青年时期的秦家柱 （供图 / 秦援民）

途最顺的时候出生，另外还有一个长他十几岁的长兄，所以从小就没什么压力，生活得无忧无虑，可以说他一直是按自己的性情和喜好而活。

秦家柱不但脑子好，身体也很健壮，精力旺盛得甚至有点过分，家谱里记载他年轻时勇敢好斗，最爱干的两件事：一是和电车、汽车赛跑，二是徒手攀登洋房。这就和《阳光灿烂的日子》里马小军钻烟囱一样，满身淘气，时时洋溢着无处安放的青春荷尔蒙。

1926 年，也就是秦家柱 14 岁那年，他的长兄秦家椿从法国巴黎大学文科毕业，后任北京大学拉丁语系教授。对于秦家柱而言，或不用背负光宗耀祖这样沉重的家族梦想，至少是没有太大的心理负担。在家人看来，只要他能健健康康、快快乐乐地成长就足够了。

当时的中国，刚刚进入百废待兴的“黄金十年”高速发展建设期，整个社会充满了积极乐观的气氛。虽说国内军阀依然派系林立，虽说国外列强依旧虎视眈眈，但“交通进步了，经济稳定了，学校林立，教育推广，而其他方面，也多有进步的建制。”中日战争的隐忧，大多数人或是看不到，或是乐观地视而不见。

◀ 交通大学北京学校（北平交通管理学院）大门

长辈们在想，难得岁月静好的日子，秦家柱这一代人或已不需要负重前行，也不需要再做历史苦难的主角。所以秦家柱考大学时，选择的是交通大学（北平交通管理学院）。这所学校是当时中国最好的大学之一，民国“凡行车、管理，以及会计、材料”等交通领域的专业人才，多是出于秦家柱所在的学院。在当时担任中国道路协会会长的老父亲秦国镛看来，这个小儿子已经不需要像他那样戎马生涯，从军报国。掌握建设而非破坏的技能，才会有更光明、更远大、更美好的前程。

北平城的足球先生

在秦家柱的青少年时代，精力旺盛的他很快就爱上了一项可恣意释放激情和荷尔蒙的运动——足球。

这项运动在当时有着非常良好的群众基础，在 20 世纪三四十年代，北平的足球运动非常普及。几乎所有大中小学都有自己的校园足球队。当时北平人少、空场多，学校踢球的男孩子也很多，学生们常拿四个书包码起球门，就开始比赛。足球运动也覆盖了很多行业，当时北平比较有名的业余足球队就多达四五十支，几乎天天有比赛、周周有活动。有意思的是，当时唱京剧的名角裘盛戎，甚至还领衔组织了一个以京剧艺人为主的“北伶足球队”。

这些球队训练很下功夫，大都经过正规的足球技战术训练，踢起来有模有样。他们互相约，一年到头都有比赛。看球的不仅有学生、教师、职员，也有工人、小贩、卖菜的、修鞋的。那时候黄包车、三轮车夫喜欢足球也是一景，有时候球场门外停着十几辆车，他们宁可少挣点也要看比赛。

而当时喜欢足球的另一大主流群体则是大学生。20 世纪 30 年代，北平每年春秋两季，都会举办社会上业余队之间的联赛和辅仁、清华、燕京、师大、北大五所大学足球联赛，在当时可谓一年一度的盛事。

秦家柱绝对是足球的顶级发烧友。因为他天生球感好，悟性好，加上体力充沛，又善于组织指挥，常常能出奇制胜，所以从小到大一直是学校足球队当仁不让的队长。在他上中学期间，就曾带领“小虎子”足球队三次蝉联北平市中学生运动会

▲ **1929 年，华北足球队员合影** 华北足球队是由清华、汇文和协和三校的学生组成的球队。1913—1917 年，三所学校每年一度的三角对抗赛中，都有足球比赛。1915 年，华北足球队曾在北京举行的第二届全国运动会上获得亚军。

的足球冠军。后来上了交通大学，除了如愿以偿地当上大学的足球队队长外，甚至还继续担任母校中学的足球代表队队长。

当时他最崇拜的偶像是有球王之称的李惠堂。1925 年，李惠堂从香港来到上海，加盟乐群队，翌年与上海中华队合并组建乐华队，参加“斯考特杯”足球赛，以 4：1 的悬殊比分一举击败蝉联 9 届冠军的英国莱斯队，创造了中国球队击败外国球队的比分纪录，扭转了上海足坛一向由外国球队雄霸的局面。1927 年，李惠堂所在的球队如日中天，囊括了当时上海足坛的三大冠军：西联会甲组冠军、高级杯冠军、中华足联甲组冠军。

这样的球场传奇，既拉风，又解气，还能替国家和民族赢得尊严和掌声，大概也是青少年时期秦家柱最理想的报国梦想。当时他所在的交通大学足球队，也是传统的校院强队，20 世纪的第一个 10 年，学校足球队曾三次蝉联“六大学足球联赛”的冠军。而在 20 世纪 20 年代的八大学足球联赛中也屡有建树，这其中当然也有秦家柱这个学校足球队队长的一份汗马功劳。

对于当时的秦家柱而言，做一个足球先生，一个足球场上的英雄，才是更有诱惑力的职业梦想。

国难时的投笔从戎

1931 年 9 月，震惊中外的“九 • 一八事变”发生。面对日本关东军的蓄意挑衅，家底甚厚，兵力颇盛的 20 万东北军竟公然采取不抵抗政策，主动放弃东三省。消息传出，举国哗然。青年们岁月静好的梦想，就此被惨痛且尴尬的现实打破。

当时学生们的第一反应是愤怒，是呐喊，是游行。偌大一个华北，真是已经放不下一张安静的书桌。北平城的大街小巷，贴满了学生宣传的标语，街上四处都是愤怒的学生游行队伍。19 岁的秦家柱，再也无心去酣畅淋漓地踢球。他明白，国难当头之际，足球场上再风光的英雄也不算英雄。

9 月 25 日，上海各大学学生抗日救国联合会决定组织学生代表五十人赴南京请愿，提出五点要求：“1. 出兵驱逐日军出境；2. 惩办不力外交官；3. 命令张学良迅速出兵；4. 发大学生枪械；5. 实行革命外交，不签辱国条约。”

9 月 29 日，上海方面组织第二次进（南）京的请愿学生多达 5000 人。其中有许多请愿学生身着戎装，要求政府允许学生组织类似义勇军的准军事组织。这两次请愿活动中，都有秦家柱的交通大学校友。

身为将门之子的秦家柱更想做点真正有意义的举动或改变。当他收到父亲的一封来信后，更是坚定了他的想法。父亲秦国镛在信中写道：

暴日侵华，版图变色，欲壑难填，国族垂亡，凡我炎黄子孙正应荷戈奋战，卫国保民，光耀祖先。为父老矣，愿为后盾，尔等青年，当为先锋，竭其忠悃，献身祖国，置身疆场，喋血敌锋。

看了父亲的来信，秦家柱终是坦然，他决心放弃原来世家公子的生活方式和不切实际的踢球梦想，毅然投笔从戎，抗日报国。他父亲在南苑航校培养的子弟和以前的同僚教官，当时有许多都在南京政府开办的航空军事学校担任骨干教官。在这些前辈的引荐和帮助下，秦家柱报考了当时隶属军政部的航空学校，成为机械科的一名学员。两年之后，学成毕业的秦家柱依然觉得不够满足，他想和父亲一样，能够成为一名驾驶飞机，在蓝天自由翱翔的飞行员。

▲ 杭州笕桥中央航空学校

二、笕桥航校的难忘岁月

毕业典礼那一夜的放松、美好和欢愉，秦家柱应该一直都记得。他或许也恍然假设过，在一个平行的没有战争的世界里，这些开飞机的战友，开启的或是另一种精彩的艺术人生，而非不得已而为之的悲情英雄。

报考航校的热血

民国二十二年（1933）7月，杭州笕桥。

作为中央航空学校第四期飞行科的一名入伍生（学员），秦家柱第一次走进他梦寐以求的“中央航空学校”大门时，依然不免热泪盈眶，感慨万千。

虽说他是名门之后，将门之子，虽说他是交通大学的高才生，但能考进笕桥航校，依然要经历常人难以想象的激烈竞争和严苛考验。由于航校的特殊性质，加上国难当头之际，需要尽快培养出高素质的飞行人才，所以对报考的学员体能和学识都有很高的要求。可以毫不夸张地讲，笕桥航校是当时考试难度最大，入选门槛最高，报名人数最多的学校。

当时全国上下要求抗日的热潮一浪高过一浪。特别是在“航空救国”的口号感召下，大批爱国的热血知识青年和进步学生纷纷报考航校，甚至到了如痴如狂的地步。根据学校的统计，无论是此前的第二、第三期，还是之后的第五期，全国报考的学生每次都达到万人规模左右，但淘汰率也很惊人，最后通过体检，且笔试及格者仅400人左右，录取率只有4%。

更要命的是，即便是经过严格入学考核，也并不意味着就万事大吉。在学习飞行过程中，凡是被发现晕机呕吐的、胆小害怕的、神经紧张的、手脚呆板的、动作粗暴的，经过 20 小时以上训练仍不能单独飞行的，依然统统要被淘汰，加上飞行训练中失事死亡或其他原因退学的，最终能成功毕业，成为一名合格飞行员的，每期大概也就百十人左右，可谓真正的百里挑一。

所以即便是拿到正式入学通知书，成为笕桥航校的一名正式学员，秦家柱也不能骄傲，更不敢大意。特别是当时的他还要面临另一重压力，那就是和他一起考入航校的，还有许多和他一样投笔从戎，从大学转考过来的优秀高才生。其中许多学员还是出自清华大学、北京大学、南开大学、东北大学、之江大学（杭州）等名牌大学。另外，还有不少国外归来的华侨青年精英也纷纷涌入这所学校。考入航校的学员中，有许多学生来自平民家庭，当然，也有许多和秦家柱一样的名门之后、世家子弟。因为爱国，从来就不分贵贱。

这些毅然投身军旅的航校学生，大多都是二十出头的年纪，正是人生最美好的年华，他们不是喜欢战争，愿意打仗，而是面对日军恣意占我土地，掠我财富，杀我同胞，激愤得没有办法。

过去两年间，“九·一八事变”和“一·二八事变”接连发生，日本继续蓄意不断地在中国各地制造事件，妄图挑起战端，吞并中国。这一时期热血沸腾的中国青年，普遍处于一个极端苦闷的时期。普通学校的学生，尚且不断走上街头抗议、呐喊，而这些主动选择当兵的军校生，则希望用更积极的行动，更主动的奉献，用鲜血和生命来捍卫国家的体面，民族的尊严。

那个时候，最不鲜见的可能就是死亡，大量无辜、卑贱、屈辱的死亡。与其在家门口被骄横的敌人炸死或砍死，还不如在战场上刺刀相见，拼个你死我活。所以那时的他们，虽很年轻，但对生死念头反而看得很淡。

正如小秦家柱半岁，后来成为战友的刘粹刚（航校二期生）所说的那样：“假如我要是为国牺牲杀身成仁的话，那是尽了我的天职！因为我们生在现代的中国，是不容我们偷生片刻的！”秦家柱这批学生正式入学的第一天，兼任航校校长的蒋介石委员长就明确地告诉他们，中日迟早必有一战，“找你们来就是准备打日本人的。”那一刻起，他们就已经将生命交给多难的国家，自然也就把生死置之度外。

在当时的历史背景和国情条件下，这些聪慧的精英学员们不缺见识，也很清醒，他们知道中日两国之间巨大的实力差距。就军事层面而言，一个刚收拾完军

▲ **笕桥中央航校精神标语** 位于校园正中央旗杆下的石碑上，铜铸而成。

阀混战的烂摊子，百废待兴的半殖民地、半封建农业落后国家，是无法和一个崛起半世纪，早已完成工业化和现代化的军事强国相抗衡的。“落后就要挨打”是明摆的事实，但奋起还击也是天赋的责任和道义。

正如航校的每一位学员一样，秦家柱一定熟知校园中央旗杆下的那句铜铸的精神标语：“我们的身体、飞机和炸弹，当与敌人兵舰阵地同归于尽！”将如此悲壮且决绝的话语当作校训，就如当时航校的石邦藩教官，要把自己前一年（1932 年 2 月 26 日）在杭州湾上空与日军空战时受伤被迫截去的左臂，浸泡在福尔马林液中，存放在学校公开展览一样，其目的就是要用最激烈的形式和语言，最大限度地激发学员奋起抵御外辱的士气。

战死，大概是当时大多数航校学员早已认定的自然归宿。他们在书信中讨论最多的就是何时可以杀敌；他们去上海旅行时，也会刻意住在上海日军总部附近，临近观察，搜集情报，或在黄浦江畔默记日舰的停泊位置，思考的是将来如何轰炸目标；平日里，他们彼此也会毫不忌讳地谈论死亡，“计算”将来如何死得更为恰当；甚至在毕业留念中，大家也是互相规劝，效“死”国家，而对未来的祝愿，也是直白地期待“死聚”！

严格训练的缺憾

当时秦家柱所在的第四期飞行科，航空课程约占百分之八十，政治课程占百分之十五，军事课程则占百分之五。而航空课程有飞行术、侦查术、轰炸术、航空测量术、航空机械学、航空战术、气象学、航空地图学、航空兵器学等。

稍为遗憾的，就是军事课程，即本应占大头的飞行训练（分为初、中、高三个阶段）却少之又少。与抗战后期空军在美国受训时平均一天飞四小时的飞行记录相比，当时的航校学员一个月能飞十小时已经是很优待的训练记录了。抗战困难时期，许多飞行员的飞行记录，甚至可怜到每月仅两三个小时。要知道对于飞行员而言，个人的飞行训练是空中作战的基础，飞行员练习的小时数，和他日后作战的能力是成正比的。第四期的秦家柱，最理想的训练大概也是保持在两年时间 200 个小时的飞行记录。

在飞行训练的安排上如此小气，一是因为穷，教练机购买得太少，而需要培训的飞行员太多，计划排不过来；二是舍不得，因为航空器材缺乏、油料补给困难，所以总舍不得将弹药和油料用在训练上。

历任空军作战部队长的罗英德，后来在回忆录中特别感叹地提到两个“宁可”：一是宁可将 50% 的弹药、油料用在训练上，而将剩下的留给实际的空战；二

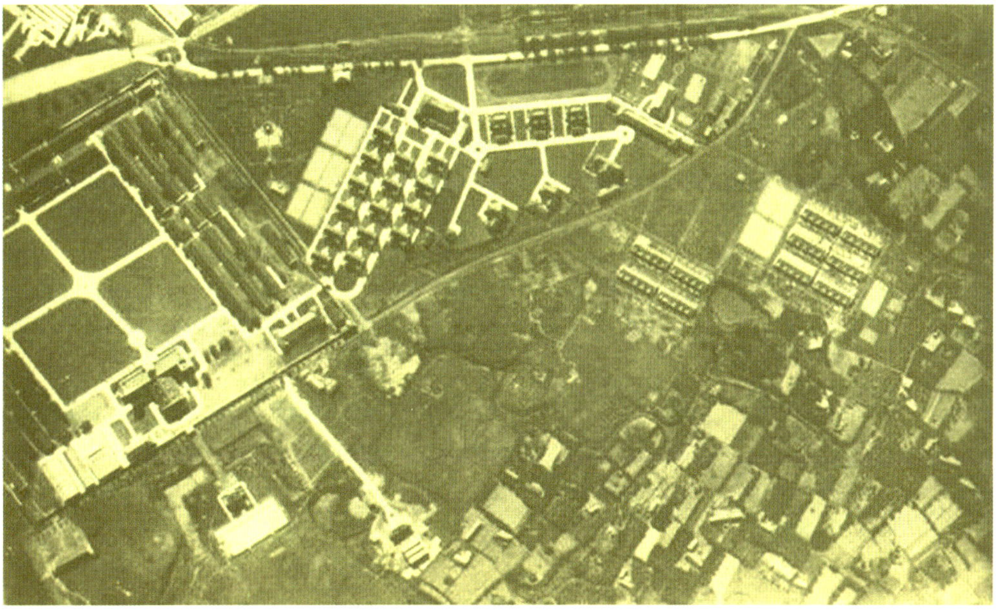

▲ 笕桥中央航校航拍图 1933 年，笕桥航校侦查科学生练习时拍摄。

是宁可在训练中消耗掉一部分飞机，而用剩下的飞机和敌人拼战。其表达的意思很是明了：唯有训练才能减少伤亡，赢得胜利。

而就是在这样不尽人意的条件下，航校的学员们依然用心学习，刻苦训练，特别是针对假想敌——日本空军，如何以精良纯熟的战技，发挥最大战力，以期克敌制胜。当时，秦家柱这批飞行员，积极发挥主观能动性，对日本空军的组织、装备、战法、战技等，莫不加以悉心研究，同时反复揣摩，以期最大程度规避己方的不利，找到敌方的破绽，从而为后来淞沪会战初期，空军取得喜人的战绩埋下了伏笔，但悲剧的影子也因当时中国空军诸多先天不利的因素而如影随形。

假设当年秦家柱拥有更多的飞行训练时间，拥有更好的团队配合默契，拥有更有经验的指挥军官，也许他会打下更多的日寇飞机，也许他不会早早殉国……

超级待遇的惊喜

对于身处历史现场的秦家柱而言，未来将会如何，年轻的他并没有想太多。既然死都不怕了，那么命运安排的一切，再无常也会释然了。而在当时，秦家柱对于学校的一切安排还是非常满意的，甚至可以说有很多的惊喜。

▲ **笕桥中央航校校园** 图中白色建筑物为“家枚堂”，校园正中央旗杆下为空军的“精神堡垒”，操场四周中式平房是学生宿舍。

首先，航校的校舍非常阔气，规模之宏伟，设备之新颖，堪与北平的清华大学媲美。校门内，一片青青草地，十字水泥大道交叉贯穿其中。草坪四周，广植花木，面对大门的三层行政主楼名为“家枚堂”，底层为礼堂，中层为教室，上层为办公室。主楼左侧建有图书馆，右侧为实习工厂。而在“家枚堂”后面，还建有当时很少见的，带有跳台的高级露天游泳池，此外还建有现代化运动场，包括田径、足球、篮球、排球、网球等多处场所。当时航校全盘采用美式教学，不但总医官是美国人，机场剪草坪的也是一位美国人，大家戏称为“剪草”顾问。

其次，在吃用方面，航校对学员的待遇甚至有宠溺之嫌。当时除了学员的被褥、衣服、书籍、文具等全由学校供给外，每月还发给18元津贴费，12元膳食费。此外，为保证大家吃好，航校还专门聘请了一位留学美国的营养学女专家，指导厨房的伙食营养、厨房卫生和炊事兵的烹调方法。

为增强飞行员的身体素质，当时笕桥航校的伙食标准是一天四餐，除了正常三餐外，午睡后还能加餐吃一次午点。每天都有鸡、鱼、肉、蛋，这在当时的中国已是近乎奢侈的待遇了。对飞行员的厚待或厚爱还不止于此，当时担任航空委秘书长的宋美龄还特别交代，每天要给飞行员及飞行生每人一瓶牛奶补充营养。牛奶在当时是真正的奢侈品，只有大富大贵的人家才有条件享受。

仅从学校建设标准和伙食待遇两个层面就不难看出，当时国民政府对航空人才的培养，可谓不计血本。根据航校校方统计，每位飞行员的平均教育费用约为5万银元，以当时黄金计算，约值1500两。特别是学员毕业后，待遇更是优厚得令人眼馋。见习期间，薪水为每人每月银洋75元，半年后见习期满，即加到银洋150元，在当时等值于黄金9两。

而在当时，最佳伙食每月也不过银洋10元，所以剩下许多钱，大家都无处可花。学员们都是订制最好的衣服，选购照相机、马靴等奢侈品，甚至每人都会购买一辆三枪牌的脚踏车。要知道，在当时人们拥有一辆三枪牌脚踏车，比现在家庭购买一辆汽车还要难得。

有意思的是，或许是航校学员的奢侈风气太过招摇，当时的航委会还特地出面，以“养成官兵节约风气”为名，硬性规定从官兵的薪金中扣百分之五为储蓄金，交由国家银行存放，并按规定计算利息，等到有意外事件发生，或到退役时，再由银行支付储金。

可以想象，二十出头年纪，家境良好，风华正茂的秦家柱应该和他的学长、学弟一样，穿着订制的笔挺军装、锃亮的皮靴，跨着照相机，骑着三枪牌脚踏车，也曾逛遍过大半个杭州城，享受大战之前片刻的安宁和欢愉，并将恣意的青春，以及空军的骄傲洒满了一路，美了岁月，醉了时光。

孝顺的他，也一定会用结余的津贴，经常购买南方的糕点、茶叶、水果和其他土特产，寄给远在北平和湖北的亲人，孝敬长辈，让他们和自己一起骄傲，细细品尝一位航校军人深藏的挚爱和温柔。虽然，大家都知道，战争的黑暗已经悄然弥漫在现实的空间。一切的美好短暂也脆弱不堪。可又如何呢？死都不怕的他们，留给人世间最亮丽的精彩，不是战绩，而是无可救药的善良和乐观。

对秦家柱而言，航校里还有一种能转移或发泄情绪，并让他感到快乐的东西，那就是足球。当时笕桥航校的足球风气也非常浓郁。飞行员本来身体素质就好，有很好的运动天赋，加上当时的社会风潮，足球成为学校最热门的运动。学校的体育教官还特地将学员们组织起来，成立足球队，训练之余，经常举行校内或校际间的足球比赛，甚至还多次参加杭州的省市足球比赛，并取得了很好的成绩。

▲ **1937 年，战斗间歇业余时间玩留声机的中国飞行员** 当时留声机是非常稀有的奢侈品。

对于从小就酷爱踢球，并一直担任学校足球先锋的秦家柱而言，笕桥的足球场上肯定少不了他矫健的身影。也许有很多次，正如他后来在战场上表现的那样，或不是最亮眼的主角，但依然需要他“前后奔驰，始得保住山河”。

毕业典礼的隆重

民国二十四年（1935）六月一日，中央航空学校张灯结彩，悬贴标语，挂饰彩旗，整个校园充满了欢快的气氛。航校第四期乙班飞行、机械学生毕业典礼暨第三届恳亲会如期举行。这是航校每年举办的最隆重典礼，也是每期毕业生特别期盼的精彩时刻，秦家柱自然也不例外。

毕业这一天，蒋介石委员长偕同夫人将会莅临会场，并致词演讲。为表示对航校学员的重视，他不但亲手为学员颁发证书，佩挂飞行胸章，而且晚上还会亲自参加在“家枚堂”举办的恳亲会，举办盛大的晚宴。

最让学员们欣慰和激动的是，每届学员毕业之期，航校都要举行一次规模宏大、仪式隆重的恳亲会，邀请航校毕业生的家长出席。按当时的规定，每位毕业生和教官都可以邀请两位贵宾，由航校负担其全部的旅费（头等车船）；家长抵达杭州时，学校还会派专人去车站迎接；指定的接待旅馆，则大都在风景优美的西湖岸边，配有暖气设备的双人房间，而且价格特别优惠，只需一元五角就可住下。

航校对家长如此厚待，礼敬有加，是代表国家向家长示出诚恳的感谢之意。毕竟，凡是理解并支持孩子为国家主动牺牲，为民族“成仁取义”的父母，怎么厚待都不为过。这场典礼，秦家柱也一定邀请了自己的父母前往。特别是让一辈子醉心中国空军事业，却壮志未酬的父亲秦国镛老先生，来现场看看国家的进步、孩子的成长，应该也是特别欣慰的事情。

第四期的毕业典礼分两日举行。第一天为飞行检阅，分上午、下午和晚上三次，由学员们向家长和贵宾们展示两年的学习成果和飞行技能。连续三场精彩壮观的飞行表演（包括一次夜间飞行），让远道而来的家长们都大饱眼福，情不自禁地发出阵阵惊叹和大声欢呼，既为国家自豪，也为自己的孩子骄傲。

第二天的重头戏则是毕业典礼、恳亲会和游艺了。上午九时，在威武雄壮的阅兵仪式结束后，毕业典礼正式开始。经过奏乐、唱歌、鞠躬，恭读总理遗嘱等一系

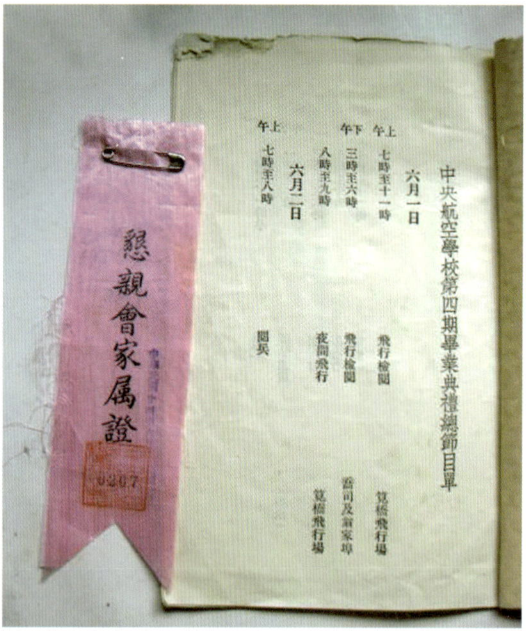

◀ 中央航空学校第四期毕业典礼总节目单暨恳亲会家属证

列庄重的流程仪式后，开始颁发毕业证书，然后是主席致辞、各级领导训词、来宾演说，最后以毕业学生代表答词结束。值得一提的是，当时每位从航校毕业的学员，都会得到蒋介石亲自授予的空军中正剑一把。这把剑旨在“恢复空军军人灵魂”，时刻提醒学员们要永远记住空军应有的精神、气概和德行。

下午三点半开始的恳亲会，与上一期，也是第一届有些随意的恳亲会相比，这一届要规范许多，但也拘束了许多。在标准的奏乐、唱歌、行谢师礼等一系列仪式之后，便是主席致辞、长官演说、家长演说，此后则是赠送纪念品、摄影留念、聚餐和游艺等活动。

晚宴聚餐时，蒋介石还会亲自偕夫人，举杯顺着每条长桌，一一向每位家长敬酒致意。有意思的是，第四期毕业典礼可能不是航校最有名的一期，却大概是最热闹、最放松的一期。或是第四期学员中文艺细胞较多的缘故吧，与以往几届相比，这届的游艺环节最为丰富，除了常规的电影外，还分别表演了舞蹈、歌唱、中乐、西乐、小提琴演奏、话剧等各类形式的文艺节目。

那一夜的放松、美好和欢愉，秦家柱应该一直都记得。他或许也恍然幻想过，在一个平行的没有战争的世界里，这些开飞机的战友，或开启的是另一种精彩的艺术人生，而非不得已而为之的悲情英雄。

三、南京上空的波音战鹰

当时在南京大校场驻扎待命的秦家柱，也已率领三架波音281起飞，正盘旋在南京上空，寻找战机时，恰好截住了第2批到达的96式陆基轰炸机。一番缠斗后，秦家柱漂亮地击落了一架96式陆基轰炸机，最后起火坠于南京东南方。

秦少尉冲动的拳头

第四期毕业生秦家柱，应该是那一届里特别出类拔萃的。

根据当时的规定，毕业学员中成绩最优异者不但可以留校任教，充当教官，而且分配到空军飞行大队时，也会优先分配到战斗（驱逐）机大队，因为按战术要求，担任与敌机近战格斗任务的战斗（驱逐）机，对飞行员的综合素质要求最高。秦家柱凭借出色的能力和优异的成绩，不但得以留校任教，而且毕业仅一年之后，就被分配到由“空军战神”高志航担任大队长的第四（驱逐）大队，光荣担任第23中队的少尉分队长。

在当时空军组建的9个大队及数个独立中队中，第四（驱逐）大队是最精锐的主力王牌飞行大队，配备的也是当时最好的双翼战斗机——寇蒂斯霍克Ⅲ型。霍克Ⅲ型采用大功率星形气冷发动机和全金属硬壳机身，具有操纵稳定、结构可靠、盘旋和格斗性能皆佳的长处，是当时各个大国空军毋庸置疑的中坚力量，也是当时笕桥航校所有毕业飞行员最梦寐以求驾驶的座机。而秦家柱作为分队长，不但拥有自己编号的长机，还会同时指挥两架僚机，也就是说，同时拥有三架霍克Ⅲ型战斗机的空中指挥权。要知道，当时空军全部列装的霍克Ⅲ型战斗机也仅有53架。

正所谓“虎父无犬子”，作为大名鼎鼎“中国航空第一人”、中国首个（南苑）航空学校开创者，也是“中国空军之父”秦国镛的儿子，年仅24岁的空军少尉秦家柱，靠自己的天赋和努力，取得这样的地位和成绩，老父亲应该是欣慰且满意的。

强将手下无弱兵，如果说秦家柱做个分队长都这么厉害，那么他的上司高志航大队长更是个了不起的大人物。虽说高志航仅比秦家柱年长5岁，但资历很老，经历也很传奇。

高志航是辽宁通化人，典型的东北热血硬汉。当年受张学良将军委派，为实现“航空救国”的重任，特地赴法国留学学习航空，并将其名字“铭九”改为“志航”，以示终生献身航空事业的决心。后来因一次飞行事故而右腿骨折，治疗时没有接好，为了不影响飞行事业，他竟然要求医生打断再接。

在淞沪抗战中，被称为空军“四大金刚”之首（高志航、刘粹刚、李桂丹、乐以琴）的他，作战更是以“勇猛凶悍”著称。在一次战斗中，他的右臂被日机射穿，血流如注，依然面不改色，坚持到战斗结束后才秘密前往医院治疗，以免影响军心士气，真可谓关云长再世。

无论对己，还是带兵，高志航都以“严格”著称。有一次空对地打靶训练，他规定必须达到90%（45发）的命中率，才可回去吃饭。结果午饭开始时唯独大队长缺席。原来他尚未达到自己所定的标准，还在训练场不断地练习。

除了技能训练外，他对队员的纪律要求也非常严格。他常对部下说：“空中作战，决胜负于俄顷之间，如不于平时养成守纪律服从命令之习惯，则临阵之际，有如散鸦，何以作战？”

第四大队后来在作战中战绩彪炳，群星荟萃，与高志航日常“从严治军”自然有很大关联。但秦家柱也因为高大队长的严厉而遭受了一次“冲动的惩罚”。

有一次，高大队长带领全队成员集体乘车进城休假，行进途中，时任23中队分队长的秦家柱，因一些琐碎的小事，和同级的机械军官发生了争执，冲动之下挥了两拳。虽说两人很快就被战友们劝开，可没想到第二天，秦家柱就受到调离23中队的严厉处分。

高大队长表面上不近人情，暗地里却是煞费苦心。特别是国难当头之际，对于好不容易培养出来的高级飞行人才，他还是倍加爱护的。经过深思熟虑，他将秦家柱调往同是战斗（驱逐）机飞行大队的第三大队，担任17中队分队长。

句容城翱翔的“白鹰”

第三大队17中队是一个非常特殊的飞行中队，主要有两个特点：一是队员，无论是飞行员，还是机械师、地勤人员等，大多是“海归”的美国侨胞；二是队里列装的9架飞机，都是清一色美国造飞机——波音281（P-26），这些飞机也都是在“航空救国”的号召下，由当时的爱国华侨捐赠。

秦家柱的直接上司，后来在对日空战中大放光彩，有“空中虎将”之称的17中队队长黄泮扬、副队长马国廉，都是在美国学习飞行的王牌飞行员。由于队里成员大多背景相似，所以日常训练或战斗激烈时，往往会情不自禁在无线电里用英文呼叫彼此代号，或国语、粤语、英语夹杂。而秦家柱的父亲、长兄都在国外留学多年，家学渊源，外语功底扎实，所以进入这个中队，沟通上没有障碍，以便最大程度发挥中队的协同作战能力。

波音281战斗机是美国波音公司研发的一款“开创了战斗机发展史上新时代”的新型单翼全金属战斗机，采用了半硬壳式单体构造铝制机身，其纵梁、隔框和蒙皮全系硬铝制造，机头还采用新开发的发动机整流罩，以便减小阻力。在1932—1934年期间，该机创造了多项速度和高度记录，并凭借其优越的性能跻身世界首批实用型全金属单翼战斗机之首。虽说波音281是一款有实验性质的全新单翼战斗机，有诸多不成熟之处，但无论速度，还是机动性能，与当时中国空军的主力机型——双翼寇蒂斯霍克III型相比，已经不相上下。

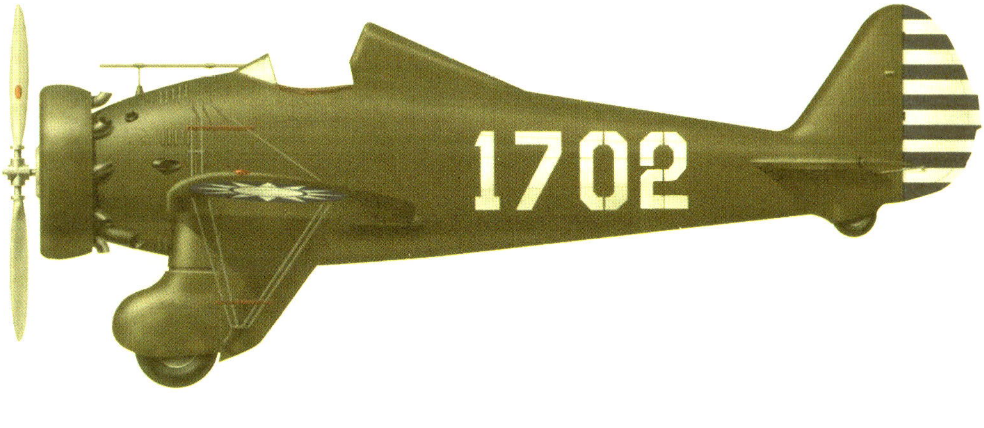

▲ **秦家柱的战机** 时任第三大队17中队分队长秦家柱驾驶的波音281，编号为1702。

1937 年 2 月下旬，第三大队（驱逐）进驻江苏句容机场。飞行基地位于距南京 40 余千米的镇江市句容县城北门 1 千米处，主要担任首都南京的防空任务。17 中队的波音战斗机群，其中 6 架由中队长黄泮扬率队，驻守句容，另外 3 架，则由秦家柱率队，分驻南京大校场机场。这些波音战斗机，或因早期白色涂装，或因“波音”谐音，被当年的南京人亲昵地称作“白鹰”。事实上当时的波音 281 已经重新涂装成军绿色，秦家柱分队长的长机编号是 1702。

1937 年，“卢沟桥事变”之后，日军在中国各地不断制造冲突，挑起事端，大战的气氛越来越浓，中日全面开战之势已不可避免。7 月底，北平沦陷，亲身品尝到亡国奴滋味的秦家柱化悲愤为力量，和他的飞行员战友们一起，加紧战备和训练，准备迎接“一场历史性的暴风雨”。8 月 13 日晚，淞沪会战全面爆发。第二天，从拂晓到黄昏，忍耐已久的中国空军，共出动九批 76 架次的各型战机，主动出击，猛烈轰炸上海的日军阵地和军舰。

同日下午 6 时，第四大队（驱逐）在高志航大队长的带领下，又与赶来报复的敌机在杭州笕桥、广德上空展开激战，在我方几乎零伤亡的前提下，取得了击落敌机 3 架、重伤敌机 1 架、轻伤敌机 4 架的辉煌战绩。中国空军首战告捷，大快人心，不但打破了“日本空军不可战胜”的神话，而且打出了中国空军的如虹士气，大大激励了中国人的抗战热忱，这一天也因此被国民政府定为“空军节”。

需要说明的是，取得这样喜人的成果，固然与中国空军飞行员的过硬素质和高昂的士气有关，但也和当时恶劣天气，以及日寇过分轻敌有关。当时日方受“战斗机无用论”的思想影响，第一批参战日机中，俯冲轰炸机编队竟然没有战斗机护航，这也给了本处于劣势的中国空军以可乘之机。

秦家柱所在的 17 中队并没有参与 8 月 14 日的战斗，而是根据命令驻守句容，拱卫南京，严防敌机来袭。看着战友们在空中痛歼敌机，秦家柱也很眼馋，可纵是求战心切，也只能忍耐和等待。他已经牢记高大队长的教诲，作为军人，作为分队长，遵守纪律，服从命令才是第一天职。

大校场机场的空战

8 月 15 日，被轰炸损失和空战惨败刺激痛了的日军，“为了惩罚中国军队的

▲ **高志航驾驶霍克Ⅲ战机与敌作战图** 8 月 14 日，中国空军第四大队高志航队长驾驶霍克Ⅲ战机 IV-1 号座机，攻击日寇九六式陆上攻击机，并将其击落，这也是中国空军建军以来击落的第一架敌机。（绘图 / 陈应明）

▲ 飞越中山陵上空的日本海军航空队三菱 G3M 九六式陆基轰炸机

暴戾”，决定展开猛烈的报复。这一天，天气依然不佳，并不适合飞机空袭，但日本司令官长谷川清依然严令航母强行出击，尽快压制中方航空基地。

黎明前，日军“加贺”号等三艘军舰匆匆赶到马鞍列岛附近，在日出前分三批起飞了 16 架九四式俯冲轰炸机、16 架八九式攻击机和 13 架九六式攻击机，分别指向苏州、广德和南京机场。吃一堑却不长智的日寇，或是太过骄傲，或是太过顽固，竟然还是坚持旧战法，无论轰炸机，还是攻击机，都没有战斗机护航。

当日上午，由于对中国内地地形不熟，加上密布的积雨云影响下，计划空袭南京的 13 架日本海军航空队最新型九六式舰载攻击机，未能识别攻击目标，绕了一大圈之后，只能无功而返。

也是从这一天起，日本海军开始对南京展开“渡洋爆击”作战计划。当天早晨，日本海军第一联合航队所辖的木更津航空队，在少佐飞行长林田如虎的率领下，出动 20 架三菱 G3M 九六式陆基轰炸机，从日本长崎附近的大村航空基地出发，跨海远袭南京。差不多 5 个小时之后，当木更津航空队到达苏州上空时，南京防空司令部发出警报，秦家柱所在的第三大队马上进入警备。下午 1 时 15 分，南京城上空发出凄厉的防空警报声，警告有敌机来袭，这也是南京城第一次遭遇的空袭。

▲ **中国空军地勤人员正在维修波音 281 战机** *后面飞机库上布满日军空袭留下的弹孔。*

当敌机逼近南京东南句容机场时，第三大队 17 中队黄泮扬队长带领 5 架波音 281，马上起飞拦截。由于当时中国空军缺乏长途通信设备，而驱逐机的油量又只能维持两个小时，不能保持足够长的滞空时间，为避免错误警报而贻误战机，往往是飞行员肉眼确定无误后，才会冒着被攻击的危险强行起飞。好在是当时的波音 281 是电点火，可以很快启动起飞上天。

下午 1 点 30 分，木更津航空队的 4 架九六式陆基轰炸机以菱形编队进入南京上空，就在它们正准备在大校场上空投弹时，从句容尾随赶来的 5 架波音 281 恰好赶到。驾驶 1703 号的黄新瑞上尉分队长最先发现敌机，由于波音 281 只有 2 挺 7.7 毫米机枪，火力对轰炸机来说较弱，于是他机敏地绕到一架九六式陆基轰炸机的机枪射击死角处，抵近攻击，一串怒火射出，敌机顷刻起火，冒着浓烟一头向地面栽去。这也是南京保卫战中击落的第一架敌机。只是由于贴得太近，黄新瑞座机的发动机也被飞溅的敌机零件击中停车，发动机熄火，只好滑翔迫降机场。

当时在南京大校场机场驻扎待命的秦家柱，也已率领三架波音 281 起飞，正盘旋在南京上空，寻找战机，恰好截住了第二批到达的日军九六式陆基轰炸机。一番缠斗后，秦家柱漂亮地击落了一架九六式陆基轰炸机，最后起火坠于南京东南方。只是和黄新瑞分队长一样，他的座机 1702 号也遭到敌机的反击而受伤，沉着冷静的他，终是将飞机安全地滑回了大校场。

随后赶来支援的暂编大队和第四大队共 17 架霍克III型飞机，也加入空战。由于日军缺乏战斗机护航，所以一直处于被动挨打的局面。在友军的配合下，17 中队队长黄泮扬也和队友在句容上空共同击落了一架九六式陆基轰炸机，并最终取得击落 4 架，重伤 6 架的辉煌战绩。仅此一役，有“虎之子”之称的皇军精锐——木更津航空队就损失了一半的战斗力，而中国空军的损失只是受伤 5 架，无一架被击落。

秦家柱他们驾驶的波音 281 飞机，在南京上空击落日本九六式轰炸机的战斗，被世界航空史认定是“世界上第一次全硬外壳单翼飞机之间的战斗”。这意味着人类的战斗机开始摆脱第一次世界大战时笨拙的空战，更快、更高、更猛的战斗机之间将爆发更加残酷血腥的厮杀。

这一战虽说赢得漂亮，但也打得辛苦。后来第三大队 17 中队黄泮扬队长在报纸上撰文描述当时的情况，他说：“返航后，所驾的飞机已多数弹痕满身，我自己所驾的那架波音机机身架尾均被敌射中一洞，口径约有三寸之阔的模样，左右两边的着陆轮亦被射破。”

而秦家柱的“白鹰”座机，估计也是弹痕累累、遍体鳞伤。根据当时参战的飞行员回忆，接近敌机以及脱离敌机的 20 秒空战中，日军 6 架九六式陆基轰炸机组成的编队一共可射出约七八千发子弹。在这样密集的火力进攻下，中国参战飞机受伤的惨状亦可想象。

由于当时中国缺乏现代工业基础，无法自己制造和维护飞机，而又受战争封锁影响，无法从国外采购飞机和配件，所以对当时的中国空军而言，基本是打下来一架就会少一架。在航空配件奇缺、机械图纸遗失等极其困难的情况下，中国空军的地勤人员充分发挥聪明才智，总能在第二天神奇地修复受伤的“白鹰”，送它们继续升空作战。

在战时情况下，无法得到有效修理和维护的战斗机，总是会给飞行员留下莫大的安全隐患。特别是秦家柱的 1702 号战机，在此后不到一周的时间，即 8 月 21 日的一次战斗中再次受伤，虽说修复后仍然可以飞行，但也为秦家柱的牺牲悲剧埋下了令人感慨的历史伏笔。

四、黄浦江面的遗憾英雄

必须承认，与事迹更鲜明、故事更壮烈、人生更具戏剧性的明星级笕桥同学相比，秦家柱的人生故事和空战事迹，都显得有些简单和平淡。但这并不妨碍他是实实在在的英烈，也是真真正正的英雄。

淡然的别离

对于死亡，秦家柱看得很是淡然。

当然，当时那批热血报国的青年飞行员都看得淡然。因为国难当头之际，容不得太多儿女情长，只有想得开，看得淡，才能坦然面对处处可见、时时可见的惨烈和牺牲。

按规定，当时飞行员外出任务时都要填制式遗嘱，当然很简单，譬如就是填选一下作战殉国后愿葬于某处。每个年轻的心都随时做好殉国的准备，但夜深人静一个人深思时，也会偷偷流露出一些对生的眷念，譬如期望自己能过了旧历年再死，甚至也会偶尔奢望自己命大，能看到胜利的曙光再死。

但每天睁开眼时，繁重的战斗任务和不断恶化的局势，又让他们会很快把死踩在脚下，时时准备用血肉、用性命与敌人去拼，为国家的未来前途和最后胜利，增添一些筹码。每次出任务时，年轻的飞行员给同伴交代后事也是非常简单，轻描淡写说一句：我出任务去，几件小东西替我保管一下。然后可能就一去不回，留给亲人最后念想的可能也就是一块手表，一支派克笔而已。

不怕死，不等于不惜生。譬如当时的飞行员，心里其实都期望有一个防弹背心，以减少无谓的伤亡，但年轻热血的他们好面子，爱逞强，谁都不愿开口，因为说出

▲ 第三大队 17 中队的波音 281 战斗机作战图（绘图 / 陈应明）

来就表示你怕死。好多年以后，幸存的战友回忆起这件事，还会扼腕惜叹，抱怨当时的“航空委”早应该想到这一点。

虽说每天都面临生死离别，每天都面临性命威胁，可秦家柱和他的战友们并不感到丝毫沮丧，牺牲再大，困难再多，士气依然不受丝毫影响，斗志反而更加昂扬，当然，昂扬中也夹杂着若干悲愤的情绪。个个热血激腾，人人摩拳擦掌，凡遇战事，都是抢先去争取任务，以期一抒为国家吐气，为同学报仇的积愤。

秦家柱亦是如此，特别是作为分队长的他更是率先垂范，时刻主动寻找战机。8 月 21 日早上四时，第三大队接到敌机乘拂晓袭击首都（南京）的加急电报，当即起飞，分为两队，第一队由 17 中队黄泮扬队长率领 7 架波音 281，在句容、南京之间的上空巡逻。

第二队由 17 中队分队长秦家柱率领 3 架波音 281，在南京北面巡逻。忽然，他透过飞机的窗户看到扬子江面有炸弹落下，水浪翻腾。秦家柱急忙盘旋飞升，四处观察，发现远处有敌机 3 架，高度约 3600 米上下。而秦家柱率领的 3 架飞机高度仅 1800 米左右，于是急向侧方升高。谁知敌机早有准备，将炸弹全数投入江中后，急向东方沿江逃遁，秦家柱马上通知僚机隐藏敌机下方追踪，然后急飞升高，一直追着敌机的屁股穷追猛打。可惜追至扬州时，由于3架飞机的两架机枪都出了故障，加上自己的飞机中弹六处，无法再追，只好返航。

秦家柱除了对生死看得淡，对功名也看得淡。他是那种只晓得埋头打仗，却不爱写报告报战功的人。在他看来，打仗时命在旦夕，久战疲乏，那么多的仗都打下来，哪有时间和心情坐在办公室里写报告呢。对于自己的飞行员“飞机记录簿”，他也懒得填报。命都不要了，这战功又有何用？

最后的战役

1937年8月23日，日本援军主力第三师团和第十一师团开始在川沙口和吴淞口登陆，为协助国军陆地部队的防御任务，空军第三、四、五大队按计划分批出动，前往登陆地点轰炸扫射。

首批出击的是第五大队由18架霍克III组成的攻击机群。凌晨时分，他们就由东朝西，利用背后的阳光作掩护，出其不意地向登陆地点飞去。飞临吴淞口上空时，江面上正被初升的阳光照映得金光闪闪，日军10余艘军舰和运兵船停在江心，军舰上的大炮正向岸上猛烈轰击，掩护日军士兵乘坐登陆艇抢滩登陆。岸边浅滩上，已登陆的日军正涉水上岸，如密密麻麻的蚁群向岸上涌去。满天金色的朝霞有效地掩蔽了迅速接近的飞机。军舰上的舰炮声又淹没了飞机引擎的轰鸣声。因此当日军的防空警报拉响时，18架霍克III已经飞临头顶，正嘶叫着从高空鱼贯向他们俯冲而来。

此时敌军阵型大乱，犹如汤浇蚁穴。登陆的日军士兵四下散开，或跳入水中，或没命地向岸上奔去，江心的军舰则忙慌着调转炮口对空射击。18架涂着中国军徽的霍克III型飞机划过长空，机头两挺7.62毫米机枪，不断地喷出愤怒的火舌，对敌群进行犁地式扫射。暴风雨一般的子弹扫得江边水花四溅，岸上尘土飞扬，四处乱窜的敌军就像被割倒的稻子一样成片地倒下。

慌乱的日军连忙成片卧倒，却不料成串的炸弹又紧跟着尖啸落下。因为霍克III型飞机是专门用于攻击地面部队的强击机，每架飞机可以挂载12颗专门攻击地面散兵的小型炸弹，会在落地3秒后延时爆炸，专炸卧倒在地的士兵。短短几分钟内，近两百颗小炸弹就沿数千米的江边一路炸开，日军进攻部队被炸得人仰马翻，损失惨重。

随后，空军第四大队的20架霍克Ⅲ型飞机开始出击，对在张华浜和蕴藻浜登陆的日军进行第二轮轰炸扫射。虽然造成日军重大伤亡，但同时也遭到日军密集的高射炮炮击和空中驱逐机的拦击。此前在空战中吃了几次大亏的日军，没有再犯以前过分轻敌的错误，加强了空中掩护，当时早有准备。

中国空军的霍克Ⅲ型飞机，在与没有护航的日军轰炸机作战时，虽有一定的优势，但与日军驱逐机较量，无论速度、爬升力，还是灵活性、缠斗性能等方面都相形见绌。因此当时的空军总指挥部在作战命令中，一再强调我军战机不要与敌护航的驱逐机进行空中决战。

按照以往作战经验，对当时执行攻击日军登陆部队的第四大队而言，根本就没想到遇到日军驱逐机的拦击。在猝不及防的遭遇战中，虽说空军“四大金刚”之一的刘粹刚，凭借高超的格斗技艺，与日军的5架驱逐机展开激战，并当场将一架敌机打得起火爆炸，可第四大队当日损失更为惨重，一共有5架飞机被击落，伤亡11人，其中4名优秀的精英飞行员壮烈殉国。

第三批出动的第三大队机群，由17中队中队长黄泮扬率领，共7架波音281驱逐机，其中秦家柱也在其列。当他们来到吴淞口，对日军登陆部队进行第三次轰炸任务时，一个邪恶的对手已经悄然地在等待着他们。

遗憾的英雄

1937年8月22日，淞沪战事开始后的第九天，为挽回日本海军航空队空中作战的颓势，重新从中国空军手中夺取上海制空权，6架刚刚成军的九六式舰载Ⅱ型单翼战斗机，秘密降落在马鞍列岛附近的“加贺”号航母的飞行甲板上。这是日本海军航空队第一种全金属的单翼舰载机，在速度、灵活性、升力、续航力等方面均大大超过当时的主流双翼机。

与秦家柱驾驶的波音281单翼机相比，日本海航的新一代单翼战斗机更为成熟，也更为先进。这款后来成为二战大名鼎鼎“零式”战机前身的九六式舰载Ⅱ型单翼战斗机，采用了倒海鸥形下单翼和金属机身，取消了一切可能增加阻力的张线和支柱，还创造性地运用了降低摩擦力的沉头铆钉工法。经过这一系列创新，这款新型战斗机有着更快的速度，以及更长的续航力，而且空中缠斗性能也有了极大的提升。

当时在吴淞口上空，与第三大队作战的是日军独立飞行第九中队队长铃木中尉率领的4架新式驱逐机，这4架新式驱逐机，很可能就是九六式舰战Ⅱ型单翼战斗机。当他们发现中国飞机后，马上占据空中有利地形，等待以最佳时机迎击中国战机。当第三大队机群飞临吴淞口上空时，等待多时的铃木中尉，立即发出信号，4架日本驱逐机一起作“殷麦曼式旋转”，绕到中国飞机的背后。

“殷麦曼式旋转”是一战时德国空战王牌飞行员殷麦曼创立的一个空战动作，叫“狗斗”（dog fighting），就是互相咬着尾巴射击。“殷麦曼式旋转”等于是在对方咬住尾巴之后，从上面一个翻滚反咬，这种战术非常致命，也是绝地反击的制胜手段。当时很多的中国飞行员也会使用，刘粹刚就是多次在空战中利用这种战术干掉对手的。可猜想的是，同样优秀且出类拔萃的秦家柱分队长，也应该会使用“殷麦曼式旋转”的空战战术。

只是可惜，战场上胜负输赢的差距往往就在毫厘之间。当时由于敌机占据了有利的空中地形，飞机性能又高过一筹，再加上突然袭击，秦家柱率领的战机编队根本就没有反应的机会。这次空战的失利，一开始就因双方实力太过悬殊而早早注定。双方刚一交手，中国空军2架波音281瞬间就被打落，其中一架就是分队长秦家柱驾驶的座机，编号1702。

需要补充说明的是，当时对于秦家柱而言还有另一个不利的因素，那就是他的座机曾连续两次因作战受伤，飞机性能必然大打折扣。由于当时空军的后勤补给条件特别糟糕，加上战事吃紧，作战任务又重，所以维修往往是勉为其难，能飞上天就已经很不错了。

秦家柱的牺牲，确实有些遗憾，甚至有些可惜。如果中国的飞机再先进一些，后勤再有保障一些，或者讲，运气再好一点。或者讲，脾气再收敛一点，没有那冲动的一拳，而是留任在第四大队……他都会有完全不同的人生轨迹，以及演绎更多精彩的历史可能。

必须承认，与事迹更鲜明、故事更壮烈、人生更具戏剧性的明星级笕桥同学相比，秦家柱的人生故事和空战事迹，都显得有些简单和平淡。

可我们也必须承认，他是实实在在的英烈，也是真真正正的英雄，配得上我们最深的敬意和最高的礼赞。

◀ 南京航空烈士公墓里秦家柱的墓碑
（供图 / 秦援民）

错位的纪念

英国首相丘吉尔曾这样赞扬英国皇家空军的英勇表现：“从未有这么多人，对人数如此少的一群勇者，存着如此深厚的感激之情。”这句话，当然也适用于 80 年前秦家柱这样的笕桥英烈们。只是我们的感激，往往太过粗放和模糊。

事实上，整个抗战期间，壮烈牺牲的空军官兵超过了 4300 人。可遗憾的是，除了几个耳熟能详的明星级空军英模外，绝大部分如秦家柱这样的英烈，基本都被遗忘在历史的荒凉角落里，默默无闻，其英勇抗敌的英雄事迹也多是模糊不清的。便是对于这些英雄的简单纪录，也多是随意潦草的，许多生前事迹多是张冠李戴，随意混淆，甚至殉国的时间、地点、方式，也都是错位或错误的。

大多时候，我们总是刻意遗忘历史的诸多细节，也丝毫不顾忌纪念碑上每一个冰冷的名字背后，都曾是鲜活的生命和不同的个体。我们总喜欢以化繁就简、大刀阔斧的粗暴手段，简化复杂的历史，折叠个体的记忆，对英雄的怀念和感激，也往往沦落成一个抽象的符号，一种模糊的形式，一段泛化的记忆。

1937年8月25日，中国共产党主席毛泽东撰文指出："……所有前线的军队，不论陆军，空军和其他地方部队都进行了英勇的抗战，表示了中华民族的英雄气概。中国共产党谨以无上的热忱，向所有全国的爱国军队、爱国同胞，致以民族革命的敬礼。"

秦家柱壮烈殉国的消息传至家乡时，全体乡民为之悲愤不已，国民政府追赠其空军中尉，入祀咸丰忠烈祠。他的大伯父诗人秦了文特地写了《哭家柱侄袭敌殉职》诗二首，诗云：

飞行万里越重瀛，誓扫扶桑毁敌城；久许残躯藏马革，忍看同泽别霓旌。

宏图欲揽亚东胜，雁讯难抒直此情。倘使鹏搏酬素愿，定教海宇见澄清。

秦庭将略久留芳，报国难伸气弗扬；志节已凌霜雪拯，精诚直并日星光。

炸弹那顾身残毁，殡殓空惭富缥湘；怅望海东齐洒泪，中原遗恨失匡襄。

对于英雄人物的追念，无论是官方的致敬，还是亲人的缅怀，我们往往都表达得太过正确且正经。可事实上，亲人记忆里那个追车攀墙的莽撞顽童，那个意气风发的踢球少年才是最美好的秦家柱；战友印象中那个投笔从戎的热血青年，那个脾气急躁的空军尉官，才是最真实的秦家柱。而在历史深处，正是这些不经意的细节侧漏，才让我们认识了一个有血有肉，有情有义的秦家柱。

参考文献

[1] 秦家柱传 [G]// 秦氏家谱 .1920(民国九年).

[2] 忠义事迹列传·秦家柱传 [G] // 咸丰县抗战史料 .1948.

[3] 朱力扬 . 中国空军抗战记忆 [M]. 杭州：浙江大学出版社，2015.

[4](美) 饶世和 . 飞翔在中国上空——1910—1950 年中国航空史话 [M]. 戈叔亚，译 . 沈阳：辽宁教育出版社，2005.

[5] 姜根金 . 民国空军 [M]. 北京：中国文史出版社，2017.

[6] 陈应明，廖新华 . 浴血长空——中国空军抗日战史 [M]. 北京：航空工业出版社，2006.

[7] 刘亚洲，姚峻 . 中国航空史：第 2 版 [M]. 长沙：湖南科学技术出版社，2007.

[8] 中央航空学校第四期毕业典礼总节目单 . 1935.

[9] 渠长根 . 笕桥中央航校史话 [M]. 北京：中国言实出版社， 2009.

[10] 中国空军 [M]. 南京："行政院新闻局"编印，1936.

[11] 民国档案 [A]. 南京：中国第二历史档案馆编，1992.

▲ **南京航空烈士公墓牌坊** 1932 年，为纪念在北伐以及淞沪抗战中阵亡的空军飞行员兴建。牌坊高达 8.35 米，四楹三间，是中国唯一一座航空烈士公墓。

航空

第三节
秦门荣光三士绅

秦朝品（1790—1861），字步云，土家族，湖北咸丰县丁寨人。秀才出身，性豪爽，善理财，以喜施乐善，仗义疏财而闻名乡里。他为乡人创修桥梁道路数十处，另捐献学田，带头倡义创办义学——培英书院，开地方文明风气之先。他还以远见卓识，早十年预判战乱将至，不惜千金修建安乐洞，为保护族邻起了关键的作用。

秦云龙（1842—1905），原名廷瑞，字涛安，又字辑五，秦朝品的次子。早年以军功步入仕途，后弃武从文，官至四川候补通判，花翎提举。他为官清廉，勤政爱民，历治府县，政声斐然，士民誉为“秦青天”。其编撰的《雷波厅志》是有名的地方志书。他还曾将扬琴这种风雅器物和相关曲艺引入咸丰。

秦渤峰（1887—1958），原名钟峤，字渤峰，秦云龙的四子，毕业于京师法政学堂，曾参加过五四运动，后弃笔从戎，任军阀部队参谋等军职。民国二十年（1931）解甲归田，投身地方教育事业，曾任丁寨小学（前身为其祖父创办的培英书院）校长、咸丰中学校长等职，在咸丰教育界颇有声名。

秦氏祖孙三代，在各自时代都活出了自己的精彩，也都以不同的方式为地方贡献力量，特别是在教育和公益方面发光发热，是传统乡绅的杰出代表。

▲ 秦渤峰画像（绘图／任靖雯）

一、传奇义士秦朝品

秦朝品虽是武庠出身，可让后世子孙“崇文”的基调，却是由他兴办义学开始。在秦朝品看来，“尚武”或只是一时生存的必要，而“崇文”则是生命质量的提升。通过读书，可以让子孙后代有更宽阔的视野，更深远的思想，以及更光明的前途。

义士

道光二十年（1840），50岁的秦朝品（字步云），决心做一件让后世引以为豪的大事情。

这一年是庚子鼠年，刚给儿子秦廷玉过完12岁生日，秦朝品便一直在内心反复谋划，准备牵头捐资，在咸丰县乐乡里（今曲江镇）筹建一所义学。

虽是武庠（武秀才）出身，可秦朝品也饱读诗书，懂得“耕读传家远，诗书济世长”的道理。他办义学，就是想让四方乡邻的孩子都能和他的孩子一样接受私塾教育，以便有同样出人头地的机会和出路。

秦朝品生于乾隆五十五年（1790），祖上自乾隆初年由黔入鄂，在咸丰丁寨狮子岩、周家坝、马桑园、龙家坡一带扎根定居，到他这一辈已是第四代。在他和朝富、朝贵两位兄长的齐心协力下，治家勤慎，创业有道，家境渐臻饶裕，俨然成为富雄一方的“邑中望族”。

秦朝品不但体貌强健，性格豪爽，而且自小聪慧警敏，才华出众，加上情商颇高，善于应对各种人物和事情，也自然而然、顺理成章地成为当地最有名望的乡绅。他最令人佩服的一点就是“居积不事朘削”，意思是致富有方，取财有道，从不会做仗势欺人，恶意盘剥的无德之事。

▲ **曲江镇十字路野猫河上的风雨凉桥** 由秦朝品于清道光年间捐资修建。（摄影 / 陈旭）

作为官方县志里盛赞的“义士”，他一向乐善好施，醉心于当地的公益和慈善事业，经常会慷慨捐资，或修葺庙宇，或搭桥铺路。特别是他生活的鄂西一带，山狭水急，水患颇多，每年春夏涨水之际，东自土老坪，西自桐车坝而下，经常会出现道路毁坏、石桥坍塌的事情。为方便乡邻出行，秦朝品每年都会独自出钱修缮，数十年如一日，从未改变。

当年他在乐乡里（今曲江镇）十字路野猫河上修建的风雨凉桥，石墩用料厚实，造型朴实别致，如今依然巍峨挺立，目前是湖北省一级重点文物保护单位。

秦朝品做善事的手段也颇是高明，既重人情，又讲谋略。譬如丰年时，他都会以公允的价格大量收购粮食，遇到歉收饥荒的年份，听闻米价上涨，就会适时减价抛出，以达到平抑米价、公平交易之目的，也让穷苦百姓颇得实惠。

作为武秀才的秦朝品，有功名傍身，加上性格直爽，处事公允，又做了诸多的善事和义举，当地无论乡绅士子，还是走贩百姓，凡是遇事都愿意让他主持公道，他也总能排忧解难。秦朝品应对官府也颇有一套，凡是县里交代的公务差事，他都能周详慎微地处理妥当。

义学

虽说秦朝品已为当地乡亲做了不少功德无量的好事，可兴办义学还是与以往迥然不同。首先太难，此前“义学”只是在书本上见过，实际如何操办，没人知晓，在整个咸丰也是开天辟地的头一遭。“义学”，顾名思义，就是古代的“希望小学”，需要地方的爱心人士捐资筹建，而且花费甚巨——学校房舍要建，老师薪酬要供，更要命的是所有学生都免费上学……

这些困难和挑战，秦朝品心里都明白，可他铁定了心，誓要排除万难，办成并办好义学。他这样做，与他对时局的理解，以及“裕子孙之谋”的心结有关。

这一年的六月，中英鸦片战争爆发，洋人仗着铁甲巨舰，短短两个月内就以惊人的速度攻城略地，一路通杀，直抵天津大沽口，兵威直逼京畿。这样不可思议的战局，对于经历过乾隆盛世，又是武秀才出身的秦朝品而言，应有莫大的警醒和刺激。向来深谋远虑的他，已早早嗅到一丝危机。他或许已经不太相信传统骑射的“武功”，但对传统教化的“文治”，还是和当时绝大部分中国人一样，充满了热情、虔诚和自信。

也是从秦朝品开始，此后秦氏家族子孙教育的理念上，有一个特别明显的特点，那就是“文武兼修”。

也许缘于生存环境的影响，川湘鄂边区自古民风彪悍，匪患滋扰严重，加上所处时代时局混乱，战事纷扰，秦家历来就有“尚武”的风气，一是“保家”的需要；二有“卫国”的机会。事实亦是如此，他的儿子秦云龙、侄孙秦钟岳，侄重孙秦国镛等杰出人才，后来也都是靠军功步入仕途，并扬名立万的。

虽说中国历来有重文轻武的传统，但不要忘记，历来重武的也有轻文的习惯。往往带兵打仗的是大老粗才显正常，理想中文武双全的儒将，事实上并不多见。可秦朝品教导的后人，则是令人欣慰的“异数”，不但都和他一样“善武”，而且个个饱读诗书，文采斐然。

有意思的是，秦朝品虽是武庠出身，可让后世子孙“崇文”的基调，却是由他兴办义学开始。在秦朝品看来，“尚武”或只是一时生存的必要，而“崇文”则是生命质量的提升，通过读书，可以让子孙后代有更宽阔的视野，更深远的思想，以及更光明的前途。

▲ **曲江河航拍图** 曲江河两岸土地肥沃，物产丰富，山清水秀，人杰地灵。秦朝品在曲江河上捐资修建了多座桥梁，他的侄孙秦钟岳书写的对联“岸转涪江，倒流西北三千里；桥通楚塞，横锁东南十万峰”即说明了曲江的优美特点。（摄影／龙建军）

活得太过通透的秦朝品也想得明白：后世子孙将来读什么样的书，并不是他所能左右或操心的。他最该做的是竭尽所能办一所好学校。当然，他想到的子孙后代，并不限于秦氏家族，所以他才不办私塾，而是立志要兴义学，惠及更多乡邻百姓。

同治五年（1866）六月，也就是秦朝品去世五年后，一个名叫胡斌敬的举人来到咸丰县担任县学训导，他听到秦朝品捐学田的义举后，依然是惊叹不已。在这位搞教育的专业人士看来，这种“培本基而绵德泽”的善行，不但造福一方百姓，而且利于后世繁荣。为子孙后代传金传银都远不如传知识有用，而且用大爱的方式，用义学的手段，传播文化，分享知识，更是高明。

为了向这位先贤致敬，胡斌敬还特地为秦朝品撰写了墓志铭，赞曰：

仰高山兮，万古青，人生如寄兮，无不灭之影形；世德作求兮，尚有典型，佳城其郁郁兮，依丘壑以为灵。

这自然是秦朝品不可知的后世佳话。

捐田

为了表示自己的诚意和决心，秦朝品做了一个让外人都感觉肉疼的决定，那就是将自家位于杉堡树的一处上等良田捐了出来，当作学田。这块良田土地肥沃，每年仅“租谷折钱”就有五千文。这在当时是非常慷慨的举措，因为在“以粮为本，拿地当命”的封建时代，特别是经济极不发达的偏远山区，这基本相当于把自家的“聚宝盆”贡献了出来。

在秦朝品的牵头示范和积极倡议下，乐乡里的丁、秦、徐、魏四大望族也都纷纷响应，最后共有24户开明乡绅加入到第一批捐资助学的队伍中来。当时的地方乡绅并非特别有钱，也不是个个都是土豪。他们的富庶，多是几代人辛劳操持，日积月累的结果；他们的体面，也多是德行方面自我束缚和责任承担换来的荣耀。

当时丁氏家族有一位叫丁秀鉴的国学生，也特别热心此事。按当时商议的结果，24户人家每家至少需要“出谷八担”（一担等于一百斤），丁秀鉴当时家境窘迫，可为了不落人后，甚至将预留的种谷都捐了出来，以凑齐自己的那份应担的份例。

正是在这些自尊又自觉的开明乡绅们的共同努力下，丁寨的义学终是成功办了起来。激动的秦朝品召集大伙共同商议，为新建的学校起了一个好听的名

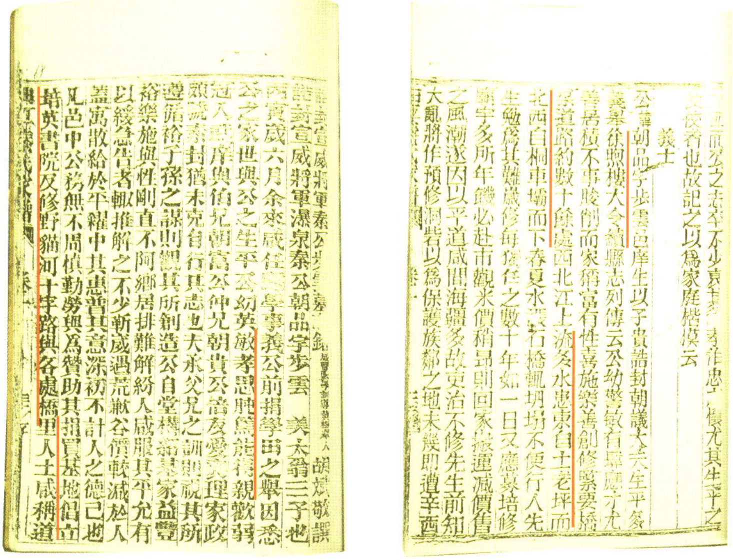
誥封宣威將軍秦公步雲墓誌銘　胡□□敬撰

誥封宣威將軍濼泉秦公朝品字步雲　美太翁三子也

丙寅歲六月余來咸任□學事義公前捐學田之舉因悉

公之家世與公之生平公幼英敏孝思肫篤能得親歡弱

冠入武庠與伯兄朝富公仲兄朝貴公諧友愛□理家政

頗議□封猶未克自行其志也大承父兄之訓則視其所

遵循給子孫之謀則觀其所創造公自堂構□□家益豐

裕樂施與性剛直不阿鄉居排難解紛人咸服其平允有

以緩急告者輒推解之不少靳歲遇荒歉谷價較減於人

蓋寓散給於平糶中其惠普其意深初不計人之德己也

凡邑中公務無不周慎勤勞與爲贊助其捐買基地倡立

培英書院及修野貓河十字路與各處橋梁人士咸稱道

文使者也故記之以爲家庭楷模云

義士

公諱朝品字步雲邑庠生以子貴誥封朝議大夫生平忝

義舉依照樓大令續縣志列傳云公幼警敏有膽應才尤

善居積不事畈畝而家稍富有性喜施樂善創修緊要橋

梁道路約數十餘處西北江上流冬水患東自土老坪而

北西白桐車壩而下春夏水漲若橋輒坍塌不便行人先

生勉爲其難歲修每擔任之數十年如一日又應募培修

縣宇多所年饑必赴市觀米價稍昂則回家搬運減價售

之風潮遂因以平道咸間海疆多故吏治不修先生前知

大亂將作預修洞砦以爲保護族鄰之地未幾即遭辛酉

▶ 同治版《咸丰县志》记载有秦朝品捐资修桥、捐学田、倡立培英书院等事迹。

字——培英书院，并恭请时任咸丰县令的钱乔云，撰写了一篇《培英书院序》，其中欣然述道：

……兹喜丁寨诸绅醵金捐积，议修书院，名曰培英；而分之以义塾，继之以宾兴，兢兢业业，意深且远。虑其久而生懈也，则严立规约以齐之；恐其用之不足也，则权其出纳以裕之；病其利用未溥，规模未广，则积其盈余以俟之。其量甚宏，其心甚苦，于尊贤养士之中，寓任恤睦姻之谊。好学也，而好仁好义，胥于是乎见焉。将见成人有德，小子有造。材呈杞梓，栽植焉而胥为王国之桢；贤赋棒苓，鼓舞之而共被作人之化。诸君子和衷勿替，何难众志之成城？予也乐观厥成，冀树风声于阖邑，从兹有厚望焉。

颇有远见的秦朝品，为了书院的“长治久安”，采取了“两手抓，两手都要硬”的谋略，一是立规矩，坚守底线，严订规约，确保书院的办学质量和水平；二是厚保障，广置学田，稳定收益，确保书院的财务独立和自由。如此这般的高明手段，让培英书院充满了激情和活力，不但很快改变了丁寨的教育面貌和社会风气，而且也成功奠定了书院此后百年兴盛、文风蔚然的长青基业。

此后十余年间，在培英书院的培养和熏陶下，一个极不发达的偏远山村，文风大盛，丁寨文人更是声名鹊起，一枝独秀。当时咸丰著名的八大才子，丁寨就占据五席（肖德召、郭如昂、文菊人、宋文藻和丁秀鋑）。

贡生丁秀錂（字金舫）曾自信满满地为书院题写过一副楹联：

满院翠英流，看笏山毓秀，瀑水扬清，四周虎踞龙盘，都足壮文章胆气；群书观卓荦，想鹿洞遗徽，鹅湖往哲，一派韩潮苏海，共相承洙泗心源。

气魄大也是有底气和理由的。据不完全统计，在废除科举前的六十余年时间里，培英书院先后培养出武举人 4 人，太学生 14 人，孝廉方正 2 人，文、武秀才 84 人，留学生 1 人（秦国镛）；此后民国短短三十年间，又培养出大学生 28 人、留学生 2 人（秦家椿、邓方谷）；此外，丁寨名儒荟萃，清末至民国时期，仅从事塾师职业的就多达 150 人……

毫不夸张地讲，丁寨如此鼎盛的文风，能够绵绵传承百年，促成无数良家子弟的求学梦想，福泽乡里百姓，俱是拜秦朝品老先生的远见卓识所赐。

修洞

咸丰元年（1851），岁在辛亥，秦朝品已过六十花甲之年。某一天，秦朝品突然把全族上下的后生们聚合起来，说要做一件特别重要的大事。他计划拿出千两银子，花费几年时间，在山上扩修一处早已看好的山洞，并起名为“安乐洞”。

对于常人而言，这是一个非常奇怪，甚至疯狂的想法。花费如此重金，不修楼阁，不置产业，偏要在深山老林里修建山洞，太不可思议。乡人都背地里嘲笑，以为秦朝品还没到年纪就老糊涂了。

秦朝品也不多做解释，带着族内一群精力旺盛的后生直接开干。其中，有儿子秦廷玉（字朗山），时年 34 岁；族侄秦廷禄（字履卿），时年 37 岁；侄孙秦钟俊（字伟人），廷禄长子，时年 18 岁；侄孙秦钟岳（字沄洲，官名馨元），廷禄哥哥廷福的遗腹子，时年 15 岁；小儿子秦廷瑞（字涛安，又字辑五，官名云龙）还不到 10 岁，也乐滋滋地跟着去了。

这些未来在咸丰历史上留下浓墨重彩的英雄人物，当时都还很懵懂，不太理解秦朝品老爷子的做法。年长一点的也只是隐约感觉，太平的日子不多了。

这一年新皇帝继位，天下改元，可暮气沉沉的帝国并无新的气象。外有“西事方殷，海疆多故”的压力，内有“吏治不修，乱民四起”的困扰，年仅 20 岁的咸丰皇帝或有心锐意图治，可力有不逮，运气也差。

他的龙椅宝座还没捂热，一个名叫洪秀全的38岁中年人就在广西金田扯旗造反。这个屡试不中的落魄秀才或许文才一般，可野心勃勃，又极擅长蛊惑人心，很快就聚集万众人马。他自号“天王”，带领一群头裹红巾，蓄发易服的农民起义军，在短短两年的时间里，就先后攻取了汉阳、岳州、汉口、南京等南方重镇，建立新政权，名曰“太平天国”。

山雨欲来，未必一定风先满楼。乱世悄无声息，却以排山倒海之势汹涌袭来时，太平日子过久了的老百姓往往很难察觉，或太过麻木，或天真过头，或心存侥幸，或盲目乐观，总以为皇帝和朝廷能够搞定一切。可秦朝品不同，他早早就嗅出危机，知道“贼情狡狯”的“发逆”战斗力和破坏力非同一般，也预料到太平军带来的一定不是太平。

以后数十年间，秦老爷子一直未雨绸缪，防患未然。他一边花费重金，不断加固山洞堡垒，一边教导子侄族孙，持续勤练守御之法。此外还命人在洞中储备“足供二三年之用”的煤炭柴火，以备不时之需。

咸丰十一年（1861），岁在辛酉，咸丰皇帝驾崩，同治皇帝继位，天下又要改元，时局却依然不见好转。这一年四月，71岁的秦朝品预感自己大限将至，便命人将“子侄孙曾”等后辈召至膝前，叮嘱要以“孝悌和睦，勤俭耕读”为本，同时不忘告诫山洞防备守御事宜，交代完毕，方才飘然逝去。

秦朝品仙逝不到四个月，太平军大股部队果然由黔入川，战火遂烧至咸丰境内。秦氏家族妇孺老小，以及众多丁寨乡邻，终是借安乐洞得以保全。大难之后，得以幸存的大伙才纷纷回过神来，不禁惊叹朝品公的卓识远见和神机妙算。

与此形成鲜明对照的是，当时丁寨的另一大户望族，乱军来时，才惶惶然在光竹岭一带寻了个山洞躲避起来。可惜准备不周，防御无力，百余口族人全被堵在山洞里，放火焚烧而死。

安乐洞则大不同，一是地理条件绝佳，地势险要，易守难攻；二是花费重金改造的山洞，狭口敞腹，通风自然，取水方便，加上多重防御机关，可谓藏得下，防得住；三是煤柴充足，战备齐全，防守又很得法，使得太平军仰攻乏力，火攻无效，长久围困更是不惧，几番折腾无果，终是悻悻引兵而退。此后两年，太平军又几次回窜袭扰，甚至在丁寨一带重兵驻扎，连营六十里时，秦氏族人仍可守御无患，“避洞中得以安”。

二、文武双全秦云龙

出身尚武世家的秦云龙，当然也是文武兼修，他容貌魁梧，勇识过人，更练得一手好刀法；加上又继承了老父爽直的性格，襟期磊落，气度超脱，宛然人中之龙，正所谓“浊世中翩翩一位佳公子”是也。

平乱

热血尚武的秦氏子孙当然不甘躲在洞里苟且性命。

国危家难之际，挺身而出，救乡民于水火之中，才是饱受传统儒家文化熏陶的他们，最深以为然的责任担当和个体使命。

太平军两万大军压境之时，咸丰县的卢姓县令才想起和四里绅耆商议防堵事宜，可无一人来至。最后，只有当年跟随秦朝品修洞的一群秦氏子孙挺身而出，慷慨赴难。当时局面混乱，人心惶惶，奉命募集团练乡勇的乡绅中，唯有他们成功地招募到人马。其中，秦朝品的儿子秦廷玉、秦廷瑞兄弟俩招募勇丁 50 名，族侄秦廷禄、侄孙秦钟俊、秦钟岳等招募勇丁 200 名，然后和各地赶来协防的官军一起参加战斗。

虽说是秦家子弟兵第一次组队出战，可是组织得力，指挥有方，个个表现得有勇有谋，战果也极为出色。施南府新军协统惠春、太守陈洪钟更是对其刮目相看，多次写信恳邀，并称“非秦家军不可御敌”。

秦家子弟遂奉命成军，在新中武庠秦钟岳的带领下，共招募四百余人，组建起一支地方劲旅，地方军事长官亲自赐名为“秦家劲字营”。值得一提的是，秦朝品的小儿子秦廷瑞，虽年仅 20 岁，可报国心切，竟自备军饷，招募 50 名勇丁，跟随大部队一起上了战场。

▲ **清代官服** 咸丰县民族博物馆收藏。

这个秦廷瑞，也就是未来大名鼎鼎的秦云龙（字涛安，又字辑五），就此正式登上历史舞台。他生而颖悟，自小励志诗书，加上“近水楼台先得月”，在父亲开办的培英书院里，一有良好的学习条件；二有名师的悉心指点，长大后更是经纶满腹，才华横溢；出身尚武世家的秦云龙，当然也是文武兼修，他容貌魁梧，勇识过人，更练得一手好刀法；加上又继承了老父爽直的性格，襟期磊落，气度超脱，宛然人中之龙，正所谓“浊世中翩翩一位佳公子”是也。

时逢“辛酉之乱”之变局，弱冠之年，血气方刚的秦云龙自然不屑“寻章摘句”的雕虫小技。在他看来，大丈夫生际艰难，就应“剪除凶氛，扫清寰宇，成不世之功”，遂捐资输响，弃笔从戎，在马鞍山、忠堡、麂子峡一带浴血鏖战，屡立军功，遂得朝廷嘉奖，援例“补国子生，保举候补都司”。

此后三年不到，已是强弩之末的太平天国农民军终被平定，战时组建的地方民间武装，遂被清廷下令大量裁撤。对于志向远大且还年轻的秦云龙而言，若继续待职军中，以行伍之身很难一展才华和抱负。因此，他毅然向朝廷申请“注销都司职”，再次弃武从文，以花翎监提举衔，“援例捐通判，分发四川试用。”

寿幛

秦云龙的官宦生涯基本都在四川度过。

在他为官期间，时值晚清名臣骆秉璋、丁宝桢先后督蜀，政治上颇有作为，特别重视吏治的整顿。秦云龙待人谦和，应事精明，为官清廉公正，又善治理手段，因此被两位总督大人青眼相待，“屡蒙眷注，有疑难事辄相委任”。

在让四川历届督抚都头疼不已的少数民族边区治理方面，秦云龙却颇有几分手段。譬如在担任兴文知县和会理知州时，他一改前任惯用武力镇压解决彝汉矛盾的粗暴办法，积极推行“亲彝近藏”的德政，凭靠人格魅力和怀柔政策来缓和民族矛盾。

当时，他多次冒着政治压力和生命危险，只身带上盐巴和绸缎前往彝藏山寨，拜访头人领主，与当地彝、藏社会的上层人士广泛接触，亲密来往。在交流的过程中，他动之以情，晓之以理，处处顾及民族间和睦相处的大义，并以“赠盐帛”的安抚措施，最终达到“息兵戎，安地方”的施政目的，同时促成民族和谐团结，百姓安居乐业的良好局面，并因此受到朝廷的肯定和封赏。

在四川为官期间，秦云龙历任松潘直隶理民抚夷府同知，雷波军民抚夷府通判，夔州监捕府通判，奉节、青神、兴文等县知县，会理州知州，兼署松潘、雷波、奉节儒学正堂等官职。

秦云龙担任的同知、通判等官职，主要扮演知府副职的角色，一般为五品或六品，分管地方盐、粮、捕盗、江防、海疆、河工、水利以及清理军籍、抚绥民夷等繁杂事务，同时对州府的长官还负有监察的责任。要胜任这样的地方要职，往往需要高超的施政手腕和高明的交际手段，而秦云龙做得就非常不错。

一个存世的文物非常能说明问题。

在咸丰县民族博物馆，有一幅绣制精美，保存良好的清代寿幛，堪称镇馆之宝。这幅寿幛高300厘米，宽150厘米，上层炼染红缎作地，以五彩丝线，夹杂大量金线，以蜀绣和苏绣针法，不计成本，颇费工时，刺绣了繁复精美的纹饰图案。缎面中央绣有寿仙“麻姑”和“南极老寿星”，周旁辅以麒麟、蝙蝠、金鱼、葫芦、仙桃、石榴、佛手、祥云、“卐”“寿”等图纹点缀，整个寿幛色泽艳而不俗，人物形象鲜活，画面喜气祥和，是不可多得的清代刺绣精品。

在这幅工艺精良、造价不菲的寿幛上，用金丝绣着两行大字，右上款记：“诰授

▲ **秦云龙寿幛** 清代光绪年间制作，咸丰县民族博物馆收藏。（摄影／陈旭）

奉政大夫涛安仁棣通守大人五秩晋一荣庆”。左下款记：“头品顶戴记名简放提督督带达字右营如棠唐珊峰顿首拜祝”。这两行字里蕴含了丰富的文化历史细节和时代人文信息。

右上款提及的“涛安”，就是秦云龙。“奉政大夫”是散官名，古代官场的一种荣誉称号。按照惯例，清代凡是正五品官员，都会授予“奉政大夫”。“通守大人”即通判之意，当时秦云龙担任雷波厅通判之职。“仁棣”是对年轻朋友的尊称。“五秩晋一荣庆”就是51岁生日快乐的意思。古人往往年50岁才会举行庆寿活动，为讨吉利，一般逢九做十，如49岁做“五秩”大寿。按秦云龙出生日期推算，他生于道光二十二年（1842）九月初七，那么其51岁生日庆典就应是在光绪十八年（1892）九月举行，这也是寿幛绣制的大概时间。

那么，为什么一位战功赫赫的头品大员老将军，却要毕恭毕敬地给一位五品的年轻官员“顿首”拜寿呢？

首先要说明的是，唐珊峰虽然名衔大，政治待遇高，可实际上也只是统领一个不到千人军队的地方军官。而清代军队皆为驻屯军，士兵们除了战时行军打仗外，平常还要肩负守城、收税、缉盗、消防、巡逻等各种地方事务。而秦云龙担任的官职，正是主管这些事务的地方主官。所以事实上两人是上下级关系，秦云龙是上级，唐珊峰是下级。

其次，两人或有同袍战友情谊。据史料记载，光绪十六年（1890）十月，唐珊峰率领的达字右营就开始驻扎雷波边隘，准备清剿夷匪。此后不到三个月的时间，“综计大小数十战，生擒及阵斩轰毙共千余名，攻克坚巢五十余座”，终是在第二年春季正月前，将雷波边境的夷匪全面肃清。

秦云龙本就肩负“辑盗捕贼，抚绥民夷”的工作职责，所以这场战事秦云龙也应参加，至少积极配合过。唐珊峰昵称秦云龙为“仁棣”，这两个字通常是老师自谦地称呼自己的学生，也大概揭示了两人亦师亦友的良好关系。而这种师友关系，只可能是军事层面，而非文学意义上。

无论是上下级关系，还是师友关系，秦云龙都应该处理得极为妥当。因为要让以勇猛著称，敢于战场上“手刃悍匪”，心高气傲，又战功累累的唐珊峰老将军心甘情愿地敬送寿幛，并不是一件容易的事。精美的寿幛，细腻的文字，这份厚礼表达的绝非一般意义上的官场客套，而应是唐珊峰对秦云龙的高度认可和真心喜爱。

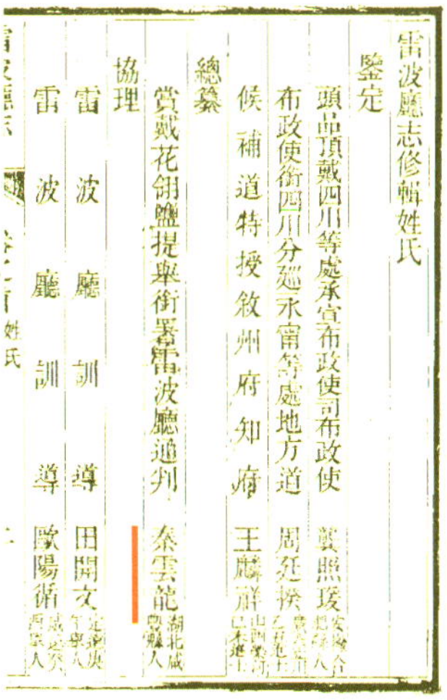
雷波廳志修輯姓氏
鑒定
頭品頂戴四川等處承宣布政使司布政使 龔照瑗
布政使銜四川分巡永甯等處地方道 周廷揆
候補道特授敘州府知府 王麟祥
總纂
賞戴花翎鹽提舉銜署雷波廳通判 秦雲龍
協理
雷波廳訓導 田開文
雷波廳訓導 歐陽衢

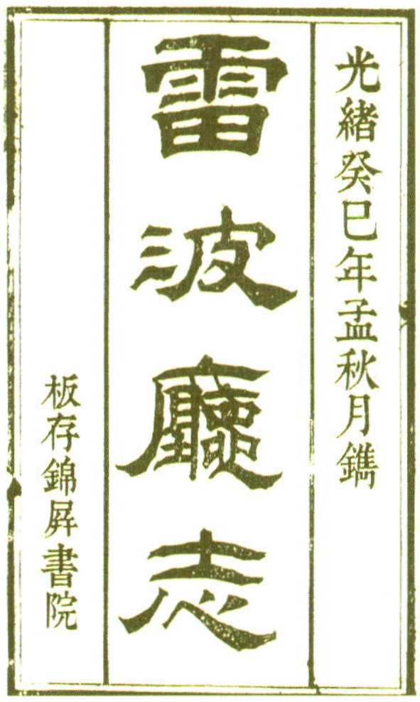
光緒癸巳年孟秋月鐫
雷波廳志
板存錦屏書院

▶《雷波厅志》 光绪十九年（1893），由秦云龙主编，共三十六卷。

修志

秦云龙无论在什么地方做官，“皆有贤声”，除了与其高情商、好人品有关外，可能还与他的才华密切相关。秦云龙在雷波厅的时间不长，但做了一件很有意义的事情，那就是为地方修志。

在当时的人看来，雷波是一处偏僻的蛮荒之地。当地少数民族民风彪悍，“时叛时服”，所以设置的行政单位也是和明代卫所相似的“厅”，依靠军事管制治理地方。身为地方官员，秦云龙对雷波充满了热爱，不带丝毫偏见，他看到的是“山川之雄杰，地土之肥沃，物产之丰饶，人民之秀颖”。为纠正世人对雷波“以为边地而蔑视之”的看法，秦云龙决定按照省颁条例，为地方编修一套体例严谨、文笔流畅的志书。

秦云龙先是用一年多的时间，集中精力把地方政务搞好。通过他的不懈努力，“次第区画剔弊，政开利源，靖夷氛，定民志”，终是“边鄙不耸，从政多暇”时，才邀请厅属绅耆一起从容商议，商榷治要。为人练达的秦云龙颇有行动力，很快就完成筹集经费、请示上级、组织班子、搭建架构等事宜。

光绪十九年（1893）夏，秦云龙领导的写作班子，仅用了半年多的功夫，就顺利编撰完成了三十六卷的《雷波厅志》。52岁的秦云龙自认完成一件大事，对于这本“撮要删繁，实事求是”的志书，非常满意，也颇是自得，他认为这本志书“上可以考昭代之版图，下可以察偏隅之风俗，前可以识开边之方略，后可以见御侮之良谋”，可谓雷波厅的地方大百科全书。

光绪二十四年（1898），晚清重臣荣禄的叔父——瓜尔佳·奎俊出任四川总督，这位被人诟病“贪馋无耻”的庸官，不择手段敛财，吏治由此大坏。颇受士民爱戴，有“秦青天”美誉的秦云龙，自然不受待见，并被当作官场异类而屡遭排挤，甚至被一些小人恶意诋毁。

光绪二十五年（1899）四月，58 岁的秦云龙以“性情乖谬，任意妄为”的可笑罪名而被朝廷革职。殊不知，“性情乖谬”只是不愿与官场恶人同流合污；“任意妄为”，也是不忘“监察”之职的独立操守。

可已被清洗的官场，没人在乎，更没人替他说话。秦云龙不再对仕途抱有幻想，遂决定告老还乡，退隐乡野。

扬琴

致仕还乡的秦云龙，在丁寨度过了最后六年的平静闲适生活。在此期间，他还为家乡做了一件有趣的贡献，那就是将扬琴这种风雅器物引入到咸丰，并发扬光大。或是无心之举，却机缘巧合地成就了一段曲艺佳话。

退隐归来的秦云龙，闲暇时会听奏几曲，甚至有可能兴致来时，也会在丁寨的培英书院和学子们一起演奏唱和。有意思的是，扬琴本是秦云龙这样的士大夫阶层偏好的一种清曲雅调，有点阳春白雪，可在文风甚盛、士子云集的丁寨，这样的丝弦“清音”，却得到出乎意料的音乐共鸣和娱乐欢迎。

据说早在同治五年（1866），时任四川候补通判的秦云龙进京述职，曾纳一位擅长演奏扬琴的歌女康氏为妾，并由康氏将扬琴带入四川；同治八年（1869）三月，秦云龙的亲生母亲刘氏过世，按祖制，身为朝廷命官的秦云龙要丁忧去职，返回祖籍守孝三年（一般是 27 个月）。大概也是在这个时间段内，一道返乡的秦云龙夫人刘氏，又将在四川学到的扬琴技艺，传回家乡。

需要说明的是，服孝期间是不能有弦琴之乐的。祖谱里盛赞“性情严真，厚待亲族”的刘氏自然懂得这样的道理。有记载说是同治十年（1871），扬琴由刘氏传入咸丰，时间刚好吻合。这一年的下半年，服孝期满的刘氏，应是在族人的强烈要求下，开始传教扬琴的。

▲ 咸丰的民间扬琴演奏团体

起初，扬琴也只是在丁寨堰塘湾的秦氏家族内部演奏传唱，但很快就传至青岗树邓家、土地坪游家、尖山浑水荡覃家、城关“中和堂”药铺刘家……自此，这种音色明亮，技巧丰富，且极有音乐表现力的乐器，便在鄂西落根发芽。

对于娱乐文化极不发达的鄂西边区而言，或是扬琴这种乐器太过新奇，抑或特别好听，不但有着众多的士绅豪族阶层拥趸，而且很快就在民间流行起来，不但走红咸丰境内，而且广泛流播于利川、来凤、宣恩、恩施等周边地方，且兴盛百年，持久不衰，成为一股独特的文化热潮现象。

后来，在扬琴演奏的基础上，又有文人、乐师将湘剧、南剧、楚调和民间小调、器乐曲牌等糅合其中，逐渐形成颇有地域特色的民间曲艺——恩施扬琴，亦称恩施丝弦，并于2008年列入国家级非物质文化遗产名录。耐人寻味的是，恩施扬琴虽流行于乡野民间，却一直保存着秦云龙时代的名士烙印和演奏格调，即所谓的“三不一友”——不闹堂、不坐馆、不向公众公开演唱，只以琴会友、相互酬唱。

光绪三十一年（1905）八月，秦云龙在丁寨安然逝去，享年64岁。鄂西上空一颗耀眼的文化明星，就此黯然坠落。可他的光辉政绩，会永远鲜活在《雷波厅志》的地方志书里；他的传奇故事，也被收藏在博物馆的精美寿幛中；他的名士风流，也将永远激荡在琴友们的弹拨吟唱里。

三、铁骨校长秦渤峰

从教半生，桃李满门的秦渤峰是有条件骄傲的。仅在民国时期，他担任校长的丁寨小学就走出了28名大学生。当地不少政界和教育界的知名人士，也多出自他的门下。至今论及咸丰的地方教育，影响至深且有口皆碑的，还是首推秦渤峰。

书院

对于教育，秦云龙和他的父亲秦朝品一样，情有独钟。

当年他以五品官员的身份，乐滋滋地兼任着松潘、雷波、奉节等地儒学正堂的八品小官的职务，就很能说明问题。而对家乡的培英书院，他也应该愿意倾注更多心血。只是可惜长年为官在外，过世又早，从而错过了发挥余热的机会。

以他的族侄秦钟岳为例。辈分虽小，可年长秦云龙5岁，当年曾在“辛酉之乱”中和其一起并肩战斗过，其早期官宦生涯和秦云龙颇有相似之处，只是早早就致仕回乡。对于培英书院的建设，他一直持非常热心的态度。光绪十六年（1890），培英书院因大水淹没倒塌，就是他和丁秀鋑等人，牵头捐资修复。

光绪二十八年至三十一年（1902—1905），在秦钟岳等人的积极倡导下，培英书院与时俱进，筹办改建为新式学堂，是为咸丰县的第一所高等小学堂。在丁寨乡绅耆老的大力支持下，书堂建设规格颇高，“礼堂、讲堂、教员室、自习室、寄宿室、图书室、膳堂、沐室、体操场，及一切应用各室”，一应俱全。

光绪三十一年（1905）六月开始招生，八月正式开学。遗憾的是，秦云龙赶不上了，因为他正是在这一年的八月去世的。后来由他的族侄秦钟岳担任小学校长。三十多年后，秦云龙的小儿子秦钟峤（字渤峰），放弃仕途，回归家乡，担任已改

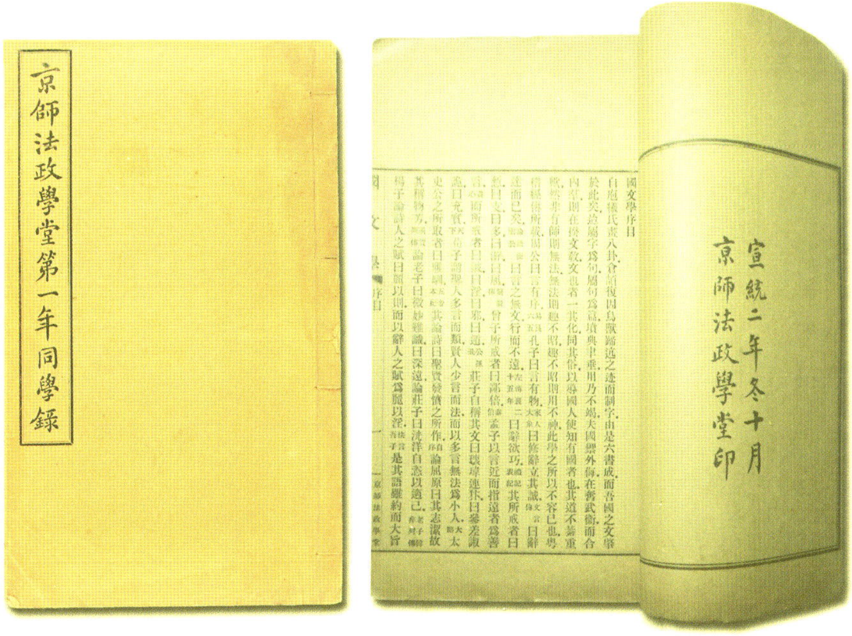

▲ 秦渤峰在京师法政学堂上学期间（1907—1910）的同学录和课程教材

名为丁寨小学（县立第二国民小学）的校长。一段由家族守护和传承的百年教育传奇，掀起新的华彩乐章。

秦渤峰生于清光绪十三年（1887），在家中排行老四。他出生时，秦云龙已经45岁。秦渤峰自幼颖慧，加上幼时正是秦云龙退养林泉，在家隐居的日子，因此得以严父亲自管教。对于这个小儿子，秦云龙也寄存厚望，还特地为他聘请了李东联、秦海峰、覃南轩三位名师教授。

秦云龙虽是旧式文人，但在教育上颇是开明，对新学也持积极的开放态度。光绪二十八年（1902），湖广总督张之洞在湖北省城设立了五所新式学堂，秦云龙听闻，马上就将秦渤峰送到武昌北路高等小学堂就读。

后来秦渤峰以优异成绩考入京师法政学堂，并于宣统二年（1910）顺利毕业。此后十余年间，秦渤峰一直游学北京，深受新文化思潮洗礼。他参加过同盟会，发过反清传单，也曾在五四运动时期，积极参加学潮运动，亲率学生队伍冲击曹汝霖官邸，可谓一位热血的爱国青年。正式参加工作后，秦渤峰先是在武昌担任过革命报纸主编，后弃笔从戎，担任贵州督军袁祖铭幕下高参，护法军川黔滇联军李小炎部参谋等军职。

民国二十年（1931），对军阀混战深感厌倦的秦渤峰，决意解甲归田，回归故里。回到家乡的秦渤峰，发现一个令人沮丧的事实，那就是家乡遭受的苦难和困局，竟然和爷爷、父亲当年面临的惊人相似：政局摇曳，政府无能，地方上连基本的社会治安都保障不了，依然是匪患猖獗，依然需要团防自保。为保家乡父老平安，他只好勉为其难，再入地方官场，先是出任咸西联防队队长，后又被委任以活龙坪区长之职。

45岁的秦渤峰回顾前半生，思来想去，却尴尬地发现，自己穷尽半生精力求学、办报、从军、剿匪，或是热血，或也风光，可都是“为权势之左右”，犹如随波逐流的时代浮萍，活得毫无质感和分量。

不惑之年的秦渤峰幡然醒悟，历经洋务运动、百日维新、辛亥革命、护法运动、北伐革命的中国，在七十余年的混乱和折腾后，国运一直没有好转，而自己大半生的命运转折起伏，亦是如此。

秦渤峰决心让自己的人生节奏慢下来，用余生好好做一件事情。他最后选择走上和祖辈相同的道路，致力于百年树人的教育事业。乱世之中，他更能体会爷爷秦朝品当初创办义学的初衷——

个人无力左右历史潮流和当下时局时，唯有教育，能给自己和别人希望。

校长

民国二十六年（1937），秦渤峰正式调任丁寨小学（县立第二国民小学），担任校长。需要说明的是，三年前这所小学才由义学转为公学，而主推这件事情的县教育局局长秦国城，正是秦钟岳的五儿子，秦渤峰的侄子。

义学转为公学符合时代潮流，也解决了教学标准和师资配备问题。可唯有一个问题没有解决，那就学校经费常常拖欠。最难的时候，秦渤峰甚至要从自己家中拿出谷物，以解决大家的吃饭问题。

上任伊始，秦渤峰就在学校的礼堂前悬挂了一副自己亲自书写的对联：“聪明用去读书，才力拿来做事。”以此与师生共勉。对于校风建设和师德培育，他非常重视。身为一校之长，他常常以身作则，不搞特权，除了管理工作之外，也和其他老师一样担任繁重的教学任务，同时教授“国语、公民、劳作”等课程。

▲ **培英书院旧址**（现丁寨中学）从这张拍摄于20世纪80年代的老照片中可以看到，正中那栋隐约可见四面瓦楞合围的老房子即是培英书院。20世纪30年代由义学转为公学的丁寨小学，就建在培英书院的前面。（供图/吴运辉）

秦渤峰非常讲求教学质量，“严禁次品出校”是他一贯的教学主张。有一年的四年级学生，因为正值抗战时期，日机骚扰厉害而影响了教课时间，他便要求全班留级一期。教师批改学生作业，他也要求细致严谨，必须批出超、优、中、可、劣几类。到了五六年级期末考试时，他还特意公布名次，激励学生竞争比拼的劲头。1940年毕业班投考咸丰联中，竟无一人落榜。

当时，这样文明、民主、严谨的新校风并不多见。可对照的是，当时县立第一国民小学的校风就萎靡不堪到令人发指的地步。许多老师竟然有嗜吸大烟的恶习，许多不长进的学生更是吃喝嫖赌成风。校方对此也不管不顾，放任自流。甚至基本的教学任务，也没人在乎，安排的课程从来没人完成，最后的结果是那期学生竟然没有一个人考上。后来还是派秦渤峰担任校长，才刹住恶风，纠正轨道。

在教学方法上，他精益求精，力求做到“深入浅出，贤愚易受”。秦渤峰古文造诣深厚，但给学生们讲解时又能通俗易懂。据他的学生艾德安回忆，秦渤峰讲苏辙《六国论》、范仲淹《岳阳楼记》、岳武穆《满江红》时，“无不令人如闻家常，如聆亲训”，常常让他们这些小学毛童听得津津有味、回味无穷。

或是秦家的尚武传统，或是因军人出身，秦渤峰对学生的体育锻炼一直非常重视。在教学方法上，也颇有独到之处。为增强学生体质，他特意在学校增添

▲ 丁寨林麓宅院的旧石墩（摄影／陈旭）

了武术课，并聘请著名的武师前来教授，要求每个学生至少要学会掌握两到三套拳术。为了增强孩子们的练武兴趣和个人荣誉感，每逢地方集会，都一定会派学生前去表演。

有一次，上面派官员来县城检阅地方武备，秦渤峰亲自率队参加检阅。学生们穿着整齐的粗麻布制服，背挂斗笠，脚蹬草鞋，列队肃立方阵之中，持续站立几个小时依然精神抖擞，毫无倦意。校阅结束后，又乘兴集体表演了两套拳术，博得全场军民热烈喝彩，并获得主检官员的当场嘉奖。

此外，秦渤峰对学生的思想革新也非常重视。因为他是从旧时代过来的人，深知中国的落后主要是思想的落后；他从小接受新式教育，又是名校高才生，深受新文化、新思潮的影响，加上又亲身参加过许多革命运动，所以非常崇尚革命或造反的精神。

在公民课考试时，秦渤峰总会别出心裁出些考题，不惧触犯条例，以此测试考生的胆识和见解。当时，他有一个名叫秦家铎的侄孙，写过一首很有叛逆精神的打油诗，诗云："吾是一童神，无才亦无能；只在桌子上，行行复行行"，竟获满分。许多的封建卫道士都烦言抨击，只有他是一笑了之。

民国二十七年（1938），为了进一步振奋学生精神，秦渤峰还特别礼请湖北省立第七师范的高启规老师填词，留学日本的音乐家高文渊作曲，为丁寨小学制作了一首《校歌》，歌词如下：

丁寨小学，历史甚悠长，继乡贤陈规，努力发扬，培育儿童为国之栋梁。看！文峰高峙，笏山在望，倚白云之屏障，濯清秀之曲江，奠定复兴基础，永为邦国之光。

当时正值抗日战争时期，湖北又是重要的抗日战场。为了能为抗日尽一份力，秦渤峰积极组织学生宣传队，培养演讲员，修改宣传稿，每次都非常认真，特别用心，力求宣传有效，感染有力。为了鼓励更多的学生参与演讲，训练胆量，他特意采用抽签的办法选定演讲人。对于胆小的学生，他又是鼓气又是威逼，学生痛哭也无用，必须演讲方才罢休。

每逢附近集镇赶场，他都会率领学校的宣传队前去街头演讲。多才多艺的秦渤峰还常常亲自操琴演奏，带领学生一起演唱《满江红》《流亡曲》等激奋民心的歌曲，现场气氛往往热烈而动人，许多围观群众都会情不自禁地跟着哼唱。

便是工作再累，战事再紧，秦渤峰也一直坚持乐观的生活态度。对于美的追求，从没放弃。每次劳作课时，他都会亲自带队，率领学生们搬石提土，砌墙筑坛，植树种花，美化校园。

他期望自己的学生能够德智体美劳全面均衡发展，也希望自己的学生了解战争残酷的真相，同时也应该明白生活美好的意义。更重要的是，要懂得努力争取和积极改变的价值。

绝响

秦渤峰继承了祖父秦朝品仁慈重义的性格。

作为旧时代的最后一任族长，他一直靠传统，凭情义，努力维持着家族的尊严和体面。在乐善好施方面，他和祖父一样热心地方公益事业，常常仗义疏财，予以赞助；每逢饥馑荒年，也一定会竭力储备米粮，搭棚设粥，周济饥民；而对于无力缴纳租稞的租户，他也常常免除债务。

秦渤峰有一个张姓的同窗好友，晚年因家事纠纷而遭子女弃养，羞愤交加的张某只得乞食街上。秦渤峰知道后，将其请到家中款待，还多次带着白米肥肉，亲自前去看望。可怜的是，贫病交加的张某终不永年，惨死街旁。据说弥留之际，嘴里一直喃喃喊着秦渤峰的名字。

仁义也能带来福报。据秦云龙嫡曾孙、秦渤峰嫡孙秦家琰回忆，1949年，为追击向四川方向溃逃的国民党军队，一支人民解放军部队经过咸丰途中，扎营林麓口，秦渤峰主动开仓劳军，热情地为解放军战士撮谷碾米。当时解放军指战员无意发现他的家中珍藏有一本《共产党宣言》和一本孙中山的《建国方略》，对其大有好感。中华人民共和国成立后的土改时期，秦渤峰被划为开明地主，并在清算斗争中受到一定的政策保护，与这件事大有相关。

对于自己的学生，秦渤峰更是照顾有加，惠泽尤深。在丁寨小学任校长期间，他有一个姓邢的学生，家境清贫。秦渤峰破格任命，让其兼任学校的庶务、文书等职务，以便可以合理付给一定酬劳，帮他解脱困境。这位邢姓同学非常感动，学习更加勤奋，后来成为县内的师资骨干，并立志将老师的美德传承下去。

民国三十六年(1947)，秦渤峰升任咸丰县中校长。适值内战加剧，许多青年学生

▲ **湖北省联合中学咸丰分校旧址** 1938年7月，湖北省政府成立湖北省联合中学，将全省22所公学迁至鄂西各县，其中武昌中学、勺庭中学迁至咸丰，学校全称为“湖北省立联合

不愿充当无名炮灰，为逃避兵役，向秦渤峰请求帮助，希望给予庇护。秦渤峰想到一个妙招，他利用抗日战争时期政府制定的“联中学生可以免受服兵役”的旧规，公然拒绝官吏来学校征兵。

对于乡公所发来的征兵函，他也都烧掉不理。一些乡长指控他抗令不遵，他就安排信得过的教员去法院应诉，假扮咸中的收发员，声称真的没有收到征兵公文。事实上，他是借呵护学生安身求学为名，行消极抵制内战之实。

这一年五月，县中附设简师班在县城中心小学实习，当时镇长无德，肆意侮辱，激起全校学生众怒，痛打了该镇长一顿。镇长事后不依不饶，向行政当局施压，要求必须严惩肇事学生，并将原来的校长撤职。秦渤峰接任校长后，一边偷偷叮嘱肇事学生离校暂避，一边与催办的上级无限周旋，终是不了了之。只是可惜半年后，在强大的政治压力下，秦渤峰依然被迫离职。

中等以上学校咸丰分校”。1942 年，湖北省主席陈诚兼任联中校长；1947 年，秦渤峰任该校校长。图中红线标注的区域是 1985 年学校重修时的面积。（供图 / 咸丰县档案馆）

◀ **秦渤峰写给友人的竹刻手迹** 上之先生雅鉴：明月松间照，清泉石上流。渤峰题赠。

从教半生，桃李满门的秦渤峰是有条件骄傲的。由祖上创办的培英书院，即后来担任校长的丁寨小学，仅在民国时期就走出了 28 名大学生，全乡小学生人数最高峰时多达六百余人。值得一提的是，咸丰史上第一个女大学生，1947 年考入北平大学的丁奕荫也是从丁寨走出来的。当地不少政界和教育界的知名人士，也多是出自他的门下。至今论及咸丰的地方教育，影响至深，且有口皆碑的还是首推秦渤峰。

除了忙碌教育实践，秦渤峰也特别醉心著述。他一直笔耕不辍，集腋成裘，临近晚年时，已撰写完成《说文浅释》《英汉辞典》《草堂随笔》等著作。可遗憾的是，这些个人集著还来不及编排出版，却遭到一场自然灾害的毁灭。

1950 年 1 月，秦渤峰以咸丰教育界代表的名义，参加了“恩施县第一届各界人民代表会议”。恰在此期间，他在家乡存放藏书著作的老宅茅屋，不幸被大雪压塌，残存书稿及大部藏书悉被埋入墟底。其数十年积累的心血，随之毁于一旦。

1958 年五月初九，秦渤峰与世长辞，享年 71 岁。他的宏文巨著，我们无缘看见，他的音容笑貌，我们也很难记起。一切都成为故事，一切都成为绝响。

一个旧时代已经轰然塌陷，那些精彩的历史人物，那些丰富的历史细节，那些欲说还休的人生传奇……统统被新时代的流沙所吞噬。

便是那个被祖孙三代守护，传承百年的传奇书院也早没了痕迹。如今，只剩一些零星的典故，不经意间被淡淡地提及。

参考文献

[1] 秦朝品传 [M]// 咸丰县志 . (清同治).

[2] 秦云龙传 [M]// 咸丰县志 . (清同治).

[3] 秦钟岳 . 辛酉之乱——咸邑数百年来第一大劫 [M]// 咸丰县志 .(清同治).

[4] 秦钟岳 . 诰赠朝议大夫叔祖步云公家传 [Z].// 曲江秦氏家谱 . 1995.

[5] 胡斌 . 诰封宣威将军秦公步云墓志铭 [Z].// 曲江秦氏家谱 . 1995

[6] 秦家铎 . 秦公渤峰传略 [Z]// 曲江秦氏家谱 . 1995.

[7] 艾德安 . 忆秦渤峰先生 [M]// 政协咸丰县委员会文史资料委 . 咸丰文史资料第一辑 .1987.

[8] 丁秀鉴传略 [G]// 丁氏家谱 .

[9] 卷 20：本纪二十 文宗本纪 [M]// 赵尔巽 . 清史稿 .

[10] 咸丰县丁寨区教育志 [M]. (内部资料). 1986.

[11] 松林，周庆榕 . 增修施南府志 [M]. 刻本 .1871（清同治十年）.

[12] 来凤县志 [M].（清同治）.

[13] 卷 7：兵防篇 [M]// 龙山县志 . 1878（清光绪四年）.

[14] 湖北省地方志编撰委 . 湖北通志 [M]. 民国十年版影印本 . 武汉：湖北人民出版社，2010.

[15] 秦云龙 . 雷波厅志 [M]. 刻本 .1893（清光绪十九年）.

[16] 吴棠 . 游蜀疏稿校证 [M]. 北京：商务印书馆，2014.

▲ **曲江镇十字路野猫河上的风雨凉桥** 该桥是由秦朝品于道光年间捐资修建。青石砌成的3座菱形桥墩坚固牢实，保存完好，檐角高翘，玲珑有致。此桥经过多次翻修，其桥墩依旧保持初建时的模样。（摄影／秦兴武）

第二章

同/盟/三/雄

第一节　铁血英雄温朝钟

第二节　首义战士王云龙

第三节　非常文人冯子恭

第一节
铁血英雄温朝钟

温朝钟(1878—1911)，字静澄，又字果斋，土家族，湖北咸丰县大路坝区集镇下街石门坎人。同盟会会员，革命烈士，黔江庚戌武装起义的组织者和领导者。

1911年1月，温朝钟在鄂川交界地带组建“川鄂湘黔国民军”，发动了“辛亥首义”前对清廷打击最重的“庚戌咸黔起义”，一度攻占黔江县城，后在清廷军队四省合围之下遭到失败。温朝钟在咸丰尖山（今唐崖镇）破水坪飞龙寺壮烈牺牲，蜀军分其头、鄂湘军分其手足报功领赏，时年仅33岁。

《辛亥武昌首义史》称：“这次由革命党人温朝钟领导的会党起义，理应在辛亥革命史上占据一席地位。”

▲ 温朝钟画像（绘图／任靖雯）

一、狂放不羁的温神仙

虽然已经活成乡人眼里的传奇，可这远非温朝钟的追求，立有“鸿鹄之志”的他有着更大的野心和梦想。他最想谋求的是“遮天下身，糊天下口”的救国图存之大道。“大鹏归山”的他，也一直在暗蓄能量，等待迎风展翅的新机会。

书痴

温朝钟不是一般人。

先说他的家世。清光绪四年（1878），温朝钟出生在黔江大路坝（今属湖北咸丰县）集镇下街石门坎的温家老院里。

温家的先祖早在明永乐年间便由江西迁徙至此，后经数十代人的苦心经营，到温朝钟祖辈时，已是家族鼎盛，名扬一方的大户人家。温朝钟祖上世代行医，又是书香门第，加上持家有道，致富有方，所以几百年积累下来的家业颇是殷实，宅第建筑不但高大壮美，而且还具备普通民宅稀有的雅致风韵。

温家的祖宅大院占地约2800平方米，修建的房屋达36间，由两组“四合天井”围成的封闭宅院和一座修缮精美的后花园组成。此外，大院四周还砌有高3米，厚30厘米的“火砖”围墙，具有明显的赣派建筑特色。整座庭院气势恢宏，错落有致，房屋建筑也别具风格，既有飞檐翘脊的灵动，又具雕梁画栋的秀美，处处充盈着“干阑之乡”特有的土家建筑风格和独特艺术韵味。

温家深受“忠厚传家远，诗书继世长”的传统精神文化熏陶，好善乐施，家风极正，温朝钟从小受到的家庭教育，自然也充满了浓郁的书香氛围和济世情怀。加上他从小天资聪慧，好学上进，所以家人对其教育也格外上心，先是受业于当地名

▲ **温朝钟故居** （摄影／陈旭）

师王云笠，后又就读于流落川鄂的龙解元门下。有名师悉心指点，其学识功底自然严谨扎实，个人心胸见识也非常人可比。

再谈他的天赋。除了家里营造的良好教育环境外，温朝钟还是天生的“学霸”，不但天赋异禀，往往过目成诵，而且个人还非常刻苦努力。更令人敬佩的是，温朝钟爱读书，好读书，但却不死读书，读死书，除却正统的经史子集外，对于其他一切新鲜、偏门的知识，他都会旁搜博采，贪婪汲取。不但家里私藏的图书被他翻阅殆尽，便是亲朋师长、七邻八舍，凡是有藏书的，也往往都被他借阅一空。

温朝钟小时候，由于当时的大路坝区地处偏远山区，信息闭塞，文化落后，对于爱书成痴又过目不忘的温朝钟而言，自然常闹“文化饥荒”，总有精神食粮匮乏，“吃不饱”的焦灼遗憾。

好在他很快发现了一个特殊的学习门道，那就是去集市上寻找摆书摊的书贩“窃”书，而且往往“赖”在书摊前，一看就是一整天。

有意思的是，温朝钟从不白看，每看完一本书，都会按原价付给书钱，却从不要书。摆摊的书老板很是不解，问其缘由，温朝钟解释说：“书上的东西都记在脑子里了，还把书带回家干吗呢？我在这里看，一是为了督促自己节省时间，因为天

◀ 身着清朝服饰的温朝钟像

黑你就要收摊；二是这书我看过了，你还可以再卖给别人，能多赚一份钱。” 摆摊的书老板听了敬佩不已，周围的人更是纷纷竖起大拇指，视其为“奇人”。

就早年人生成长经历而言，温朝钟最大的遗憾是父母早逝，而最大的幸运是娶了一位好妻子。十七岁时，他便迎娶燕子嵌黄明山的女儿黄氏过门，早早成家。黄氏温良贤淑，家里所有繁杂事务，全由她一人承担，温朝钟乐得省心，也颇是安心，读起书来更是到了如饥似渴，如痴如醉的地步。

无论古今，还是中外，凡是至赜之真理，进步之大道，济世之良策，他都贪婪汲取，精揣细摩。有时读到会心处，更是情不自禁地拍案叫好，妻子以为他发了“癫”，劝他好好休息。他则说：“不读天下书，焉知天下理”。由是视野日阔，思想日进，终是成为一名出类拔萃的文人。

奇人

说到温朝钟的性情，也确实与常人不一样。

作为一个嗜书成癖的读书人，加上不一般的身世打底和天赋加持，温朝钟的性情里自然充盈着常人无法理解的特色因子和复杂元素。

他首先是个有风骨的文人。古人起名字，往往是“名以正体，字以表德”，温朝钟的字是“静澄、果斋”，便有几份洁身自好的道德期许和自我激励。

温朝钟身处清末“数几千年未有之大变局”的大时代，海禁既开，外侮日亟，已经主动接触许多前沿新知识、新思想的他，对于时局和人生的思考自然要新锐得多，深刻得多。但在普通人看来，温朝钟出位甚至叛逆的言行，却只能用“狂、疯、奇、怪”来形容。

在当时旁人眼里，饱读诗书且才气过人的温朝钟最应该做的事就是参加科举，考取功名，以此光宗耀祖，方是正途。但温朝钟偏偏不热衷于此，甚至一直刻意躲避，族人亲友很是替他着急。

光绪三十年（1904），温朝钟因被牵涉某件诉讼之事，一向隐居乡里的他迫不得已进了趟县城。当时恰逢甲辰小试，亲友们趁机纷纷劝其应试，温朝钟迫于情面只好参加，不料一考即中，县试时名列榜首（冠童军），后又以院试第三名入学，成为正式的“秀才”。

考中秀才在当时是一件很不容易，也很了不起的事情。因为这是读书人走向仕途的第一步，也代表着“功名”在身，不但在地方上颇受尊重，而且亦有各种特权，譬如免除差徭、见知县时不用下跪、知县不可随意对其用刑、遇公事可禀见知县等。值得一提的是，温朝钟到省里参加院试时，郑姓的提督学政对其文才大加赞赏，因此亲朋好友都纷纷道贺，认为他将来一定会前途无量。可温朝钟不这样认为，他淡然地说：“此君主牢笼术，何荣誉足云！”

按照当时的惯制，院试高中的新进秀才，第二天参加盛大的“簪花”典礼，会带镂花银座，上衔银雀的生员冠，俗称“顶子”。这本是朝廷赏赐发放的“功名”象征，可也成了清朝腐败官员借机敛财的工具。

根据清人刘禺生《世载堂杂忆》的记载，院试发榜后最困难的事情就是“每县教官必与新进学秀才谈判印结费多少，印结费定，教官乃盖印，翌日方能来学院簪花”。也就是说，即便凭真本领科中的秀才，也必须按官场的潜规则给县官塞包封、送大礼。

时任黔江县令的王炽昌，原是成都一大典当行的商人，后来花钱买来这个知县实缺，到任之后，贪腐起来更是离谱，贿赂公行，无钱不要。对于讨要“印结费”这样难得的腐败机会，更是不会放过。

▲ **簪花图** 清代院试高中的新进秀才，都需参加盛大的“簪花”典礼。

既然是官场惯例，他向本县新进的秀才讨起“礼”来，自然更是心安理得，可轮到温朝钟时，却偏不买他的账。又羞又恼的王县令怀恨在心，或许也听闻了温朝钟的“牢笼术”不当言论，所以想借机发威，找岔子摘掉他的顶子。

温朝钟性情刚烈，本就不屑这个功名，更看不上王县令的下作手段，所以还没等这个王大人开口，就主动摘掉顶子，随手向大堂掷去，然后飘然离去。后来谈及此事，他慨然叹曰：“摘了顶子，脱了牢笼，大鹏归山，焉知非福？”

神仙

敢于对秀才功名大声说不的温朝钟，并非头脑发热，而是有着特殊的大时代背景。当时的中国，内忧外患，特别是西方列强在军事、经济，科技和文化等方面全方位的“降维攻击”，沉浸在千年文明优越感里的“老大帝国”被摧残得尊严全无，自信全失，其面临的“危迫情形”前所未有。

在“落后就要挨打”的残酷教训面前，满清政府终是从旧梦中醒悟过来，也充分意识到要想“内定国势，外服强邻”，就必须进行全方位的改革或改良。可变革最需要的新型人才，却根本不可能通过早已不合时宜的“科举制度”来选拔和培养。早在光绪二十七年（1901），朝野上下就有废除科举的呼声。

到了光绪三十一年（1905），由直隶总督、北洋大臣袁世凯发起，湖广总督张之洞、户部尚书赵尔巽等人联名上奏《请立停科举推广学校并妥筹办法折》，终是被清廷批准，光绪皇帝诏令全国，从第二年开始，“所有乡会试一律停止，各省岁科考试，亦即停止”。延续了1300多年的科举制度寿终正寝，一个急切拥抱新文化、新文明的教育新时代，在满目疮痍的旧中国缓缓开启。

温朝钟不是神仙，也非先知先觉，在当时的历史条件下，他或许听闻过科举废立的争论，但不可能早就判知，有着千年旺盛生命力和民间深厚影响力的“科举”会在一年后戏剧性地完全废止。

也就是说，抛却秀才功名，放弃八股举业，对于当时的温朝钟而言，依然是要顶着巨大压力，冒着不小风险的。对于时局，对于未来，他内心是复杂、痛苦和迷惘的。他当时自号“恍惚道人”，并解释说：“人谓不恍惚，乃终身在恍惚中惟一切皆恍惚，乃有大不恍惚者存。余之号恍惚，犹恐未逮焉。”

退隐乡野，甘作布衣的温朝钟，放得下功名，却浇不灭胸中济世救人的志向。在家乡隐居的日子，温朝钟凭借家族世代行医的教育熏陶和良好功底，开始坐馆行医。温朝钟医术高，医德也好。四邻八乡的，凡是有人生病，无论远近寒暑，他都是风雨无阻，一呼即至。虽说他家境富足，可对自己的生活标准要求不高，吃穿用度也很简朴，不过对穷人，却是特别的慷慨照顾，不但治病不收分文，而且还常常大发善心，额外馈赠。

每次外出行医时，温朝钟有个习惯，就是身上总会多穿几层衣服，见到没衣穿的穷人，就会脱一件送人。他常常回家时，全身上下所剩无几，只剩一袭单衫裹身，有时会被冻得唇紫脸青，妻子很是心疼，可怎么劝他也无济于事，每次外出依然如故。他的岳父倒是很欣赏女婿的善心和博爱，但也意味深长地提醒他说：“一衣之衣难遮天下身，一口之食难糊天下口。”

在家乡行医的日子，温朝钟凭借精湛的医术和高洁的品行，加上潇洒不羁的言行和出众的博学才华，颇受乡人的喜爱和尊重，人称“温神仙”。许多有关他的动人故事和传说，至今还在渝鄂边的大路坝一带流传。

虽然已经活成乡人眼里的传奇，可这远非温朝钟的追求，立有“鸿鹄之志”的他有着更大的野心和梦想。正如他的岳父所言，坐馆行医，赠人衣物，只是小爱。温朝钟最想谋求的是“遮天下身，糊天下口”的救国图存之大道。“大鹏归山”的他，也一直在暗蓄能量，等待迎风展翅的新机会。

二、反帝革命的谋划者

身为一名深谙医术的读书人，温朝钟自然懂得“沉疴用猛药，乱世需重典”的道理。他改名温而厉，可能就是希望为已病入膏肓的“老大帝国”寻找一种更厉害的救世良方。

革命党人

光绪三十二年（1906），28岁的温朝钟迎来一个新的人生转机。

这一年的九月，他跟随恩师王云笠，赶赴成都，投考四川省城高等学堂。这所学堂是今天四川大学的前身，起始于光绪二十二年（1896）创办的四川中西学堂，是中国西部近代第一所高等学校。四年前，即光绪二十八年（1902），当地的尊经书院和锦江书院与其合并，创建四川通省大学堂，当年年底改名为“四川省城高等学堂”。学堂大门前悬挂着一副气魄宏大的对联，联曰：“考四海以为隽，纬群龙之所经”。也由此可以想象，这所学堂当年的办学底气和社会名气。值得一提的是，与温朝钟同年考入这所学校的，还有一位大名鼎鼎的现代历史人物，当时年仅20岁，考中的是体育科甲班，他的名字叫朱德。

有意思的是，温朝钟报考时用了一个新颖又奇怪的名字——温而厉。身为殿堂级学霸，温朝钟又轻松地考取了第一名。或是他的才情太出类拔萃，或是他的见识太过超前，主考官在他的试卷上批了一句著名的评语：“文怪、字怪、名怪”。

“怪”或不算什么罪过，可温朝钟尽管文笔绝佳，但论点有悖时宜，特别是大谈国事，抨击朝政时，百无禁忌，大胆犯上，被主考官认定为“狂生”，出榜时，特意“抑列第二名”。

▲ 20 世纪初四川省城高等学堂学生上课场景（摄影 / 那爱德）

当时陪他一起考取的师友替他高兴，祝贺道："你以后可以好好钻研学问了。"可他却硬邦邦地回了一句："只怕学得屠龙术，没有下手处！"

温朝钟的"怪"和"狂"，只是表象，已近而立之年的他，具备更深刻的思考力，也有着更焦灼的紧迫感。当时的中国恶邻环伺，列强虎视，正陷入帝国主义瓜分狂潮，已近亡国灭种的时局危机中。爱国心切的温朝钟对腐败无能的清廷已深感失望，也不再相信满清政府的渐进式自我改良或传统文化的中庸之道可以救中国。

身为一名深谙医术的读书人，温朝钟自然懂得"沉疴用猛药，乱世需重典"的道理。他改名温而厉，可能就是希望为已病入膏肓的"老大帝国"寻找一种更厉害的救世良方。他害怕"学得屠龙术，没有下手处"，也不是怕自己等不及，而是怕中国等不起。

光绪三十三年（1907），温朝钟偶遇从日本归来的黔江籍同盟会会员程昌祺、杨霖等人，并经他们介绍加入同盟会。在听了极其新鲜的革命道理后，他内心豁然开朗，他高度认同同盟会的政治纲领和革命思想，也坚信只有通过暴力革命手段，推翻清政府，抛弃君主制，建立共和国，方能救四万万国民于水火中。

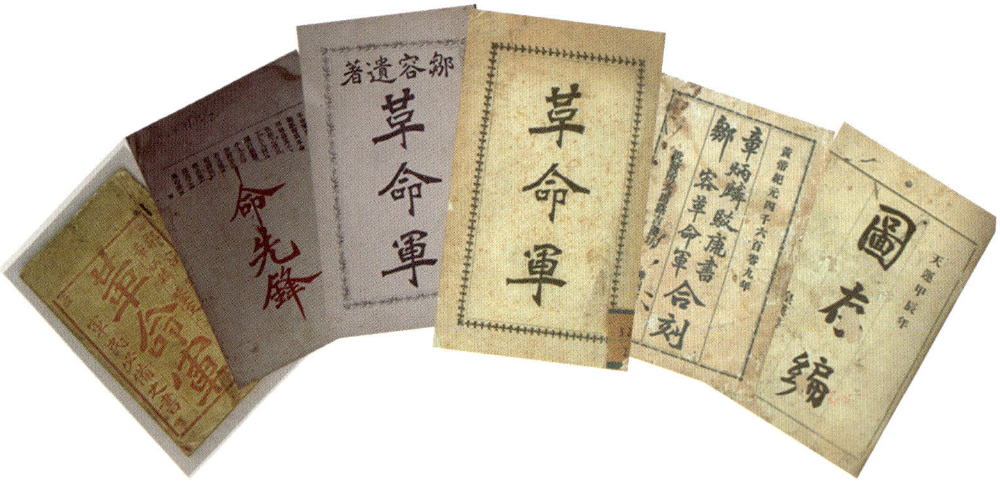

▲ **《革命军》** 1903 年，邹容以“革命军中马前卒”之名写成《革命军》一书。

正是基于这种革命信念，温朝钟再次放弃学业，一方面遍游四川、贵州、湖南、湖北等地，探察山川要隘，访问草泽英雄，力求聚集社会的革命力量；另一方面，他还向武师学习剑术，到新军学造炸弹，以期提升个人的战斗能力。

也是在这一年，温朝钟受同盟会委派，回到家乡发动民众，传播火种，宣传革命。作为革命党人，他主要做了三件事：

一是革命的宣传工作。为了筹集资金，家里 260 挑（约 60 亩）良田，他一出手就变卖了 200 挑，翻印《灭汉种策》，邹容的《革命军》以及《同盟会宣言》等革命进步书籍万余册，揭露清廷实行种族压迫的阴谋手段和清廷勾结帝国主义的卖国罪行，同时传播革命的新思想。

二是倡导成立风俗改良会。他先是找到忘年交，也是他岳父的弟弟（温称其为岳叔丈）黄玉山寻求帮助。黄玉山是咸丰蛇盘溪人，是乡中耆老名绅。他乐善好施，捐资济贫，崇尚节义，热心公益，对革命事业尤为倾心，愿意尽全力相助。温朝钟又找到王克明、谈茂才、徐国佐等几位志同道合的好友，共同发起成立“风俗改良会”。每逢集会或是红白喜事，凡是人多的地方，温朝钟都不会放过机会，散发传单，组织演讲，劝告人们戒吸鸦片，倡导“男人剪发，妇女放足，发奋自强，不当洋奴；精练武术，团结救国。”这些演讲颇得民心，很受老百姓的欢迎，纷纷踊跃报名参会。

时咸丰、黔江、利川、酉阳、彭水等县，参加风俗改良会的群众就有一万余人。

三是成立“铁血英雄会”。在良好的宣传氛围和雄厚的群众基础上，温朝钟开始有计划地筹建革命武装组织。他先是联合黄玉山、王克明、谈茂才、王云笠、王斐然等18名热血忠义之士，发起成立了“铁血英雄会”，总部设在黔江、咸丰交界处小南海（旧称小瀛海）。大伙公推温朝钟为会长，王克明为副会长。

为掩人耳目，他们以“南海诗社”为掩护，相与唱和，彻夜不散，一面商讨革命，一面赋诗言志。当时，小南海的朝阳寺山门前，挂有一副温朝钟亲自书写的对联：“提起寰球烘白日，掀翻苍海洗青天。”对联工整，气魄宏大。

铁血英雄会

为了改天换地，实现“将此地化为极乐之国”的革命梦想，温朝钟一面多方筹集资金，购置军火器械，在彭水的李家营、咸丰的蛇盘溪和黔江的后坝等处，赶制抬炮（用青杠树挖空，装填火药、沙子），还从外地买回钢铁，设红炉炼制兵器；另一面派革命骨干到四川、湖南、贵州等地演说宣传，联络同志，发展会友。

“铁血英雄会”的宗旨，就是“以铁与血来抵抗敌人，洗雪国耻”，这很容易引起国人的共鸣，因为当时国运衰微，人心思变，时局又危如累卵，加上川鄂湘黔边区的民风历来彪悍，因此温朝钟振臂一呼，周边百姓闻风而动，短短几个月时间，会友就发展到六七万人。

宣统元年（1909），“铁血英雄会”更名为“川鄂湘黔铁血英雄联谊会”，并提出“义联英俊，协和万邦；推翻（满）清，打倒列强；复兴中华，实行共和”的政治口号。随着“铁血英雄会”的声势越来越大，地方官府开始惶恐不安。宣统二年（1910），湖北施鹤道首先发难，张榜告示，通缉温朝钟等人。

时任咸丰县令的徐培早年留学日本，受过同盟会影响，同情革命党人。当其得知清廷的抓捕电令后，便密召温朝钟前来衙门问询。两人倾心相谈之后，徐培善意告诫：“革命时机尚早，不可轻举取祸。”温朝钟拱手致谢，回道：“革命潮流不可阻挡，我等自有准备。”

为避风头，温朝钟决定暂时离开家乡，化名孔保华，潜伏到四川江津、永川等地，暗自联络同盟会友，继续密谋起义事宜。当时，温朝钟本想约好友王克明一起

◀**《蜀中同盟会》会章** 温朝钟与同盟会会员之间进行联络的信物《蜀中同盟会》会章。章内“高野大雄君”为孙中山在日本的别号。

出走。可王当时正在热恋，不忍强邀。临行前，王赠诗一首，以壮其行，诗曰：

瀛海劫灰欲化尘，神州狮睡孰为春？

龙将离沼云先起，虎未啸林风已生。

尼父尚轻亡国虏，汉儿甘作醉乡民？

皇天有命诛残暴，谁是攀鳞附翼人？

温朝钟读罢好友的诗，内心颇是感慨，挽笔酬诗唱和：

世界昏沉不计年，风毛雨血尽烽烟。

谁能逐鹿行千里，我欲屠龙下九渊。

提起寰球烘白日，掀翻沧海洗青天。

拼将一掷成孤注，免得情丝万缕牵。

被迫离开亲人和朋友的温朝钟，独自一人在异乡为革命奔走，内心颇有几份凄凉，但也只能寄情于革命事业上。好在是，当时各地革命党人起义的消息，此起彼伏，整体革命形势也颇有乐观的一面，令人鼓舞。

和会友们一起时，温朝钟总会拿出北美十三州同日独立的成功案例激励大家，并最后形成秘密约定，计划在宣统三年（1911）夏历八月二十三日，以“期”字为暗号，同时起义。

三、庚戌起义的司令官

温朝钟清醒地知道，若这些兄弟再跟着自己，一定凶多吉少，所以他强行命令大家“各归山林逃生，后会有期。”可最后依然有四五十人的铁血兄弟，硬是留了下来，誓要与温朝钟同生共死。

凤池山举义

地连川鄂的咸、黔两县，山高岭峻，地瘠民贫，聚居在这里的土家族、苗族、侗族等少数民族人民，世世代代经受着阶级和民族的双重压迫。

清朝末年，国事维艰，政治却愈加腐败，山区人民的生活本就困苦不堪，可各级官吏的压榨却变本加厉。“百货厘金局”征收的苛捐杂税，已多到令人发指的地步。人头捐、火盆捐、月捐、过路捐，名目繁多；棕绳、草鞋、蛋品、柴炭等物莫不有税。加上当时爆发了大洪水，以及地震引起的瘟疫，老百姓无路可活，已到了民不聊生，官逼民反的地步。

宣统二年庚戌冬月（1910 年 12 月底），温朝钟与黄玉山、王克明、徐国佐、裴从之等铁血英雄首领，以朝山为名，到与咸丰交界的彭水凤池山（今属重庆市黔江区）聚会，计划商讨革命军武装起义的筹备事宜。

凤池山山势险峻，仅有一条人工开凿的小路可通。温朝钟一行人黎明前上山，沿着崎岖小路向上攀登，行至半山腰的雄狮岩时，脚下云雾弥漫，看不见山下的屋舍田园。徐国佐兴致勃发，情不自禁吟出一句上联：“云雾漫天看何人重开世界。”温朝钟略一思忖，对出下联：“干戈遍地有我等再振乾坤。”大家听了齐声叫好。聚会完毕，温朝钟奋笔疾书，将此联贴于山上凤池寺的山门两旁，并顺手加书一个横额：“开天辟地”。

这副即兴之作的对联非常霸气，也太过刺目，在人心思变，风雨飘摇的晚清时期，很容易让人联想到“造反”的事。很快，一个名叫温百川的地方豪绅就动了歪心思，因为他和温朝钟有些过节，为了报复打击，竟然连夜骑着毛驴，狂奔几百里地，同时向黔江、咸丰两县官府告发，并夸大其词称温朝钟和他的战友们是“十八家反王”，正准备扯旗造反。

幸运的是，咸丰县令徐培同情革命，又欣赏温的为人，特意把案子压了下来，并把前来告密的温百川关进监狱，拖延时间。不幸的是，黔江的县令却是温朝钟的另一个老冤家，也就是当年温朝钟考秀才时曾冒犯过的王炽昌。

对于温朝钟一直怀恨在心的王炽昌，听闻温朝钟要造反的消息，是又惊喜又害怕，惊喜的是终于有机会置温朝钟于死地而后快，害怕的是温朝钟若是成功举事，身为地方官的他不但官位不保，恐怕小命也会搭上。

丧魂落魄的王炽昌，一面飞电上级，向酉阳州牧、重庆道台告急，一面召集地方豪绅，商议防剿事宜。他先是紧急起用退职家居的酉阳千总孙常礼和彭水江口镇把总许瀛洲，组成福、寿二营，各领300人分别堵防大垭口和八面山。同时还收容地痞流氓、散兵游勇等百余名加强城墙防护，白昼则巡逻盘查，夜间则在四门燃起“号火”，以壮胆量。

温百川告密的消息传到凤池山时，山上一下子沸腾了，许多铁血会成员恨不得马上下山造反。正当群情激奋，众议纷纭时，温朝钟最好的朋友，也是“铁血英雄会”的骨干王克明，果断表态说：“君等此举，未免过急，然天下大事多成于偶然，愿为臂助，不成则以死继之！”

当时王克明恰是青春最好年华，也正准备婚娶亲爱的姑娘，却依然能表此种决心，很是令人钦佩，大伙也纷纷附和，要求提前起义。温朝钟也知道，此时已没回头路，唯有先发制人，放手一搏。

一打黔江县城

腊月初二（1911年1月3日），温朝钟率领200余名革命党人，在凤池山的山寺大厅前歃血盟誓，削发坚心，同时发布《讨满檄文》，正式宣布揭竿起义。经

▲ **凤池山** 1911 年 1 月 3 日，温朝钟率领 200 余名革命党人在凤池山宣布揭竿起义。

大家推举，温朝钟任司令总长，王克明任司令次长兼参谋总长，黄玉山任后勤总长。士官们一律剪去发辫，佩戴白布“铁血”臂章，外衣前后粉书“国民军”三字。

由于这支起义队伍多是由当地农民组成，所以士兵们手头拿的也多是长矛、马刀、斧头、梭镖、牛角叉、火枪及土炮等近乎原始的武器。当地人口口相传，起义当日，革命军将土炮内灌满了耙钉，炮声一响，耙钉飞出，被烧得通红的耙钉，就像火红的“牛角蜂”一样，发出“嗡嗡”的声响。这样的武器装备，当然无法与正规的官军相提并论，但人多气势壮，摆出阵仗来也足够吓人。

出发前，为激励士气，也为维护革命军声誉，温朝钟向大家训话鼓劲，并宣布军纪，约法三章：“吾等倡议扫除暴君污吏，救民水火，所过地方，口食外无秋毫犯；官兵抵敌，非有令不得妄开炮。”

由于起义时间仓促，绝大多数会友都没通知到，所以刚开始仅有 200 余人，不过到了第二天，队伍规模就已增至 1000 余人，腊月初六（1911 年 1 月 5 日）傍晚，这支农民革命军扛着土得掉渣的武器，高举一面“奉天承命 扫清灭洋·温”的大旗，由后坝出发，一路火把，浩浩荡荡地向黔江县城挺进。

革命军虽然装备破落，但纪律严明，加上士气高昂，指挥得当，所以与官军打起仗来，也丝毫没有吃亏。按照计划，革命军兵分两路，一路由施云山、裴从之等率领的小股部队上八面山，扬旗放炮，虚张声势，牵制许瀛洲所带的“寿”营官兵；另一路由温朝钟、王克明等率领的大部队，取道大垭口，从仰头山直捣黔江县城北门。

腊月初七（1911年1月6日）拂晓，温朝钟率领的革命军抵达大垭口，忽然浓雾弥漫，百步不辨人。孙常礼带领“福”字营官兵，占据高处，不断开枪射击，李占春等三名义军当场牺牲。温朝钟依仗地势熟悉之便，独身一人，攀岩绕道，偷偷摸到敌方阵地，一剑砍掉孙常礼的脑袋，官军顿时乱成一团，如鸟兽散。革命军乘胜追击，一举攻占黔江县城。

入城之后，革命军只是捣毁百货厘金局和天主教堂，另外打开监狱释放了一些无辜群众，其他则秋毫无犯。为进一步安抚百姓，温朝钟亲自到街头发表演讲，也没讲太多的大道理，只是强调清廷种族政策的坏处，痛陈贪官污吏的劣迹，以此说明革命的必要性。温朝钟的演讲很有实效，也颇得百姓好感，当天响应加入义军的就有七八千人。

为保持义军队伍秩序，温朝钟立马安排整编，每十人一棚，十棚一队，五队一营，两营一标，四标一师。各军长官，斜挂白带于肩，标明职衔等级；施云山、庞耀廷、谈会元、陶纯武等义军骨干，分别担任各军首领。

当时有人提议成立军政府，据城固守，然后“驰檄四方，以待响应。”温朝钟不同意，他解释说：“城小粮乏，持久非计；且仅得一城，便立政府以称大，非我辈素志。”

大家觉得他的话很有道理，便依计而行。革命军在城里驻扎一天之后，就主动撤离县城。后驻扎于黔江、彭水交界的两会坝一带，进行扩兵休整。

二打黔江县城

按照温朝钟最初的战略设想，革命军下一步是攻打彭水县城，然后出涪陵，在川鄂湘黔边地四处游击，大搞破坏，使各地官府疲于应付，无所收拾，唯有如此，革命军才能在官府打压的夹缝中求得生存，等待四方响应的机会。

可天不顺遂人愿，腊月十一日革命军派往彭水的联络员出而未返，情况很不明朗。近万人的义军队伍，一没根据地，二无外部支援，加上正是天寒地冻的季节，为了让队伍先存活下来，温朝钟决定杀个回马枪，再占黔江。

腊月十二日（1911年1月11日），革命军从两会坝出发，兵分两路，一路由王克明等率领，越八面山，出桃子坝，计划从西门进城；另一路由温朝钟等率领，沿武陵山、过栅山，计划从南门入城。

就在温朝钟领兵来回辗转之际，他的死对头，黔江县令王炽昌也没闲着。黔江县城第一次被义军攻占时，他就趁乱出走，狼狈逃至酉阳，寻求他的上级，直隶州州牧杨兆龙的帮助。杨兆龙很看不起这个靠捐银纳官的下属，痛骂他是“银钱罐子，无能知县。”但辖区内有人造反，是天大的事，生完气后的杨兆龙，不敢有丝毫怠慢，一方面急电四川总督赵尔巽及清廷军机处，请求支援，另一方面急调兵马，前去围剿平叛。

温朝钟当然知道王炽昌会从酉阳搬来救兵，本也计划着占领黔江县城后，据城截击酉军，但在时间上有所失算。由于当时大雪封山，温朝钟预估酉军最早也要腊月十五日才能抵达。可不料老谋深算的杨兆龙，亲率500名协防军，竟然早义军一步到达黔江县城，并快速在城西的万柳堤上完成布防，静候义军的到来。

腊月十二日（1911年1月11日）傍晚时分，王克明率领的义军抵达距城西5里处的上沙坝，准备涉水渡河。当日天气恶劣，满天飞雪，行了一天远路的义军冻饿交加，疲惫不堪，加上又是刚刚组建的新军，战场纪律松弛，也缺乏战斗经验，所以一部分将士情急之下，高喊“与其冻死，不如战死！”在没有得到明确命令前，就匆匆忙发起进攻。

与组织松散，装备落后，又经长途跋涉，已疲惫不堪的义军相比，河对岸以逸待劳的酉军，占据了太多优势。一是武器先进，洋枪洋炮，器精击远；二是地势有利，官军盘踞万柳堤上，居高临下，可最大程度发挥远射火器的威力。加之沙坝地势狭窄，河水阻拦，义军纵是人多势众，奋勇无比，可几经冲杀，仍未能渡过河去。温朝钟率领另一路义军人马还未抵达，就听到城西方向枪声激烈，大为吃惊，急忙率兵驰援，可依然于事无补。

酉阳协防军据堤固守，枪炮齐发，义军伤亡甚是惨重，激战至半夜，温朝钟看死拼无益，遂令撤退。天明之时行至中坝，盘点队伍，发现仅剩200余人。看着伤痕累累的部下，温朝钟清醒地知道，若这些兄弟再跟着自己，一定凶多吉少，所以他强行命令大家“各归山林逃生，后会有期。”可最后依然有四五十人的铁血兄弟，硬是留了下来，誓要与温朝钟同生共死。

四、慷慨赴死的温烈士

在当地老百姓心中，温朝钟是和历史上、戏文中的薛刚反唐一样的大英雄。他的英雄事迹被编成戏文和小说《温朝钟反正》，至今在民间广为流传。大路坝一带人民还在祠堂或个人家中，增设他的牌位，恭敬祭奉。

烈士碧血

当温朝钟造反的消息传到北京时，清廷大为震惊。

面对“人心不靖，乱党滋多”的纷乱时局，满清政府深知这类“匪徒啸聚”的造反暴动，从来就不是小事，往往“事起一隅，动关全局”，马虎不得。短短十多天的时间里，军机处就接连发布四次急电，命令川、鄂、湘、黔四省总督“飞调各营驰往”，“弹压搜捕，以清余孽”。

温朝钟二攻黔江失利后，川鄂湘黔四省的5000多名官军就一直尾随追剿，形成重重合围。温朝钟率领残余部队，一路且战且退，经女儿寨，越二仙岩，最后撤退到咸丰破水坪一带。

一路上，无论战斗多么坚苦，战事如何紧迫，温朝钟都会保持革命乐观主义心态。战斗间隙，他总会拿出写好的多封信件，召集同志开会，畅谈下一步的计划。便是有人报告追兵来了，他也不会慌乱，还会轻松地和战友们开玩笑说：“除死无大灾！”以此调节紧张的战斗气氛。

腊月二十三日（1911年1月22日）夜，连续苦战几个昼夜的温朝钟，终被敌人围困在飞龙山上一座名叫飞龙寺的寺庙里，再也无路可退。在生死关头，左右都劝他化装出逃，以图东山再起。温朝钟毅然拒绝，淡然说道：“首其事者当其难，何逃焉？”

▲ **破水坪** 1911 年 1 月 23 日，温朝钟就义于咸丰县唐崖镇破水坪。（摄影 / 秦兴武）

次日拂晓，温朝钟从容地烧掉会友名册及相关文件后，巍然挺立于飞龙寺楼门前，面对敌军，朗声说道：“我温某也，一切皆我所为，不与他人事！”

酉阳州牧杨兆龙见他浩然正气，深为惊服，便欲以利诱劝其投降。温朝钟怒不可遏，痛声骂道：“尔等皆汉人，不知雪祖宗之耻，反为仇尽力，问我何为，欲杀则杀耳！”

当时温朝钟的身边，还紧紧围护着谢国臣、向美田、施云山等 10 多名战友。早已怒发冲冠的他们，纷纷长啸一声，视死如归地向敌人的枪口撞去。杨兆龙赶紧喝令“开枪”，温应声倒下，牺牲时年仅 33 岁。

令人心寒的是，温朝钟被射杀后，各省官军为了邀功领赏，竟然残忍地肢解了他的尸体。蜀军得其头颅，湘军分其手足。烈士的大好头颅，虽被清军冷血地悬挂在黔江城外的校场上示众，可幸运的是，烈士残余的尸身，被当地善良的老百姓精心地呵护。

清军撤退后，温朝钟的学友徐楚珊，会同当地农民向永旺、喻木匠、张老辉、张喜娃等 5 人，将温朝钟残余的尸身，以及其他烈士的遗体，分成两穴，就近掩埋在飞龙寺下破水坪河心的一道沙梁上，为了掩人耳目，未留坟头。

辛亥正月初七日大公報第三張

黑龍江

催設勸業道缺○江省勸業道一缺向由提學司
績兼問農工商部年前已電致江撫准於今年一
調署嫩江府晉省○海倫府王守彭鼎孝江撫札
見殉憲定於月內赴嫩接事

四川

黔江匪亂之確報○川省黔江匪亂一節茲得
溫朝宗在四川彭水黔江交界地方
饒黔邑武舉溫常禮一名並王合家丁錢姓一
水縣鳳池山老巢負嵎抗拒知縣閻警立即
屬防堵馳援現在咸豐地方清肅人心安靖
新湖示祗遵施南府咸豐縣知縣徐培熙即
有三千餘人專以搶刦爲事該匪黨本擬擾出
獨眼大王報仇（前十月內有匪首深先庚糾
施鶴道饒紹楨已將施屬防兵分赴各縣要隘
帶炳昌致該標統帶孫國安電云川屬黔江縣
奔竄恩施咸豐等處復經梟歡統領所率宜防
居民現巳安堵如常矣

大公報 第三千五十八

來件

◀ **《大公报》报道**
1911年2月，《大公报》关于温朝宗（钟）领导的庚戌起义报道。

青史留名

温朝钟兵败之后，清廷在当地对“逆党”展开疯狂的报复，官军在大路坝、后坝、蛇盘溪等地的搜捕持续数月，大肆株连，惨死者数以百计。温的好朋友王克明被剖腹挖心，温的岳叔丈黄玉山也英勇就义，曝尸三日。温朝钟死后也不得安宁，温家老宅的房屋被清兵纵火焚毁大半，剩余的房屋及60余挑田产，也被悉数“充公”。

温朝钟起事的九个月后，辛亥革命爆发，1911年11月13日，温朝钟余部光复黔江县城，成立军政府，终是圆了烈士的革命梦想。1912年，四川军政府追认温朝钟为烈士，授予“铁血英雄”的匾额，准建专祠，以彰义魂。

作为辛亥革命的前奏曲，也是湖北省最大的一次农民武装暴动，由同盟会会员，革命党人温朝钟率领的“庚戌农民起义”，有着独特的时代价值和历史地位。后人编撰的《辛亥武昌首义史》，客观地评价道：

……温朝钟起义其规模之大和对清廷的打击之沉重，在辛亥革命前全国各地的反清暴动中，都是名列前茅的，特别是温朝钟所率义军，剪去发辫，标明国民军，并一度攻占县城，所显示的斗争水平也超乎一般。这次由革命党人温朝钟领导的会党起义，理应在辛亥革命史中占据一席地位。

而在当地的老百姓心中，温朝钟是和历史上、戏文中的薛刚反唐一样的大英雄。

他的英雄事迹被编成戏文和小说《温朝钟反正》，至今在民间广为流传。大路坝一带人民为纪念这些英烈，还在祠堂，甚至个人家中，增设温、王、黄三烈士的牌位，恭敬祭奉。黔江城内为其建有纪念碑亭，而从黔江到咸丰县城的一段公路，也曾被命名为“朝钟路”。温朝钟故居，也被咸丰县政府列为“地面不可移动文物”加以保护。

至于荒野里的烈士遗骨，有心人也一直念念不忘。

1947年，已是古稀之年的徐楚珊，为了让好友温朝钟的英魂荣归故里，不顾年老体衰、双目失明、疾病缠身等困扰，亲自组织10余名家乡义士，让人抬着他和一具漆得油光的黑木匣子，重返破水坪。几经周折，终是找到当初偷偷安葬的旧坟遗址，并根据当时的记忆，起出一枚印章，一个药瓶，以及温朝钟的部分遗骨。

为了烈士体面回归，徐楚珊命人用柚子做成假头，再用线将骨架串连一体，束好扎紧，套上衣衫，然后小心翼翼放入黑木匣子，抬回家乡，安葬于大路坝安福寺温朝钟的长孙屋后。

一代英魂，终得安息。

参考文献

[1] 朱寿朋．光绪朝东华录 [M]. 北京：中华书局，2016.

[2] 贺觉非，冯天瑜．辛亥武昌首义史 [M]. 武汉：武汉大学出版社，2006.

[3] 晏纯武．温朝钟反正纪事录 [M]// 政协咸丰县委员会文史资料委．咸丰文史资料第一辑．1987.

[4] 滕树清，李方庆．瀛海劫灰未化尘——温朝钟故居访谈录 [M]// 政协咸丰县委员会文史资料委．咸丰文史资料第七辑．香港：中国文化出版社，2006.

[5] 温天泉．温朝钟事迹调查 [M]// 政协咸丰县委员会文史资料委．咸丰革命遗址．香港：中国文化出版社，2007.

▲ **小南海朝阳岛** 温朝钟出生在咸丰县小南海畔的大路坝，其组织的“铁血英雄会”会址就设在小南海朝阳岛上。辛亥革命后，在原朝阳寺寺庙左侧曾建有“三烈士祠”，供奉着温朝钟、王克明、黄玉山三位殉难的烈士。（摄影 / 陈旭）

第二节
首义战士王云龙

王云龙（1876—1962），字伯雨，又名承猷，别号子相，湖北咸丰县寿昌乡（今高乐山镇张家沟）人。早年毕业于湖北方言学堂，后官费留学日本早稻田大学，在日期间加入同盟会的外围组织共进会。

辛亥革命时参加武昌起义，以孙中山名义撰写并散发临时告示，“中华民国”成立后被委任为武昌县（今武汉市江夏区）第一任知事。此后历任湖北鄂城、当阳知事和安徽太和、阜阳、潜山及山东齐河、临清等县县长，百姓以万民伞、万民旗相赠，慰其勤政爱民之情。

1935年，王云龙脱离政界，在安庆迎江寺受戒学佛。1936年年初，在安庆寓所创办“新民”补习学校。日据期间，坚守民族气节，改校名为“明教”补习班，以习文爱国为宗旨。

中华人民共和国成立后，王云龙先后当选为安庆市一届、二届、三届人大代表。1956年又被聘为安徽省文史研究馆馆员。1962年在安庆家中去世，享年86岁。

▲《武昌起义》油画（绘图 / 何波 供图 / 辛亥革命武昌起义纪念馆）

一、少年时节气咻咻

就在武昌起义爆发的第二天，还在回皖路上的王云龙，接到提前举事的消息，为了和革命同志同生共死，顾不得伤痛，头上缠着绷带，就连夜搭乘英国轮船西上，赶赴武昌参加革命。

早年求学生涯

王云龙，字伯雨，又名承猷，别号子相，湖北咸丰县寿昌乡（今高乐山镇张家沟）人。

清光绪二年(1876)，王云龙出生在一个世代书香的官宦人家。他的祖父王伟（字辅臣），是清朝的恩贡生，曾任广东大埔、镇平知县。王伟共有十个儿子，号称“王家十房”，他的父亲王镛（字绍荃），是王伟的长子，曾担任过四川酉阳直隶州州同的官职。

王云龙兄弟4人，他排行老二。兄承尧，弟承恢、沛然，世居咸丰县城郊北门沟。由于族中六房没有后嗣，王云龙打小就承继给六房的叔叔为后。在他年少时期，因只好读书，每日往来于书市诗社之间，却不擅持家理财。家中一切事务，他都交付给承尧、承恢两位亲兄弟来打理。可惜兄弟无情，欺他酸腐老实，将其继承的田地房屋典卖殆尽，族人多为他抱打不平，他却不以为意。所托非人的王云龙，由此家业败落，后来穷困潦倒到只能寄寓王氏祠堂的地步。经常箪瓢屡空的他，依然手不释卷，不改颜回之乐。

有一年，五房族兄王笃安（字承烈）高中秀才，在咸丰县城打马游街。王云龙当时恰在亲戚王敬安的门口箕踞看书，看到很是高兴，欣然合书起立，欢呼二哥。族兄新贵，正是春风得意之际，见他衣衫破烂，怕是丢人，故作无视状，昂首纵马而去。

伤心且尴尬的王云龙不禁想起战国时苏秦的一句名言："贫贱则父母不子，富贵则亲戚畏惧"。从此，他便在心底里暗暗发誓，一定要考取比二哥更高的功名，换取尊严。

幸运的是，王云龙有一个好岳父。这位咸丰湾田的陈姓人家，打小就和王云龙指腹为婚，看到未来的女婿落难，实在不忍，就将其接到家中居住。岳父看他是读书的好苗子，又不惜重金，送他到当地名师杨凤山先生门下求学。

在岳父的支持下，王云龙遂立志苦读，"三更灯火五更鸡，万卷经史一支笔"，每日废寝忘食，幸喜三年有成，20 岁时高中秀才。考取秀才的王云龙，这才风风光光地迎娶了未婚妻陈九妹。清光绪二十三年（1897），23 岁的他又考取丁酉特科拔贡，虽在举业上超过了族兄王承烈，可他还是不满足，依然攻读不懈。

光绪二十八年（1902），王云龙顺利考入湖北的方言学堂（张之洞创办，前身是 1893 年设立的自强学堂）；光绪三十二年（1906），成绩优异的他，又被官费派送到日本留学，在早稻田大学攻读政法专业；宣统元年（1909）学成回国；宣统二年（1910）春，他参加了清廷的留学生考试，分发安徽直州判候补，任安徽省民主讲习会教员、安徽巡警学堂教官等职。

武昌首义战士

在日本留学期间，王云龙接受孙中山先生民主革命思想的熏陶，经常与革命党人士一起钻研救国道理，参加革命活动，并得到中山先生器重，曾与之合影留念。后来他在安徽候选期间，孙中山先生特地派人持名片来皖，名片后亲书"云龙同志请速密来仙台一晤"，王云龙遂星夜兼程，赶赴日本仙台听命。

作为孙中山先生的革命信徒，王云龙参加的是中国同盟会的外围革命团体共进会。该会以同盟会的总理为总理，以同盟会的纲领为纲领，但更重视军事暴力手段，以同盟会的"行动队"自称，并自制"红底十八星军旗"。

1911 年 8 月，共进会的领导人孙武秘函召请王云龙赴武汉共举大业。二人是莫逆之交，又有共同革命志向，所以王云龙欣然前往。此时，共进会已在湖北成立分会，并在湖北的新军中积极吸收成员。1911 年 9 月 24 日，孙武被武汉革命团体推为主席和革命军参谋长，准备于 10 月 16 日在湘鄂两省同时发难，举行起义。

10 月 9 日下午三点左右，汉口俄租界宝善里 14 号，革命党人的临时地下工厂，孙武正靠着窗户，用瓷匙配置起义用的炸药，王云龙在一旁忙着整理文件，另外有丁立中、李作栋两位同志忙着在一个圆桌上加盖钞票印章，当时共进会秘书长谢石钦也在现场。此外，还有一位被后世冤枉为“冒失鬼”的刘同（武昌革命党人推举的总理刘公之弟）恰巧也来串门。

突然，一声巨响，屋内冒出滚滚浓烟，正在调制的炸药不小心被引爆了。事后广为流传的说法是刘同当时一边吸烟，一边观看孙武配置炸药，不小心烟灰的火星引致爆炸，把孙武的脸部烧伤。可无论是身处现场的谢石钦事后回忆，还是孙武的手稿笔记，都强调是孙武个人调药过急，用力过大激发的火花，才引致这次意料之外的爆炸。事实上，当时现场也只有孙武一人被炸伤，“面对面吸烟的冒失鬼”刘同却毫发未伤。

当时炸药威力颇大，墙壁烧毁，连隔壁的房子也剧烈震动。据日本三菱商社汉口支店的职员内田顾一在当天日记里记载，邻居看到三个中国人正在点火，燃烧一些箱子。此前关于革命党举事的传言，使得邻居警惕心大起，即刻飞报巡捕房。

由于孙武的面部和右手被严重炸伤，当即被革命党人护送到日本人开设的同仁医院治疗。王云龙右眼也被灼伤，为逃避清廷追捕，奉命当晚潜回安庆休养。而来不及撤走的三位同志，被俄国租界巡捕逮捕。

因为突发的爆炸事件太过意外，加上有人受伤，外面巡捕搜查又紧，来不及撤走锁在文件柜里的起义宣言、告示、旗帜、印信和革命党人名册，起义计划遂告泄漏。查获革命党名单的清廷，开始大肆搜捕革命党人，起义已无法从容进行。为死里求生，孙武等革命党人决议马上起事，武昌起义被迫于 10 月 10 日晚，提前举行。

就在武昌起义爆发的第二天，还在回皖路上的王云龙，接到提前举事的消息，为了和革命同志同生共死，连夜搭乘英国轮船西上，赶赴武昌参加革命。

在武昌汉阳门前，他遇到了同盟会员牟鸿勋、刘凤书二人，并经二人介绍来到谘议局。根据当时的革命需要，谘议局分派他以孙逸仙的名义，撰写并散发临时告示。对于这一段激情燃烧的革命往事，他后来写诗叹道：

少年时节气咻咻，拔帜曾登黄鹤楼；铁血英雄同按剑，满城风雨共轻舟。

▲ **武昌都督府** 1911年10月11日，革命党人在武昌起义取得胜利以后，建立的“中华民国”湖北军政府，即“中华民国”军政府鄂军都督府。这是辛亥革命时期建立的第一个省级革命政权。

二、丹世年华叹海来

革命尚未成功，同志已经老去。政治上早被边缘化的王云龙，深感“有心革命，无力回天”的时运遗憾。太多无谓的政治波折，太多复杂的派系纠纷，让不到60岁的王云龙身心俱疲，也遂有了遁世之念。

八县县长

湖北军政府成立后，王云龙又被安排到军政府秘书处工作，撰拟了许多重要的军政文稿。湖北实行军民分治后，王云龙奉命转属民政方面的工作。革命初成，百废待兴，时任民政长官的汤化龙，号召有识之士条陈建政意见。当时收集的百余条意见中，王云龙的条陈颇受重视，也因此被委任为集贤馆检查科科长。

1911年11月10日，王云龙被委任为新民国武昌县（今武汉市江夏区）的第一任知事。任职期间，他励精图治，一面积极领导武昌军民消灭清廷残余武装，保四境平安；一面培训自治人才，发展教育事业，整顿社会秩序。经过一年多的用心治理整顿，武昌县内形势大为改观，社会安定，百姓乐业。为了表彰他的政绩，时任副总统兼湖北都督黎元洪亲手批复，由民国政府特许颁发嘉奖令，称赞他：“治武成绩卓卓可观，兴贤、举能、拨尤、当自隗始。”

治理武昌期间，还发生过一件轶事，颇能说明王云龙的高风亮节。他到任一个月不久，革命军就抓住清朝湖广总督瑞澄的爱女。这位瑞澄可谓革命的罪人，正是他下令抓捕了32名革命党人，并诛杀了刘复基、彭楚藩、杨洪胜三位革命领袖。瑞澄的这位大小姐当时随身携带一口大皮箱，里面藏满了奇珍异宝，并明确表示，谁救得她的性命，就甘为姬妾，这箱子的财宝就是嫁妆。当时的幕僚们都劝王云龙

▲ **湖广总督瑞澄** 在汉口大智门乘火车出逃，革命起义军随即占领了湖广总督署。

纳娶这位贵族小姐。可王云龙却不为美色财宝所动，派兵将美人和箱子，一并送交督军衙门。

武昌卸任之后，王云龙又先后出任湖北鄂城、当阳知事和安徽太和、阜阳、潜山及山东齐河、临清等县县长。王云龙为政一方，总以民众利益为上，力求政通人和，百姓安居乐业。地方上的士绅民众，都很感怀他的德政，常以民间对官员最高的褒奖形式——制作万民伞相赠，表达感激之情。

据王云龙的大儿子王念冲（又名王谦）的妻子回忆，当时在咸丰大路坝的家里，还留存着武昌、鄂城两县民众送给王云龙的两把万民伞，上面密密麻麻地写着无数的名字，可惜后来遭土匪抢劫而遗失。

王云龙为官期间，一直以廉洁公正而著称。在政治上也非常开明，且讲政治底线和原则，曾因参加反袁护法和北伐斗争，两度坐牢。可最让王云龙不堪的，是官场上的派系之争和国民党的高压独裁。

民国二十年（1931），时任安徽阜阳县长的王云龙被国民党的县委党部和地方劣绅邢绍煌等合谋陷害，说他“纵容赤化、危害党国”。事实上，王云龙“危害”的只是党国领袖蒋介石的面子。据王云龙的远房亲属王炎森回忆，王云龙当时在公开场合指责蒋介石是个小人、街头无赖，因为蒋掌掴并拘禁了安徽大学校长刘文典，在王云龙看来，蒋介石这样的政治家太没气度，也非常不成体统，所以才以民国元老的身份痛下针砭。王云龙的责骂很快就被人告发，蒋介石听闻大怒，亲自下电，饬令安徽省主席陈调元将其逮捕，后经怀宁（旧省会，现安庆市）地方法院审判，被关押在饮马塘监狱长达 10 个月之久。

阜阳县的民众纷纷为其鸣不平，并派代表到省里反复交涉，终是将他保释出狱。出狱时，阜阳百姓还特别奉上万民伞 10 把、万民旗 10 面，以慰王云龙勤政爱民之情。

居士校长

王云龙参加革命多年，仕途几经浮沉，为国家计，为民生计，他总是弃生死和荣辱于不顾。可革命了二十多年，军阀依旧混战不休，官场照样腐化堕落，民生一直凋敝不堪……他想不通是为什么；更想不通那些热血激情的革命同志，为何一旦沾上权力的诱惑，腐化的速度和程度，也一点都不比清朝的官员差。

革命尚未成功，同志已经老去。政治上早被边缘化的王云龙，深感“有心革命，无力回天”的时运遗憾。太多无谓的政治波折，太多复杂的派系纠纷，让不到 60 岁的王云龙身心俱疲，也遂有了遁世之念。民国二十四年（1935），他正式宣布脱离政界，在安庆迎江寺受居士戒，法号“缘攸”，成了一个“非僧亦非俗，出家又在家”的居士。

虽皈依佛门，也年近花甲，可王云龙的爱国之心未灭，仍须努力的革命激情依旧滚烫，总是想着老有所为，发挥点余热。民国二十五年（1936）年初，在乡亲们的热切期盼下，他在安庆北门孝子坊的寓所创办了一所私立民校，取名“新民”补习学校。他已年老，精力不足，所以只想以补习的课外教育方式，尽其所能，给青年学生们传授一些新的文化知识，一些好的强国理念。

学校很受欢迎，可时局却越来越不乐观。汹涌而来的崩坏国势让人猝不及防，就在王云龙办学的第二年，抗日战争全面爆发。民国二十七年（1938）六月，日本侵略军在安庆东郊柘涧山登陆，安庆遂告陷落。在随后日伪占据安庆期间，王云龙以“出淤泥而不染，傲风霜而不推”的高风亮节，一直坚守民族气节。

民国二十八年（1939）春，应街坊亲友的请求，王云龙恢复办学，并将校名改为“明教”补习班，暗含《左传》里“明耻教战，求杀敌也”的励志寓意。

当时，很多学生及家长不愿受敌伪奴化教育，加上王云龙教导学生有方，就学的青少年逐日增多，从1941年到1943年，每学期的学生高达200多人，超过当时安庆任何一所伪立中小学的人数。这样的规模和人气也引致日伪当局的怀疑和恐慌。日伪教育局先是软硬兼施，妄图直接搞垮这所“爱国”学校。当他们发现附近中小学生退学转来补习班的人数越来越多时，便针对性地发布了两项规定：一是补习班不得接收在校学生；二是补习班每期不得超过百人。

王云龙据理相争，严正抗议：“我们办的是补习班，只开汉语和算术两门课，与正规学校不同，学生感其所缺，愿就学者，我不能拒收！”

日伪教育局理屈词穷，又换了一种怀柔的策略，声称愿意为学校提供经费和校舍，唯一的条件就是改换校名，挂日伪教育局所属的学校牌子即可。

王云龙自然清楚敌人的阴谋，他淡然且干脆地回绝：“学费我们自己能维持，明教校名安庆人都知道，决不能改，补习性质也不会变。”

日伪教育局慑于王云龙的威望和身份，最终也只能睁只眼，闭只眼。但出于文化侵略和防谍的目的，日寇对这所补习学校一直暗中监视，并不断派便衣特务或武装人员，以“慕名来访”“学习听课”为幌子刺探内情，施加压力。

一天，一个日本军官拿出一面太阳旗（旗上有“武运长久”字样）要求王云龙题词。他略加思索，用大篆体题写了“中天景运”四字。日寇不明所以，高兴离去。事后他给学生讲起，才揭示其用意。说这几个字的寓意是“太阳已升顶，快要落西了”。这是在影射日寇不会武运长久，马上就要衰落，走下坡路了。

年老的王云龙也喜欢用文化和智慧为武器，以“怀柔”的手段抗日。他常以给日本士兵、军曹相面看手相的名义，不断引导激发他们思念家乡、亲人之情，从而变相促使士兵们产生厌战、反战心理。

对颇有地方威望和群众影响力的王云龙，日寇也采用了积极拉拢的手段。安庆的日本特务机关长浅见大佐，以及安庆日本宪兵队长津井，都曾用专车接过王云龙，请他到日本驻军116师团司令部（设在安庆东门大栅子新市街）叙话，并许诺委任县长以上官位。每次王云龙都以“宦海沉浮，心灰意懒，皈依佛门，不再出山”的理由，冷冷予以回绝。

王云龙办的补习班长达十八年之久，直到1954年才停办。他以爱国之忱，对学生谆谆教导，追随学习者甚众，前后多达千人，可谓桃李满天下。

人大代表

中华人民共和国成立后，王云龙因热爱祖国，表现积极，受到党和政府前所未有的尊重，曾先后当选为安庆市一届、二届、三届人大代表。1956年又被聘为安徽省文史研究馆馆员。在担任人大代表期间，他提了不少建设性意见，尤其是在80岁高龄后仍然殚思竭力撰写回忆文章，为湖北、安徽两省提供了大量文史资料。

他的家族也是爱国的革命家庭，而且是光荣军属。他的两个子女早早就加入了中国人民解放军；抗美援朝时期，长子的女儿王毓珣、小儿子王立仁，也以高中生身份光荣加入中国人民志愿军。王云龙听闻非常高兴，用辘轳体作七绝四章，勉励孙儿孙女奋勇杀敌，诗云：

得好儿孙意气雄，天心人事两相通，无情原子终儿戏，有脚阳春是化工。

有脚阳春正及时，潮流澎湃有谁支，吉凶悔吝随心转，帝国骄横苦不知。

帝国骄横势未休，风风雨雨话神州，男儿爱国无他念，三尺龙泉许壮猷。

三尺龙泉已出匣，翻身劈破美人车，英雄老大无颜色，得好儿孙也自夸。

1962年10月10日，王云龙在安庆孝子坊家中安然病逝，享年86岁。他在咸丰城郊张家沟的故居——王家大院老屋，虽说随着时代变迁已不复存在，可他的革命精神和传奇故事，却永远鲜活在家乡人民的心头舌间。

参考文献

[1] 胡立超．首义战士王云龙 [M]// 政协咸丰县委员会文史资料委．咸丰革命遗址．香港：中国文化出版社，2007.

[2] 王丙立．忆先父王云龙 [M]// 政协咸丰县委员会文史资料委．咸丰革命遗址．香港：中国文化出版社，2007.

[3] 陆仲，韩传周等．怀念王伯雨先生 [M]// 政协咸丰县委员会文史资料委．咸丰文史资料第一辑 .1987.

[4] 温国华（口述）．缅怀公公王云龙 [M]// 政协咸丰县委员会文史资料委．咸丰文史资料第一辑 .1987.

[5] 王云龙．王云龙诗选 [M]// 政协咸丰县委员会文史资料委．咸丰文史资料第一辑 .1987.

[6] 朱纯超、蔡树晖．宝善里机关炸弹案史实考 [J]. 华中师院学报（哲学社会科学版），1982，第 05 期．

人民英雄永垂不朽

▲ **高乐山烈士陵园** 在长期的革命战争中，咸丰先后有27580人投身革命，4530多名优秀的咸丰儿女为革命献出了宝贵的生命，512人被追认为烈士。1960年，咸丰县人民政府在县城中心修建了高乐山烈士陵园。（摄影/陈旭）

第三节 非常文人冯子恭

冯子恭(1895—1967),又名延梓,字孟寅,土家族,湖北咸丰县城西门外小街口人。他早年就读于湖北省立外语专门学校,后考取伦敦大学预科,再转入香港大学,曾获文学学士、理学学士学位。1921年加入中国国民党,历任“非常大总统府”秘书、国民党党部交际部干事,国民党中央政治会议武汉分会秘书、湖北省政府参议等职。

冯子恭追随孙中山先生有年,是新三民主义的革命信徒,他和国民党内许多元老和大员关系良好;在早期也与许多著名共产党人产生过工作交集。冯子恭以致力保护孙中山“五权宪法”讲演手稿影印件而闻名。

▲ 冯子恭画像（绘图／任靖雯）

一、早年间的求学生涯

胸怀大志的冯子恭，并不认为商业是自己想要的出路，他依然坚志求学，期望借知识的翅膀，奔向更光明的未来。好在父亲开明，母亲贤淑，家里经济情况稍有好转，便全力支持他继续求学深造的梦想。。

贫家子弟早当家

清光绪二十一年（1895），天下很不太平。

4月，持续了大半年的中日甲午战争，以北洋舰队全军覆没，台湾、澎湖列岛被割让，中方被迫签下丧权辱国的《马关条约》而告终；5月，康有为联合在北京会试的举人1300多人，给光绪皇帝上书（史称“公车上书”），强烈要求变法维新；7月，清政府与俄国签订巨额的《四厘借款合同》，俄国又联合法国，借机插手中国海关事务；10月，孙中山领导的革命党人，在广州策动起义，并打出“青天白日旗”取代清廷的“黄龙旗”……

在这充满变数和慌乱的一年，冯子恭诞生了。

不太平年份出生的孩子，注定了就要过不太平的日子，也更有机会成为不平凡的人，因为他们从小就要经历太多不一般的困难和考验。在当时的时代背景下，要应对挑战，改变命运，放弃旧思想，拥抱新理念就显得特别重要。

冯子恭生逢乱世或是不幸，可有幸有一个温暖的家庭，开明的父亲。他出生在湖北咸丰县城的一个传统小知识分子家庭，家里世代书香；他的父亲镜海公饱读诗书，满腹经纶，常年以教书为生，在当地很受人尊重，颇有名望。

身陷“数千年未有之变局”的大时代，以冯老先生为代表的旧派读书人，在重重国难的刺激下，或对中国传统文化和教育的弊病，有着更清醒的认识，对于近代化新式教育（西学），反而充满了亲近的好感。

在对冯子恭的教育上，冯老先生就表现得非常进步。6 岁时，冯子恭入私塾读书，接受传统文化启蒙；10 岁那年，清廷正式废除科举，兴办新学，冯老先生第一个送他入县立小学就读；13 岁时，又被送入施南府中学就读，直到两年后顺利毕业。

愿意让孩子接受新式教育的冯老先生，面临一个尴尬的现实，那就是他积极拥抱的教育革命，偏偏又砸了自己的饭碗。身为一个传统的私塾先生，因为科举被废，没人再学四书五经，他一肚子的本事，自然也没了用武之地，个人生计也大受影响。加上田产稀少，家业微薄，家境更是每况愈下。

后来家里又添了两个弟弟、一个妹妹，日子更是过得紧巴巴。生活重压之下，本想继续深造的冯子恭只好暂时放弃求学梦想。为减轻家中负担，15 岁的少年冯子恭，开始早早当家。在与双亲商量后，他大胆将"祖业薄田数亩卖去"，开始学做小本生意。颇有头脑的他，仅用一年多的功夫，就把自家的商业招牌立了起来，生意做得也是有声有色，很快就攒了一小笔钱。

可胸怀大志的冯子恭，并不认为商业是自己想要的出路，他依然坚志求学，期望借知识的翅膀，奔向更光明的未来。好在父亲开明，母亲贤淑，家里经济情况稍有好转，便全力支持他继续求学深造的梦想。

勤工俭学的学霸

民国二年（1913），17 岁的冯子恭成功考入湖北省立外语专门学校，攻读英文。这所语言学校非常厉害，一是起点很高，直接聘请英、法、德、俄、日的"洋"教授开班授课；二是背景深厚，其前身是 1912 年在武昌旧保甲局之中路高等小学堂旧址开办的"英文馆"，由民国时大名鼎鼎的传奇人物郭泰祺创办。

郭泰棋是湖北广济人，仅比冯子恭年长 6 岁，早年生涯精彩得可谓"开了挂"。他 13 岁考入张之洞创办的新式学堂——武昌南路高等小学堂；15 岁因天资聪颖，成绩优异而被选送赴美留学；22 岁从宾夕法尼亚大学毕业，获"美国优秀大学生"，攻读硕士时，还兼任《费城新闻》《宾夕法尼亚》两家刊物的记者和编辑；23 岁回国，任湖北省都督府外交股长，同时创办语言学校；24 岁又赴北京，任黎元洪大总统的外文秘书。

这位偶像级湖北老乡的光辉教育轨迹和耀眼人生履历，对冯子恭触动很大，影响至深。此后他的求学路线和人生规划，也多多少少都能看出些“参照对标”的影子。在湖北省立外语专门学校读书的时候，冯子恭遇到的最大难题，不是学业上的挑战，而是生活上的困难。当时由于家里负担过重，加上他离家后生意困顿，接济起来非常困难，甚至连学费都不能如期汇寄，“大有辍学之势”。

为解燃眉之急，冯子恭利用暑假时间前往汉口租界做小工，“播石子，修马路，作清道夫”，千方百计、千辛万苦地想办法赚钱。功夫不负有心人，一个暑期下来，除食宿花费外，竟还可剩余“大洋三十余元作学费补充”。

民国三年（1914）八月，仅读了一年语言课程的冯子恭，碰上一个很好的挑战机会。当时适逢省府公开招考公费留英学生，冯子恭决心放手一试，遂奋袂报考。放榜结果出来时，冯子恭欣然发现“正取三十名，备取六名”的名单中，自己的名字荣列“备取”一栏。大概觉得机会渺茫，也为防万一，冷静下来的冯子恭怀着“一颗红心，两手准备”的打算，继续勤工俭学，去公路上打小工，为筹集下一个学期的学费而辛劳奔忙。

转眼到了复试环节，英国方面特地从香港大学抽调两名“洋”教授，来武汉亲自面试录取的新生，整个过程要求完全用英语会话，解答问题。当时六名备取考生也蒙召参加了面试，后来有三名被正式录取，冯子恭就是其中之一。

当时复试时间已近寒冬，面试的英国教授看见冯子恭衣着单薄，不但没穿棉衣，甚至连双袜子都没有。问明情况后，善良的面试官当即建议湖北省政府特事特办，先行垫付给冯子恭“服装费三百块银元，安家费一百块银元”，并说明这些费用会“在庚子赔款余额中扣抵”。

幸运的冯子恭大是欢喜，他先是将一百块银元的安家费汇寄家中，以缓解家中的经济压力，然后才安心出洋，赶赴英国，就读伦敦大学预科。

身处大时代漩涡的冯子恭，纵是有幸运女神眷顾，却依然无法躲避历史巨浪的冲击。在伦敦大学就读预科不到三个月，因第一次世界大战战事吃紧，大学停课，临时疏散学生而转读香港大学。他先是入工科机械系一年，后改读文科，转入政治外文系四年。民国九年（1920），25 岁的冯子恭顺利完成学业，分别获授文学学士和理学学士学位。

二、孙先生的革命信徒

在极端混乱的情势之下，冯子恭宁愿冒着生命危险，去保护“五权宪法”演讲手稿的影印件文献，是因为在他心中，这是历史意义重大的革命圣物，也是他信奉的革命真理化身。

“五权宪法”的守护人

毕业之后的冯子恭，虽说很快就被上海的一家英商洋行聘用。可在他的内心深处，并不甘走“做小职员，当洋买办”的安稳平庸之路。和当时大多数热血青年一样，冯子恭渴求思想真理，期望寻找更好报效国家，服务民众的革命道路。

就在冯子恭毕业的这一年，孙中山先生在广州重组军政府，反对北洋军阀，史称“第二次护法运动”。当时孙先生提出“在广东实行建设，以树全国之模范，而立和平统一之基础”的政治主张，颇让冯子恭耳目一新。加上对孙先生的领袖风范早就仰慕已久，冯子恭决定去上海就职之前，先到广州一趟，看是否有机会拜谒孙先生。冯子恭也知道他这样无足轻重的年轻人，拜见领袖的机会很是渺小，可内心的热血冲动还是促使他大胆一试。他冒昧地给广州军政府投了一个名刺，以香港大学校友的身份，要求拜访孙中山这位老学长，没想到很快就获允接见。

孙先生不顾政事军务繁忙，也全然不惧敏感时期政治行刺的人身风险，竟以总统之尊，痛快答应接见一个他素不相识的青年学生。这让冯子恭颇是惊诧感动，也倍感意外和荣幸。

孙先生雅量丰姿，雍容大度，以平等之姿态，和蔼之语调和冯子恭相谈甚欢。他听了冯子恭的工作打算，正色告诫：“以中国造就之人才，为洋人做奴隶使用，

◀ **孙中山和宋庆龄的合影** 1920年，孙中山回到广州，重举护法旗帜。

实属耻辱”，接着又晓以民族大义，鼓励其认清形势，在“中国正需要革命，更迫切需要革命人才”之际，鼓励其加入国民党，从事革命大业。

见面晤谈之中，孙先生的革命理论让冯子恭大为倾倒叹服，认为这才是“真正伟大人物的感觉”。其春风化雨的谆谆教诲，既让冯子恭茅塞顿开，又让他热血沸腾，当即表示“敬谨追随，服从领导”。

第二天，在中国国民党广州特设办事处，冯子恭填写誓约，并由国民党重要元老张继、田桐两位先生做介绍人，孙先生为主盟人，举行了简朴且隆重的入党宣誓仪式，正式成为一名中国国民党党员。同日，冯子恭给上海的英商洋行发了一封请辞电报，主动断了自己的大好“钱”程，从此甘守清贫，专心革命。

留在广州的冯子恭，最初的工作是在国民党党部负责宣传，同时办理孙中山先生的讲演记录与出版事宜，很快又因个人能力突出，被调任为“非常大总统府”秘书。民国十年（1921）三月二十日，孙中山先生在广东省教育会系统讲演“五权宪法”时，即由他全程陪同，并亲作笔录。

“五权宪法”是孙中山先生所创议，优于欧美三权政治理想，是实行“三民主义”民主政治的最基本大法，是他对于民主体制的精心设计和刻意追求，也是“三民主义”学说的重要组成部分。在中国近代革命史和思想史上，有着非常重要的文献价值和政治意义。而其思想要义全在这一篇演讲稿中。

孙中山先生演讲时，冯子恭全神贯注，专心谨慎地将每一句话、每一个字都速记入稿，会后亲手整理成文，缮录清楚，呈奉孙先生亲笔校阅修正后，再奉交《广东群报》公开发表。对于孙先生亲笔修改的“五权宪法”原始讲演稿，冯子恭一直视作珍宝，贴身携带随行，并影印多份进行保存。

在第二次护法运动中，孙中山先生显示了他要建立一个不同于南京临时政府、第一次护法军政府，而以“五权宪法”为目标的新政府志向。然后，踌躇满志的他，却再次被无情的政治现实和霸蛮军阀所打击。民国十一年（1922）六月十六日深夜，孙中山曾经最信赖的军阀将领陈炯明突然发动叛变，炮袭总统府，火烧粤秀楼。因事起仓促，睡梦中惊醒过来的冯子恭来不及起身换衣，穿着睡衣，怀里紧护着“五权宪法”原稿，冒着枪林弹雨，直接冲出了火海。

在极端混乱的情势之下，他宁愿冒着生命危险，去保护“五权宪法”的真迹文献，是因为在他心中，这是历史意义重大的革命圣物，也是他信奉的革命真理化身。

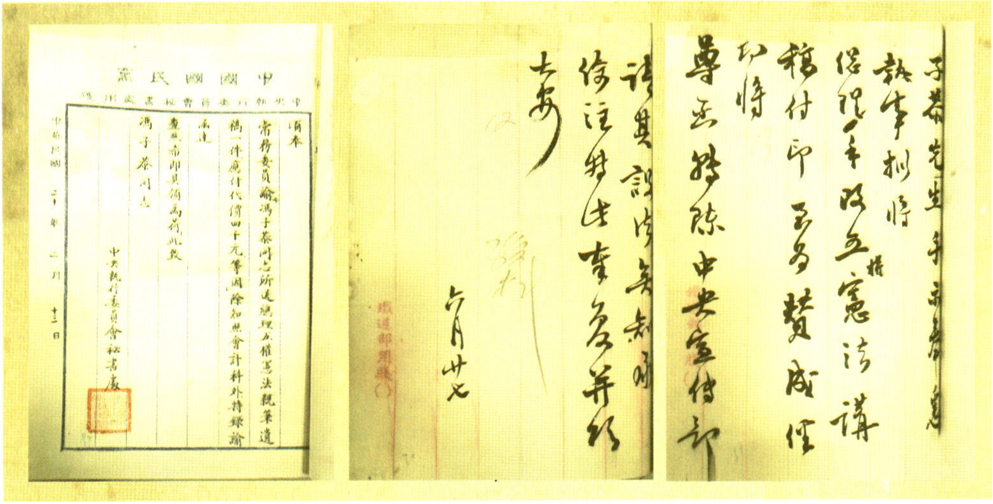

▲（左图）民国二十年（1931）二月十三日，冯子恭将孙中山先生的“五权宪法”讲稿亲笔遗稿，交付国民党中央执行委员会秘书处后的回执及奖励

▲（中、右图）民国二十年（1931）六月二十七日，孙科回复冯子恭的信件，赞成将孙中山的“五权宪法”讲稿付印（供图／咸丰县档案馆）

共产党员的同路人

“第二次护法运动”失败后，冯子恭追随孙中山先生避走上海，改任国民党总部交际干事。此后两年多的时间，冯子恭与一大批重要的共产党人，发生了颇有意味的人生交集。有意思的是，早在冯子恭加入中国国民党的第一年，信仰三民主义的他，就同时对共产主义产生了兴趣。当年他还饶有兴趣地翻译了马克思《资本论》英文版的一小册，并在广州《晨报》上公开发表。

民国十一年（1922）十月，一所很特别的革命学校——上海大学在上海闸北区青云路青云里成立。这所学校由国共合作创建，校长是国民党元老于右任，副校长由当时还是中共党员的邵力子担任。此外，共产党人邓中夏任总（校）务长，瞿秋白任教务长兼社会学系主任。而瞿秋白主管的社会学系不但是学校最大的系，而且公开以学习马克思主义的基本理论为主。

这所国共两党合办的大学，实际上是一所以共产党人主导的新式革命学校，被誉为“红色学府”，规模虽小，可影响力颇大，当时社会上就流传着“北有北大南有上大”，“武有黄埔文有上大”的说法。颇具革命新气象的上海大学，会举办特别讲座，经常邀请国共要人、社会名流和各界贤达来做专题讲演，其中就有李大钊、廖仲恺、蔡和森、施存统、恽代英、刘少奇等不少的共产党要人，以及田汉、周建人、

▲上海大学校门 位于上海闸北区。

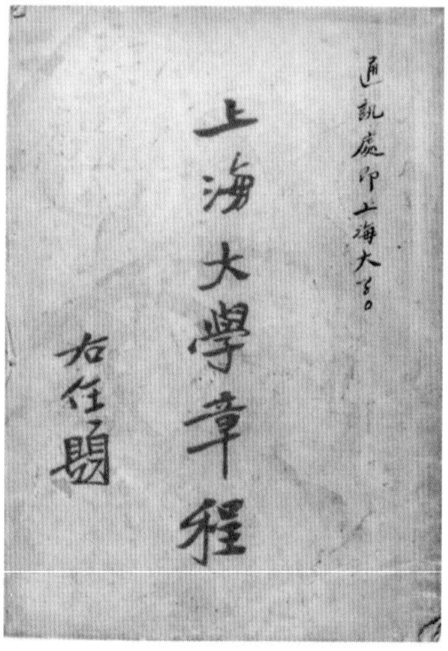

▲上海大学章程 由于右任亲自起草。

沈雁冰、郑振铎等进步文人。

孙中山先生当时也很支持上海大学，并担任该校的名誉校董。冯子恭作为他的秘书，因才情和实力被积极举荐，成为该校的英文教授，同时在中国文学系、英国文学系与社会学系开课授业。另外，他还和邓中夏、瞿秋白、陈望道、邵力子等9人，被推选为学校最高级别会议——评议会评议员。此外，他也是校舍建筑委员会的委员。

值得一提的是，瞿秋白曾于1916年在冯子恭的母校——湖北省立外语专门学校上过学，算是冯子恭的校友、小学弟。想来两人除了工作上的密切交往外，生活中也应该是好朋友吧。

与蒋介石的小隔阂

民国十三年（1924）一月，中国国民党在广州召开第一次全国代表大会，孙中山确立实行“联俄、联共、扶助农工”三大政策，国共合作进入一个甜蜜时期。此时的冯子恭，跟随孙中山先生再次南下广州，出任大本营交际部秘书及驻沪办事员。第二年，又调任外交部驻广西交涉员公署外交科长，不久又奉命代理交涉员兼梧州市党部常务委员和组织部长。

在梧州期间，冯子恭联合一群共产党人，创办《农工日报》，亲任社长兼总编辑，同时组织梧州市总工会，宣传并实行孙先生“联俄、联共、扶助农工”的三大政策。在此期间，还与共产党同志努力合作，搞了一次小规模罢工运动，并为香港华工大罢工运动筹资支援过一部分费用。

然而，自从国父孙中山先生在北平逝世之后，国民政府内部就因是否坚持三大政策，是否继续与共产党合作而闹分歧。到了民国十六年（1927），也就是北伐战争的第二年，国民政府事实上已经分裂为南京（蒋介石等领导）及武汉（汪精卫等领导）两个政府。

有意思的是，冯子恭在广西忠实执行孙中山三大政策，与共产党人精诚合作的同时，他在武汉读书的两个弟弟，老二冯子楠和老三冯子权，也先后悄悄参加了中国共产党。特别是冯子楠，在参加武昌农民运动讲习所培训的1927年年初，就正式加入中国共产党。后受党的派遣，奔赴家乡咸丰，在中共咸丰县支部书记黄兴武同志的领导下，开展建立农民协会等工作。当年他从武汉带回的《湖北省农民协会告农民》，如今依然珍存在恩施州档案馆里。

▲ 1933 年，冯子恭、王兆晖夫妇与女儿冯家穗合影（供图 / 冯炳刚）

回过头来再说冯子恭。由于他自孙中山逝世后，就一直留在广西工作。在当时派系林立的国民党内部，自然被认为是桂系李宗仁的人。李宗仁也很认可冯子恭的能力，视其为心腹骨干。

民国十七年（1928），在北伐战争中立下赫赫战功的李宗仁，兼任国民党中央政治会议武汉分会主任，湖北成为桂系的势力范围，冯子恭也终有机会离桂返鄂，任武汉分会秘书一职。

只是政治风云变化太快，民国十八年（1929）三月，“蒋桂战争”爆发，蒋的部队旋及攻占武汉，桂系部队败退，两个多月后，李宗仁通电下野。作为桂系李宗仁的人，冯子恭也难逃干系，为躲避政治报复，只身逃到上海，寄寓法租界。

在上海期间，因为同情桂系，又不满蒋的独断专行，冯子恭与四川人孟寿椿、湖北人李穷民共同创办了小型报刊《上海午报》，对蒋大肆攻讦。恼羞成怒的蒋介石，密令淞沪警备司令熊式辉查封，只是因为租界是治外法权之地，无从下手而作罢，但冯子恭与蒋介石的政治恩怨，就此埋下伏笔。

冯子恭反蒋的政治立场从来没有发生过改变。民国二十年（1931），李宗仁东山再起，联合国民党内部其他反蒋势力，在广州成立革命国民政府。冯子恭出任国府政务委员会专门委员，掌控建设部门，后又改任审计处审计，同时兼任中山大学教授。民国二十五年（1936），两广事变爆发，为达成抗日民族统一战线，李宗仁为代表的新桂系与蒋介石达成妥协，解散广州革命政府，服从南京领导，不再争夺中央名器。

冯子恭知道，蒋介石并非“不念旧恶”的君子，自己这样的政治旧人，在统一后的中央政府里，会很快被边缘化，政治前途暗淡，遂辞去一切政府职务，继续在中山大学执教，安心做一名教书匠。

民国二十六年（1937），曾是桂系二号人物的黄绍竑，出任湖北省政府主席。黄绍竑与冯子恭是认过干亲的金兰之交，也高度认可冯的才华，所以想保荐冯子恭出任湖北第十区（恩施地区）的行政督察专员。

冯子恭很清楚蒋的为人，他说：“蒋介石可能不会批准，第一，我与桂系太过亲近；第二，我原来在上海法租界办《上海午报》，多次指责过他。”黄替他宽心，安慰说：“不要紧的，用人唯贤唯才，有我负责。”可结果不出冯的所料，在黄举荐的官员名单上，蒋介石独独把“冯孟寅”三字一笔勾销。

冯子恭字“孟寅”，就如蒋名中正，字介石一样，是其公共场合通用的官名。蒋介石在官员名单上划掉“冯孟寅”，就说明他还记恨冯子恭。冯为掩人耳目，也不再招惹政敌猜忌，此后对外不再提“冯孟寅”，而以“冯子恭”示之。

黄绍竑后来只能在职权范围内，委派冯子恭去大冶县（今大冶市）做一个小小的县长。大冶县的大冶铁矿，隶属中国近代史上最早，也是最有名的现代化钢铁联合企业汉冶萍公司，年钢产量在清朝末期，曾占全国的90%以上。民国时期，大冶的矿厂依然有着极其重要的经济地位和军事价值。

冯子恭到任时，正值中日问题日趋恶化，狂妄又贪婪的日本商人常去矿上无理挑衅，滋酿事端，欲谋霸占。黄绍竑派冯子恭前往，就是想发挥他以往的经验优势，应付“对日局部外交”。只是还没来得及展开工作，中日战事爆发，冯子恭的“外交”能力遂无用武之地。民国二十七年（1938）十月中旬，武汉会战已接近尾声，日军在付出极其惨重的代价后，开始合围武汉，大冶县周边的阳新县很快失守，冯子恭也无奈应命撤离。

▲ **“愈炸愈强”抗战标语** 从1938年2月18日至1944年12月19日，日寇对重庆进行了长达6年零10个月的战略轰炸，坚强的重庆人民并不屈服，“愈炸愈强”的标语随处可见。

三、要员们的朋友情谊

在派系林立的国民党内部，冯子恭虽被划为桂系的人，可他为人正派，作风严谨，工作能力又很突出，加上又爱仗义执言，所以在朋友层面，他并不受派系制约，无论政界，还是军界，许多国民党的元老和各派要员，对他都敬重有加，礼遇多多。

军界朋友

需要说明的是，在派系林立的国民党内部，冯子恭虽被划为桂系的人，可他为人正派，作风严谨，工作能力又很突出，加上个人修养极好，又爱仗义执言，所以在朋友层面，他并不受派系制约，无论政界，还是军界，许多国民党的元老和各派要员，对他都敬重有加，礼遇多多。

就在冯子恭奉命离开大冶县，挈眷回家，途经宜昌时，时任国民党第一战区副司令长官刘峙主动召见了他。

刘峙是蒋介石的爱将，也是桂系的老对头，当年蒋桂战争时，就是他带兵攻占武汉，驱逐桂系部队离鄂的。如今国难当头，颇有大局意识的刘峙不计前嫌，主动召见冯子恭，并加以重用。由于当时刘峙刚刚兼任鄂湘川黔边区绥靖主任，正准备在川东黔江筹设公署，所以聘任冯子恭为绥署务议，主管边区人事。

民国二十八年（1939）春，因战事关系，刘峙调任为重庆卫戍司令，又要求冯子恭跟随赴任。在重庆大后方，冯子恭不但没享受安稳的日子，还经历了离死亡最近的一次战争遭遇。

这一年的5月3—4日，日机从武汉起飞，连续两天轰炸重庆中心市区，并丧心病狂地大量使用燃烧弹，造成3991人死亡，2323人受伤，损毁建筑物4889栋，约20万人无家可归。冯子恭当时的处境非常危险，一枚航空炸弹在离他仅数米的地方爆炸，一时响声震天，泥土飞扬，左膝被碎片严重炸伤，还差点活埋在被炸毁的大防空洞里。

受伤的冯子恭在乡间养了几个月后，因身体不便，向刘峙请辞了官方职务，返回咸丰乡里。在家乡的日子，身闲心不闲的他，又在县城东门沟创办纺织生产合作社，通过生产自救来支援抗日。

民国二十九年（1940）六月，宜昌沦陷，恩施成为湖北省临时首府和第六战区的大本营。曾经在广西梧州共事的老上级，时任湖北省政府民政厅长的张难先，盛邀他出任湖北省政府视察，继而改任第六战区党政分会宣传委员会常务委员。值得一提的是，当时国民政府军委会党史政总会主任是李济深，副主任是程潜。冯子恭的这个职务，很可能和程潜的举荐有关。

程潜和冯子恭是老相识，1920年孙中山在广州组建军政府时，程潜是陆军次长，后又升任大元帅府大本营军政部长。两人在追随孙中山革命的过程中，应多有工作交集。对于程潜的才智，冯子恭一直敬佩有加，也曾在关键时刻救过程潜一命。

冯子恭曾给家人讲过一件政治逸事。大概是1927年下半年，在他离开桂林到武汉任“中央政治会议武汉分会”秘书时，因军政事件和内部斗争，程潜突然被李宗仁以“中央政治会议”名义扣押在汉口，关押的地方就是分会所在地三楼，冯子恭是负责办理此案的关键人员之一。

冯子恭爱惜程潜的人才，又是旧识故交，故向李宗仁进言，意欲开脱。李宗仁说：“汪主席（汪精卫）欲加害之。”冯子恭回道：“程潜能左右湖南。湖南是粤桂门户，逐鹿中原，十分重要，请主任考虑。”这番话很中野心勃勃的李宗仁下怀，甚表同意，叫冯子恭转告程潜安下心来，他负责相机排解。最后程潜成功获释，免遭杀身之祸，应该很大程度上与冯子恭的适时进言有关。

时任第六战区司令长官的陈诚，对冯子恭也颇为尊重，礼敬有加。后来党政分会撤销，冯子恭又被调任为湖北省政府参议，同时兼任恩施“湖北师范学院”总务长（也当教授上课）。陈诚每次公干要到咸丰，总会派人来问冯子恭，要不要回家看看“老太爷”。

据冯子恭的家人回忆，冯的确不止一次坐陈诚的小汽车回家看望老父亲。对于政治上已经边缘化的冯子恭而言，这是莫大的荣耀。

政界大佬

民国三十二年（1943）夏，国民党中央大员居正、孔庚慰劳鄂西会战大捷的国军将士，也顺道来咸丰看望冯子恭。居正和孔庚都是湖北人，也是国民党元老级的大人物。

居正曾在1912年南京临时政府任内政部次长，还被孙中山委任过国民党总务主任，时任南京国民政府司法院院长，也是国民党国防最高委员会委员之一；孔庚1921年被孙中山任为大本营参议、军法处长，1925年任黄埔军校少将教务长，兼军校编译局局长，1927年任湖北省政府主席，当时在党内威望颇高，1941年70岁生日时，蒋介石还亲书“寿”字屏相赠。

这两位国民党元老在年龄上和冯子恭相差20多岁，都近古稀年龄，但对于一起战斗过的革命小友，还是颇有感情的，所以才不顾年高体迈，也不怕山高路远，特意来家拜访。

据冯子恭的儿子冯家焘回忆，当时两位大人物都是和爷爷年龄相仿的老人，穿着长袍，不苟言笑，他和姐姐家穗一起装烟奉茶，忙得团团转。当时冯子恭家境清贫，怕招待不周，怠慢贵客。孔庚替他宽心道：“今天我们决定就在你家吃饭，便饭最好，我们是来叙旧的，不是来吃喝的。”

冯子恭于是放下心来，就近请来当地厨师来家置办酒席，几人把酒言欢，共忆旧事，其意绵绵，其乐融融，终成一段历史佳话。

这一年的8月，前国民政府外交部部长、行政院副院长、国防最高委员会秘书长，时任成都行辕主任兼四川省主席的张群，也在第六战区长官陈诚和咸丰县长徐鼐的陪同下，来咸丰看望冯子恭。

这次会见给冯子恭的儿子冯家焘留下深刻的印象。他记得这位大官身体很结实，有一张长长的脸，穿着呢制中山服，讲一口浓浓的四川腔官话。张群和冯子恭畅谈了差不多两个小时，离开时，还特意向冯子恭讨要了一份八页的“五权宪法”影印件，然后满意离去。

四、大土匪的座上贵宾

为了地方百姓的安宁，也为帮助政府解除匪患，安靖地方，冯子恭欣然同意了瞿的要求。于是，冯子恭坐着土匪抬的滑杆，和程潜派来的招安专员刘咨议，一同前往湘西龙山的匪部巢穴，晓以国家大义，列以优厚条件，终是劝说成功。

招安巨匪瞿伯阶

民国三十四年（1945），抗战胜利，颇受诸多国民党要员青睐的冯子恭，本有更好的政治前途，可刚过 50 岁生日的冯子恭决定放弃官场，归隐山林。

他大概真是厌倦了国民党高层无休无止的内斗和不可言说的腐败，加上他的夫人王兆晖女士因病过世，心中难抑丧妻之痛，又顾念老父年迈，子女尚在稚龄，因此心灰意冷，无意再入仕途，遂在知天命的年纪，辞官归乡。

回到咸丰县的冯子恭，先被推举为教育界的参议员，后又因其名望被选举为县参议会议长。只是地方派系势力斗争激烈，民主难行，正事不干，在职数月，竟然“一利未兴，一事未办”，遂拂袖辞职。

为了服务桑梓，冯子恭后来又领命担任咸丰县立中学校长。民国三十六年（1947）春夏之际，“咸丰联中”闹起学潮，数百学生以轰轰烈烈的革命动作，围追国民党城关镇镇长王孟陶，并围攻“王国大”（国大代表王俊庵）住宅。冯子恭同情学生，甚至暗中鼓励，因此被当时的反动势力视为眼中钉，并以“共（产）党嫌疑暴动抢劫”等罪名上诉控告，遂被撤职查办。这一年冯子恭还做了一件很特别、也很有意义的事情，那就是协助国民政府，对大土匪瞿伯阶进行招安。

瞿伯阶生于 1900 年，湘西龙山老兴场贾田溪人，人称“鼠大王”，是湘西土匪中最特殊的一个。和一般粗野霸蛮，只懂烧杀抢掠的土匪不同，他颇有一套笼络人心的手段，曾和属下约法三章：不强奸妇女，不抢耕牛，不得罪“干人”（穷人）。讲谋略、懂套路的瞿伯阶，也因此成为势力最强的土匪，有近万个人，上万条枪。他的影响力也最大。该匪以龙山为中心，辐射范围十分广大，北至湖北宣恩、来凤、鹤峰、咸丰，东南至湖南的桑植、大庸、永顺、保靖、古丈、沅陵，西南至四川的黔江、酉阳、秀山和贵州的松桃，在湘鄂川黔边区30多个县横行多年，官兵多次围剿无果，反而是越剿越强，越剿越大。

时任武汉行辕主任的程潜，无奈改变策略，想通过招安的办法来解决这个难题。有意思的是，大土匪瞿伯阶竟然也早有被招安的打算，而且很懂得把控时机，并主动写信向冯子恭求助。

瞿伯阶虽是土匪，但很讲策略，他折腾的终极目的，就是被官府重视，让政府收编，然后洗白上岸。不可思议的是，有好几位黄埔军校高才生，竟然早早主动投靠了他，并帮他积极出谋划策。所以瞿伯阶的情报很灵通，他不但知道冯子恭和程潜是故交，而且知道冯子恭曾在武汉分会解救过程潜的危难，写信的目的，就是想请求冯子恭从中牵线，通融帮忙。巧合的是，瞿伯阶手下有一个团长叫邓柏林，是冯子恭的亲戚，他主动请缨，牵线搭桥，带着瞿伯阶的亲笔信，专程下山，到咸丰迎请冯子恭。

为了地方百姓的安宁，也为帮助政府解除匪患，安靖地方，冯子恭欣然同意了瞿的要求。于是，冯子恭坐着土匪抬的滑竿，和程潜派来的招安专员刘咨议，一同前往湘西龙山的匪部巢穴，终是劝说成功。5月13日，龙山招头寨举行隆重的收编接印典礼，瞿部被改编为国民革命军暂编第十师，瞿任少将师长。当时《新湖北日报》特地报道了此事，并以“倦鸟欲还，瞿伯阶携械投诚”为题，在该报显要位置大号刊发。

需要补充的是，后来也是在冯子恭的斡旋下，解决了瞿伯阶改编后最在意的“服装薪饷、补足枪弹，以及同意不调离，就近驻防”的三个要求。瞿伯阶十分欢喜，也很佩服，连连拱手称呼冯子恭为“老先生”。其实，冯子恭仅比他年长5岁而已。这一年的秋天，冯子恭前往汉口，向程潜主任面陈招安经过。

在汉口逗留的两个月期间，洞察到在蒋的统治下“政治设施贪污腐化残暴紊乱达于极点”，不胜愤慨，也颇感失望，遂有“危邦不入，乱邦不居”之感，回乡后整整一年，他都在家静休，深居简出，不再过问时事。

二上龙山土匪窝

民国三十八年（1949）春，冯子恭被恩施第七高中聘任为英文教员。七月份左右，时任鄂西行署主任朱怀冰又登门求助，缘由是当时瞿伯阶的小股部队，正在来凤县属的百福司一带索粮滋扰，设卡收税，因为知道冯子恭和瞿伯阶有交情，所以请求冯能出面交涉。

冯子恭为家乡利益计，毫不推脱，亲自到龙山找瞿伯阶。瞿伯阶答复得十分慷慨，他说："不看僧面看佛面，老先生来了，天大的事情也好说，这只是小事一桩。"随即叫秘书写信，命令属下即刻撤离百福司，并在信上面盖章，亲笔画上三个"十"字，派人飞递送达。为了表示诚意，还特地留冯子恭在山上玩耍了两天。

冯子恭返回恩施时，路过来凤，还特地到来凤县政府打电话问百福司区署，报告瞿部已经撤走。冯子恭很是欣慰，半开玩笑地给友人说："这次赴龙山活动，省府给了老朽七十元活动费，瞿伯阶给了老朽一块面子。"当然冯子恭也很给瞿伯阶面子。当时冯上山拜会瞿伯阶时，瞿已病入膏肓，8月上旬在龙山太平山病故。冯子恭亲自前往吊唁，还特别代请鄂西行署主任、老资格军长朱怀冰，给新十师师长瞿伯阶"点主"（请贵人用朱笔补上灵牌上"主"字一点的传统丧葬礼仪）。

9月1日，长沙程潜、陈明仁起义的消息传来，还在山上帮助料理的冯子恭，趁机向瞿的族弟瞿波平（瞿的继任者）建议，应乘机在龙山起义反正，并自告奋勇可前往解放军接洽。冯子恭有条件，也有底气，因为他的两个弟弟都是共产党员，而且他早年也与许多共产党要人相识。

遗憾的是，瞿波平太过年轻，缺乏政治谋断能力，一直迟疑不敢决定。当时从宜昌溃逃至恩施的宋希濂，刚刚成立了川湘鄂黔边区"最高决策委员会"，兼任主任委员，不知从什么渠道知道冯子恭在"挑拨瞿部勾通红军"，特意致电告诫瞿波平要"谨慎行动"。冯子恭看到电报，知事已败露，赶紧悄悄离开龙山，返回咸丰潜居，不敢再回恩施。

1949年11月，人民解放军进军西南，蒋的几个军部争向湘西鄂西一带溃逃，一些部队趁机骚扰抢劫，当时咸丰秩序混乱，人心恐慌，冯子恭迫不得已携带幼小的子女逃到乡下躲避，但80岁高龄的老父亲却坚持留在家里不走，欢候当时已经加入解放军的老三冯子权回家。

五、后半生的沉浮往事

冯子恭有自己骄傲的文士傲骨，有自己遵循的君子风范，也有自己坚守的思想底线，他自我批评的“矜骄傲满”和“自诩聪明”，其实只是中国传统读书人最在乎的“慎独”态度，更确切地讲，是勤于思考的独立难得精神。

入狱

虽说家里出了两个共产党员，可对冯子恭而言，共产党和中华人民共和国对他都还是陌生的。

革命奋斗了大半生，追随孙中山先生有年，且忠诚执行过“联俄、联共，扶助农工”新三民主义的革命信徒，却尴尬地发现，他并不能理解天翻地覆的革命新时局。走不出旧时代影子的他，只好在家闭门静思，不再过问时事。

大概整整一年多的时间，冯子恭都闲居在家，未出门半步，可他不问时事，时事却主动过来找他。1951 年 3 月，历史背景和个人经历都太过复杂的冯子恭，被押入县公安局看守所，要求认真反省。6 月，政治压力升级，提出要斗争，后通过刑讯的手段逼他“交出夜明珠两颗、大洋五十元、手枪一支”。此外，“家中衣物及书籍四万余册悉被搬走，寸草未留，名曰清算交还人民”，更可怜的是，年过 80 的老父亲也因为惊吓过度而逝去。对于这一段炼狱般的经历，冯子恭在后来的个人自传中痛苦地形容那是“一幕极惨酷的神怪小说似的活剧”。

被抄家之后，冯子恭又以“参加胡汉民领导的广州国民政府危害人民罪”，判处有期徒刑三年（1951 年 3 月至 1954 年 3 月）。9 月，冯子恭被送进劳改队进行劳

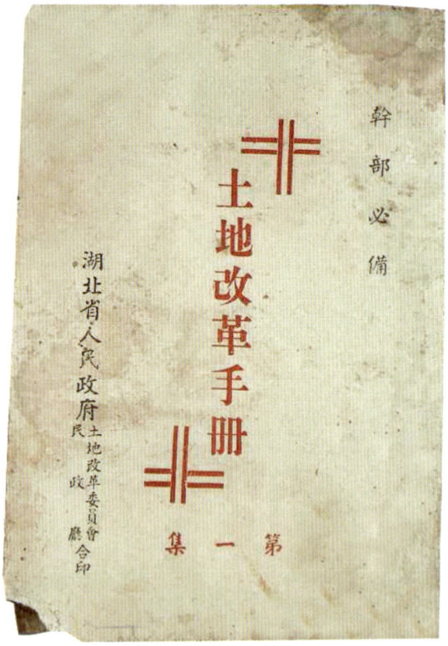

◀《土地改革手册》20世纪50年代初，湖北省人民政府印制的《土地改革手册》。

动改造，被关了不到半年之后，承蒙“政府宽大、人民宽恕，经群众大会一致通过”，又被释放回家，重做新人。

可是被宽大处理的冯子恭，释放后却发现一个更凄凉、更尴尬的事情，那就是有家不能回，或是无家可回。因为他被抓进去之后，因为被划为地主成分，“所有房屋田土均被没收”。万般无奈的他只好硬着头皮给政府写信，细细解释自己的家庭条件，根本算不上地主。

1953年，58岁的冯子恭谦卑又恭敬地给政府写了一封带有自传性质的思想汇报信，或叫个人悔过书。在信中，他详细介绍了自己家庭的经济情况：中华人民共和国成立前三年，他和同胞弟兄三人合住，一直没有分家割居；家中共有男女大小十二口人，也仅有两幢房屋；祖上遗留下的田地，总共也就十余挑（约3亩）的苞谷地，因家里缺乏劳动力，所以将田地出租给他人，每年的收益，也就“苞谷数斗、大谷两三石”而已。他还进一步解释说，数十年来，全家生活的主要来源，全靠父亲教学、母亲针织和他们弟兄三人工作薪给来维持。

冯子恭在信中含蓄地提出一个小小的异议，认为按政策规定，他的家庭成分应该是“小土地出租”，而不是“地主分子”。写这封信的目的，也是期望政府能给条活路，给家庭争取点好过的机会。在当时的政治高压环境下，冯子恭其实已经非常小心，他一再声明："我们虽不甚了解法令，也未敢过问。"

在信的最后，小心谨慎的冯子恭还特别强调："我们全家始终站在革命立场，信仰马列主义，拥护人民政府的，对这些严格处分，认为其中自有真理，我们应当衷心接受，毫无怨尤的"。

而对于个人的思想变化，他也认为已经大彻大悟，并惭愧地表示：

过去东奔西跑流浪了数十年，对国家、对社会、对人民没有丝毫贡献，在表面上虽说是靠搞工作吃饭，有时也跟着别人喊革命口号，究其实际上仍是个不事生产的消费者，完全过的剥削生活，与窃盗何异？而恶实在不小，自应遭受不可原宥的酷刑和苦难，我真愧对劳动人民了。

按道理说，这封信写得很是诚恳，要求也不算高，可在当时过于讲政治正确的某些干部眼里，冯子恭是话中有话，并给扣上"对土改（政策）不满"的大帽子，再次判刑入狱。

转折

就在命运滑入最低谷的时候，冯子恭的人生迎来又一次戏剧性的转折。1954 年年底，最高人民法院院长董必武回鄂视察法制建设工作时，偶然问及"我们湖北那位保存《五权宪法》的有功之臣冯孟寅，现在在做什么？"陪同人员谁也不知冯孟寅是谁，不知如何作答。后来经张体学等省委领导的安排查询，原来"冯孟寅"就是咸丰的冯子恭。于是，他又一次被政府宽大处理，提前释放。

1955 年，人民政府开始大量启用旧的知识分子，冯子恭几乎冷却的心突然萌动，他先后给李济深、宋庆龄、黄绍竑等旧识的老领导写信，提出希望出来工作，为人民做一些有益的事情。宋庆龄很快就给冯子恭和咸丰县政府回信，予以肯定和支持。1957 年 5 月 6 日，经咸丰县人民代表大会（二届一次会议）选举，62 岁的冯子恭，光荣当选为咸丰县人民政府副县长。此后的冯子恭如获新生，不顾年迈体弱，常常不辞劳苦，深入穷乡僻壤视察工作，积极帮助群众排忧解难。

遗憾的是，当上副县长还不到大半年的时间，冯子恭的命运再次陷入过山车般的起伏转折。1957 年底，随着"反右"扩大化，冯子恭又被划为"右"派，撤去副县长职务，并交群众监督劳动。此后，他在大坝农场放牛，到小吃店收银记账，在

◀ 1961 年，冯子恭（中）与大儿子冯家熹（右）、二儿子冯家焘（左）合影（供图 / 冯炳刚）

县文化馆管理图书……直至 1961 年又幸运“摘帽”，并给予高级知识分子待遇。

1961 年 9 月 28 日，已经 66 岁的冯子恭，对于过去 12 年来经历的人生波折和政治风波，颇是感慨。他在《六七生日感怀》中痛骂自己大半生里，最大的错误就是“矜骄傲满真愚蠢，自诩聪明误此生”，并下定决心“衷心服膺唯真理，争取黄花晚节香”。

庆幸的是，此后五六年间，冯子恭没再经历大的波折，政治待遇还算不错，日子也算安稳，加上那几年中华人民共和国在科技、军事方面取得的惊人成绩（如胜利油田成功开发，人工合成结晶牛胰岛素，以及原子弹、导弹、氢弹接连实验成功等），让寻求了一辈子强国之道的冯子恭很是服气。他也因此心甘情愿地承认以前是自己真愚蠢，对思想的真理，对党的领导也表示出衷心的服膺。

然而，命运却好像和冯子恭开玩笑似的，总不愿意给他太长时间的平淡。1966 年 5 月，一场史无前例的“文化大革命”又无情地向他袭来。思想、心理和身体上再次被严重冲击的他终是挺不过来，一场重病彻底击垮了他。1967 年 1 月 15 日，冯子恭在咸丰县人民医院病逝，终年 72 岁。

纵观冯子恭的一生，有着太多的惊喜，也有着太多的坎坷，有着太多的传奇故事，也有着太多的人间悲剧。可无论命运如何起伏转折，他都能泰然处之，不计得失，不改其乐。得意时，依然会冷静地保管好中山先生“五权宪法”的演讲稿影印件，是因为他相信维护真理的重要；落魄时，便是替小吃馆收钱也要用英语记账，苦中作乐，是因为他懂得享受知识的美好。

冯子恭有自己骄傲的文士傲骨，有自己遵循的君子风范，也有自己坚守的思想底线，他自我批评的“矜骄傲满”和“自诩聪明”，其实只是中国传统读书人最在乎的“慎独”态度，更确切地讲，是他坚持一生的表里如一修为原则，也是勤于思考的独立难得精神。

风雨一生，荣辱半世的冯子恭，对于“误此生”的早期人生选择，或有些后悔，或有点不甘，可人生好坏的按钮，又岂能是个人所能控制的。

福祸相倚，命运无常，在时代面前，在未来面前，我们还都是个孩子。

参考文献

[1] 李享善 . 冯子恭事略 [M]// 政协咸丰县委员会文史资料委 . 咸丰文史资料第一辑 .1987.

[2] 冯家焘 . 我所知道的先父冯子恭的一些片断 [M]// 政协咸丰县委员会文史资料委 . 咸丰文史资料第一辑 .1987.

[3] 冯子恭 . 冯子恭自传 [M]// 政协咸丰县委员会文史资料委 . 咸丰的中国第一（咸丰文史资料第六辑）. 香港：中国文化出版社，1995.

[4] 冯钧 . 敬悼冯子恭先生 [J]// 台湾战地政务班湖北同学联谊会 . 湖北文献，1989. 第 10 期 .

[5] 滕树清 . 五权宪法传承人 [M]// 政协咸丰县委员会文史资料委 . 咸丰革命遗址 . 香港：中国文化出版社，2007.

[6] 闸北区志：第四十编专记·上海大学 [M]// 上海地方志 .http：//www.shtong.gov.cn/Newsite/node2/node4/node2249/zabei/node40628/node63411/index.html.

[7] 西江月 . 上海大学 不该遗忘的中共第一学府 [J]. 新华航空，2011，第 7 期 .

118

從自由而入於專制，西國歷史是從專制而入自由

極平等自由……而降及後世……專制如此不好……[illegible]

歷經[illegible]……[illegible]……外國人[illegible]……

[illegible]……外國有何[illegible]……不自由……人民不[illegible]

[illegible]……外國政治……[illegible]

自由常可死去。[illegible]……此回見當時外國政治爭之烈也。

[illegible]……是中自由……專制……中國古人

人民耕田而食，鑿井而飲，[illegible]是[illegible]自由的，而先王新說……帝力……

而[illegible]是來[illegible]人民極自由，亦無意要爭……當時人民有了充分自由，不

知自由之可貴。[illegible]……

不甚自由者

[illegible]……若不能知[illegible]歷史則與……

此不同，所以自從……以後，其地為帝國……只以民為……

許多……才有[illegible]，都是為自由而戰爭，從而奮鬥……

於自由，[illegible]有什麼[illegible]到？因為中國人[illegible]……

[illegible]知其何[illegible]什麼叫自由，中國歷代[illegible]皇帝……

人民皆[illegible]……[illegible]……

國人[illegible]……自由，近年有幾個[illegible]……

[illegible]……[illegible]得自由……中國人民是……

的[illegible]……[illegible]……

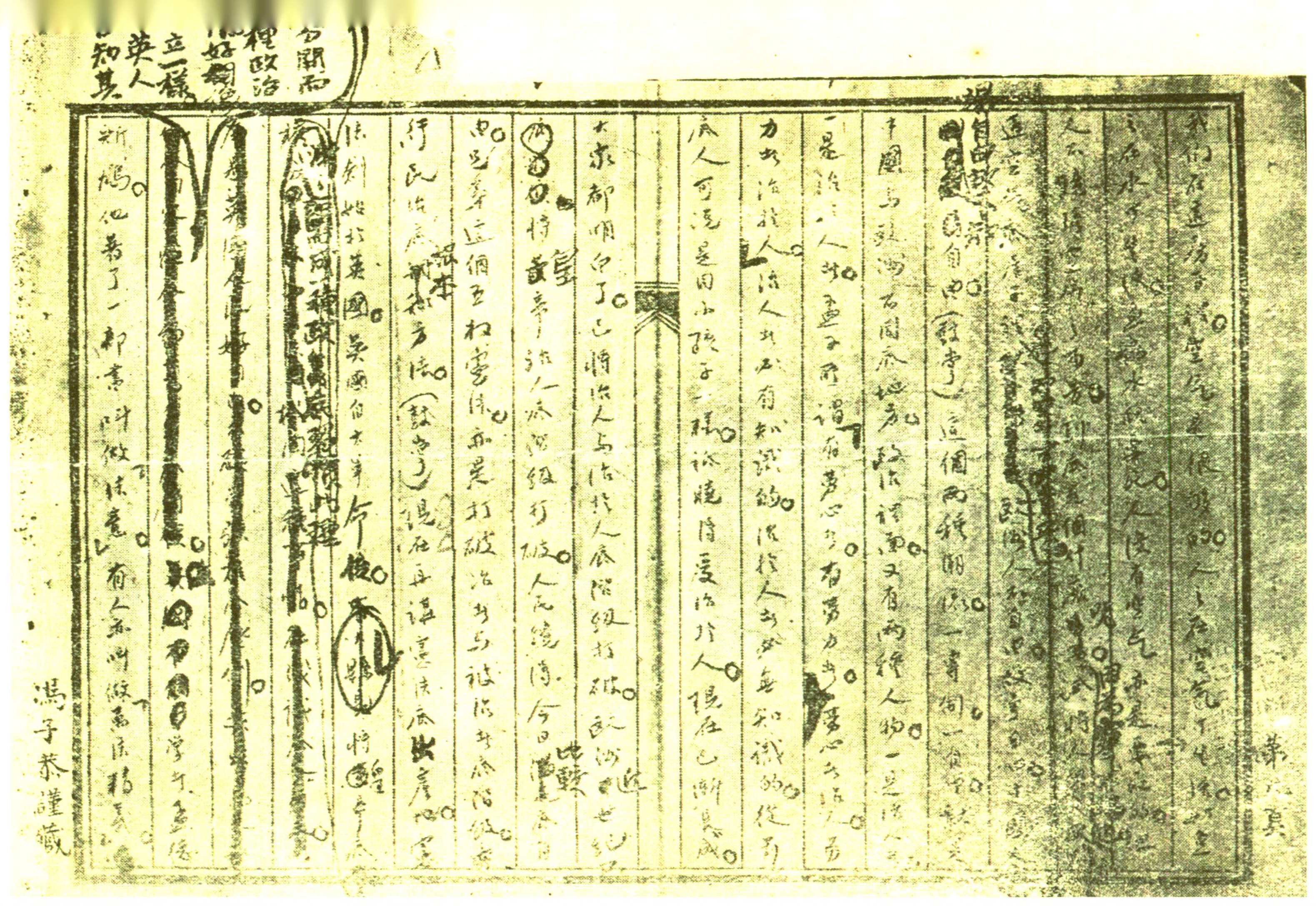

▲ **“五权宪法”手稿影印件** 冯子恭亲自抄录的孙中山《五权宪法——在广东省教育会讲演》手稿影印件，上面有孙先生亲笔修改的手迹。咸丰县档案馆现收藏有冯子恭留下的原始影印件。（供图／咸丰县档案馆）

第 三 章

红/色/群/英

第一节　红军将领庹万鹏

第二节　龙潭暴动话双杰

第三节　游击队长韦广宽

第一节
红军将领庹万鹏

庹万鹏(1901—1934)，湖北咸丰黑洞(今黄金洞)人，土家族。他生于光绪二十七年(1901)，其父庹国士为黑洞“神兵”四大团首之一。少年辍学后随父在刀枪丛中闯荡，后任黑洞“神兵”大队长。1926年率部参加四川讨贼军，两次打败追随吴佩孚的陆营长部。1931年，庹万鹏重整旗鼓，成为黑洞“神兵”第二代“总理”。

1933年8月加入贺龙领导的红三军，先任特科一大队大队长，后改任红三军第七师副师长，跟随贺龙转战湘鄂川边区。1934年7月，因战斗负伤回家养伤，因不愿被反动团防抓捕，自吞鸦片，慷慨捐生，时年33岁。中华人民共和国成立后，人民政府追认庹万鹏为革命烈士。

▲ **庹万鹏画像**（绘图 / 任靖雯）

一、传奇的“神兵”生涯

庹万鹏生性聪明，性格刚强，小时候也读过几年私塾，有一定的知识文化，但骨子里却随他的父亲，更爱舞刀弄棒，十几岁时就随父亲在江湖上四处闯荡，刀枪丛中摸爬滚打，从而养成了一副刚毅的性格，练就了一身过硬的本领。

“神兵”由来

清光绪二十七年（1901）十月十六日，庹万鹏出生在咸丰县一个叫黑洞（今黄金洞村茶园小组）的农民家庭。

虽说是农民，但家庭背景有些不一般。他的父亲庹国士在当地是个响当当的英雄人物。人长得威武，有一身高强的武艺本领，生性豪爽，很讲义气，又好抱打不平，在当地群众中很有威望。

庹万鹏生性聪明，性格刚强，小时候也读过几年私塾，有一定的文化知识，但骨子里却随他的父亲，更爱舞刀弄棒，十几岁时就随父亲在江湖上四处闯荡，刀枪丛中摸爬滚打，从而养成了一副刚毅的性格，练就了一身过硬的本领。

庹国士有一个特别的身份，他在黑洞“神兵”位列二号人物，也是民团武装四大团首之一。“神兵”是鄂西南一带很流行的一种带有神秘色彩的民间武装组织。光绪晚期，也就是庹万鹏的童年时期，由于清廷腐败无能，加上时局动荡，地方的治安形势非常糟糕，四川的土匪流贼经常会窜扰到鄂西一带烧杀掳掠，老百姓的生命和财产毫无保障，一直处在担惊受怕的恐惶之中。为了保护家园和人身安全，当地百姓被迫自发组织起来，每遇土匪骚扰时，就假借传说中一个叫张公夫子和白马将军的神祇护佑，齐心协力抵御土匪，自号“神兵”。

▲ **黄金洞** 名闻天下的黑洞“神兵”发祥地，当年“神兵”曾在此洞驻扎。（摄影/陈旭）

当时黑洞有一个名叫王锡九的秀才，先是借儒教的名义设立文坛，“借神道以传圣教”，预言祸福，调解纷争，扶贫济困，办理慈善，在当地民间颇有名望。后来又在五谷坪普济寺假“张公夫子”之威名，升坛布道，以迷信的方式开宣讲坛、发展会众，并定期组织庙会，接纳四方香客信徒，很快就造就了一个颇有影响力的民间的“神权”中心。

有了一定群众基础的王锡九将普济寺更名为精灵宫，后又修建武圣宫、金霞宫，自封“三宫敕令总理”。庹国士是王锡九最得力的助手，经常以民团首领的身份组织战斗。当时庹万鹏正值血气方刚，天不怕、地不怕的年纪，加上聪明机警，有勇有谋，庹国士一直把他带在身边，精心培养，委以重任。王锡九对庹万鹏也非常赏识，将他封为第一护卫和“神兵主礼”一职。

转眼清廷灭亡，改朝换代，可民国的天下依然不太平，新老军阀争城掠地，战事频繁，地方政局混乱，土匪横行，肆无忌惮。为抵抗无良军阀和凶蛮土匪滋扰，鄂西一带的老百姓只好自我武装，纷纷自保，“神兵”运动也随之大肆兴起。其中，起事最早、活动能力最强、影响最大的就是王锡九领导的黑洞“神兵”。

黑洞“神兵”

民国九年（1920），靖国军鄂西第三师吴醒汉部驻扎鄂西，以筹集军款军粮的名义，四处搜刮民财，加上奸淫掳掠，闹得民不聊生，呼天无路，反抗的情绪在周边的土家、苗民山寨里汹涌滋生。

这年9月，陈绍基团的夏参谋，从利川带着30余名荷枪实弹的士兵来到黑洞催粮催款，要求立马“交军谷96石，军饷5480吊”，否则以土匪论处。黑洞地贫人稀，又遭官兵土匪多次搜刮，已无力交付。王锡九鼓动大家说：“交不起就和他们拼！不拼也是上铁（指被抓被关）。”

10月2日清晨，庹万鹏等人带领数十名民团战士，头缠青丝帕，身穿黑长衫，腰捆白布带，扎着半边月（半边胸膀子露在外面），手持梭镖大刀，口念“打不进，杀不进，杀匪者保，后退者不保，歪拿东西不保”的咒语，直捣夏参谋驻处，接连击杀十余名兵痞，其余狼狈逃窜，民团战士这边则毫发未损。

借庹万鹏等人的英勇，如“神”相助，“刀枪不入”的黑洞“神兵”威名远播，也大涨当地人的志气和民众武力自卫的信心，王锡九遂决定正式组织农民武装，保卫乡里，除暴禁乱。他们打出“打倒军阀，消灭棒匪，不纳捐税”的旗号，把当地农民群众按乡编队，平常“寓兵于农”，自备刀枪矛斧。战事来时，土炮为令，炮声一响，群众即刻闻声云集；战事结束，则各自回家，继续务农。当时黑洞一带，家家都有人当“神兵”，人人都备有梭镖或大刀为武器。

当月，恩施的胡耀安、李德三，先后带兵来黑洞镇压，均遭大败，死伤20余人。12月16日，庹万鹏等人又率“神兵”700余人，主动攻打咸丰县城，击杀联军官兵200余人，此后又乘胜追击，攻占来凤县城。连下两城的黑洞“神兵”一时名声大噪。

不过，王锡九领导的黑洞“神兵”也颇有分寸，此后斩关夺将，攻城陷镇，打击的多半是外来的军阀或无道的土匪，一不骚扰群众，二不夺取政权，地方正当的粮税法令也一概交纳遵守，从不反抗。所以地方当局对其虽心存芥蒂，却也乐观有股势力可对抗扰境的各路军阀。甚至在某种程度上讲，正是他们的暗中纵容和支持，让黑洞“神兵”成长为保一方平安的正义力量。

民国十二年（1923）的夏天，匪化的毛坝“神兵”梁来健带领大小喽啰，窜至咸丰兴隆坳、麻柳溪和利川毛坝的咸服溪一带，烧杀抢掠，庹万鹏奉令带黑洞“神兵”围剿，将其一举击溃。此后，担任黑洞“神兵”常备队大队长的他，率部转战咸（丰）、利（川）、恩（施）、宣（恩）等边境地区，先后将咸丰巴西坝熊万一、恩施大集场朱吉轩、三县场姚火清、姚火银、花木狗等几股势力较大的土匪武装一一荡灭，地方治安遂大有好转。

由于黑洞“神兵”战无不胜、名声大振，让周边“神兵”队伍十分仰慕，与此同时，王锡九遂委派庹万鹏游走各地，趁机扩充“神兵”队伍。庹万鹏串联了宣恩晓关的联英会、利川李子坳的大刀会，以及利川忠路、老屋基、来凤李家河、老河口和咸丰龙潭司、大路坝、小村、大村、龙坪、新场等地的各路农民武装，颁令授旗。

民国十五年（1926），庹万鹏率部参加四川讨贼军，两次打败追随吴佩孚的陆营长部，缴得60余条枪支。后又转战在湖北咸丰、宣恩和湖南龙山一带，连续打败军阀流散部队。民国十六年（1927）三月，应利川百姓之请，庹万鹏率部在李子坳攻打作恶多端的刘惠卿自卫大队，又到凉雾山清剿川匪，将其驱逐出鄂境。

这一年春天，黔军首领袁祖铭在湖南败亡，溃退至施鹤地区的残部有4000余众，他们“假革命旗帜，借党军名义”，恣意妄为，被百姓视为洪水猛兽。5月，庹万鹏率领黑洞“神兵”，联络宣恩、利川、来凤等县数万“神兵”，“与匪军大小数十战”，打得他们溃不成军，最后仅剩数百人落荒而逃。庹万鹏又乘胜向黔军的另一支武装李小炎部发动进攻，李的部队亦不战自溃。

经过六七年的东征西战，黑洞“神兵”在川、湘、鄂西南一带威名日渐显赫，被打怕了的周边各路军阀，也纷纷对其敬而远之，再也不敢随意越境滋扰鄂西南边区。通过这些战斗历练，庹万鹏也在“神兵”中树立了威望，并逐渐成长为少壮派领军人物。

“神兵”总理

庹万鹏与红军的第一次接触，是在民国十七年（1928）。当年9月，贺龙领导的红四军在湖南石门遭敌袭击，损失严重，10月底退至桑（植）、鹤（峰）边界。11月24日，受中共施鹤临时特委书记杨维藩函邀，贺龙率红四军由鹤峰梅坪出发，冲过宣恩沙道沟、高罗，11月29日到达晓关。当时，贺龙率领的红四军仅剩91人、72条枪。在宣恩境内，施鹤临时特委负责人黄子全、黄兴武等龙潭司暴动骨干及联英会“神兵”共70余人，参加了红军。

▲ 红军使用过的军号和梭镖（摄影 / 陈旭）

12 月 2 日，贺龙率部抵达黑洞一带。当时，中共施鹤临时特委书记杨维藩，因龙潭司暴动失败，按临时特委会议要求，打入黑洞“神兵”，并被委以黑洞精灵宫“神兵”第一军第一路司令、督办利川清剿宣抚使、黑洞“神兵”第一常备大队队长等重任。为了争取更多的“神兵”兄弟加入到革命的队伍中来，贺龙决定亲自拜见王锡九。

在杨维藩的陪同下，贺龙化名王建业、王胡子，自称王副官，来精灵宫求见王锡九。起初王锡九避而不见，但得知王副官是来“投奔”他的，马上笑脸相迎。王副官谈吐锋利，举止不凡，让王锡九一见倾心，并痛快答应把杨维藩的“神兵”武装常备队交给贺龙来指挥。

贺龙此行的目的，本想计划联络“神兵”攻打咸丰、利川、恩施、宣恩等县城，然后政权交付“神兵”和同情革命的同志驻守，红军则分驻乡下，掩护农民起来斗争。但是，拜见王锡九之后，贺龙有些失望，认为他虽同情革命，可仍有“帝制余孽”思想，只想做山中的土皇帝，太过醉心自己的领袖地位，无法为红军所用。

贺龙决定改变计划，制定新的策略，对“神兵”的统战工作调整为：“对其领导人物，采取争取和分化的办法，对下层则加紧团结、教育……但对于为非作歹的，则坚决予以打击。”决定迅速争取一部分“神兵”，壮大红军，向清江下游发展。

根据这一工作方针，贺龙又一一拜访了黑洞“神兵”的四大团首，同时特地上小茶园，会见了少壮派领袖庹万鹏。两人相见如故，交谈甚欢，也彼此给对方留下了深刻的印象。

由于当时时机还不成熟，在收编了杨维藩的“神兵”常备队后，贺龙便率领红军开拔。乱世中颇讲中庸平衡之道的王锡九，或仅是基于不愿得罪任何一方势力的考虑，顺水推舟地送了共产党人一个人情。可在当时咸丰县长李永忠看来，却是大逆不道，勃然大怒的他，责骂王锡九“串通共党红匪，骚扰乡里”，又“抗捐抗税，与政府作对”，遂决定收买与王锡九不和的“神兵”三官巡查使向修恕，干掉王锡九。

民国十八年（1929）年初，49岁的王锡九被向修恕行刺而亡。黑洞“神兵”一时群龙无首，四分五裂，各种反动势力乘机绞杀，黑洞“神兵”几近瓦解。作为少壮派领袖的庹万鹏，非常不愿看到前辈们千辛万苦创建的基业毁于一旦，痛定思痛的他，为了不让农民兄弟失望，决心重整旗帜，再倡“神兵”。

民国二十年（1931），庹万鹏与原“神兵”首领祝儒均、向启惠、杨平章等人聚议，决定重生烟火，再举令旗。战功卓著，有很高威信的庹万鹏在短短几天内就团聚了五百余人，后在宣恩晓关联英会的大力支持下，庹万鹏成功重建黑洞“神兵”，并出任第二代“神兵”总理。

▲ **黑洞精灵宫遗址**（现为五谷坪小学）位于黄金洞8千米处，其前身是普济寺，后由王锡九改建为精灵宫。1928年，贺龙与王锡九曾在此地会见。（供图/咸丰县老促会）

二、红色的革命之路

为了不给敌人留下活口，也为了不再拖累家人，庹万鹏决定自杀成仁。他当然不害怕死亡，只是身为曾经的“神兵”领袖，以及当下的红军干部，他有自己的骄傲和尊严。便是死，也要死得壮烈和体面。

参加红军

民国二十一年（1932）年底，贺龙率红三军，经豫西南、陕西回到湘鄂边区开展武装斗争，建立革命根据地。第二年7月，根据湘鄂西中央分局在宣恩烧巴岩召开的会议精神，决定“开创新的苏区，组织来凤、龙山、桑植、咸丰一带的农民游击战争。”8月9日，贺龙、关向应率红三军军部及九师、教导团进入忠堡，10日到达马河、龙坪一带。

民国二十二年（1933）8月上旬，贺龙派副官胡国林，带着他的亲笔信前往黑洞，第二次动员庹万鹏带队参加红军。庹万鹏很高兴地接见了胡国林。通过胡的耐心讲述，庹万鹏对红军的主张和政策有了更加深入的了解；对党的组织方法和官兵平等思想感到新鲜，也很受启发；而对于“打倒土豪劣绅，铲除贪官污吏”的革命主张，则是高度认可。

8月29日，红三军军部及九师、教导团驻扎在黑洞附近的大集场，贺龙听了胡国林的反馈，又马上修书一封，再次动员庹万鹏参加红军。8月30日，红三军军部驻守清坪龙潭司，听闻消息的庹万鹏，遂带领20多名心腹“神兵”从几十里以外赶赴过来，正式加入红军队伍。

参加红军后的庹万鹏，听命令守纪律，一直以一个革命战士的标准要求自己，贺龙对此非常赞赏。当时庹万鹏有抽食鸦片的毛病，而且瘾非常大。贺龙劝他：“吃鸦片对身体有害，对部下影响不好。”庹万鹏深以为然，遂以惊人的毅力戒掉了鸦片。

9 月 23 日，红三军军部及九师、教导团驻防黑洞，历时一周。当时黑洞的大街小巷都刷满了醒目的标语：“上打贪官污吏，下打土豪劣绅”“红军不打神兵，神兵不打红军”“苏维埃政权是工人农民的政权”等等。

庹万鹏也开始公开出面，借自己的威名，招募“神兵”旧部前来参加红军。他四下宣传说：

“我跟着红军走了一个月，亲眼看到红军是天底下第一好的队伍，顾及穷人，顾及百姓。弟兄们，都来参加吧！”

在他的号召下，黑洞本地以及利川毛坝、恩施大集场、宣恩晓关、桥塘等地“神兵”蜂拥而至，共有七百余名的“神兵”兄弟参加了红军，使红三军的兵员得到了一次很大的补充。黑洞“扩红”后，贺龙将收编的“神兵”编为红三军军部特科一大队和特科二大队，庹万鹏任特科一大队大队长。庹万鹏英勇善战，又足智多谋，经常给军部提出很好的战斗建议，得到了贺龙等军部首长的多次赏识，也因此很快被提升为红三军第七师的副师长。

▲ 1933 年，红三军政治部印发的宣传品《战士的话》 咸丰县民族博物馆藏。

▲ **官坝大院** 咸丰官坝是贺龙三次驻扎过的地方，自1933年起，贺龙、关向应率领的红三军军部、红九师及教导团，分别于8月、9月、12月入驻官坝大院。（摄影 / 陈旭）

从此之后，庹万鹏一直跟随贺龙转战湘鄂西边区，出生入死。10月，红三军在宣恩椒园一带，同敌人薛玉屏团一部相遇，遂采取三面包抄之势发动进攻。庹万鹏率特科大队的一个中队担任正面攻击。手持梭镖、大刀的特科大队战士犹如猛虎下山，在震天的喊杀声中，以迅雷不及掩耳之势扑向敌人，一举夺下敌人阵地，俘敌70余人，缴获枪支50余支。不久，庹万鹏又率特科大队，在利川汪家营一带歼灭反动团防一部。

英雄负伤

民国二十三年（1934）一月，红三军在宣恩倒洞塘与敌保安一团作战，庹万鹏带兵追杀一名敌营长，不幸腿上中弹负伤，血流不止。彪悍的他并不以为意，扯下绑腿，扎住伤口就继续作战。战士们见其负伤挂彩，都劝他退出战场，赶紧治疗。可他就是不听，仍然带着士兵猛追猛打。在他这种顽强精神鼓舞下，战士们奋勇拼杀，终是取得了“歼灭敌军大部，生擒敌营长”的胜利。

二月，红三军进入湘西游击，在湖南大庸江垭战斗中，庹万鹏仍然带伤作战。由于战地医疗条件太差，部队战事频繁，又一直在转移行军，所以没有办法对其进行良好的治疗。他的伤口很快就化脓流血，行动愈加不便，医务人员见状，强行将他扶上马背，骑马行军。只是部队为了隐蔽，行军多是在山高路陡的野外，好几次他都从马背上摔落下来，战士们只好做了一副简易担架，抬着他走。

随着庹万鹏的伤势一天天加重，心疼爱将的贺龙决定让他脱离部队，并把他隐藏在大庸县一处名叫“石家坳”山寨的陈姓农户家中，以便静心养伤。同时为了照顾好他，还特地留下两名士兵保护。临走前，贺龙又再三嘱咐，让三人注意隐蔽，尽量不要露面，一定要养好伤后再去找部队。若是一时联系不上部队，也不要着急，可以先回黑洞去“拖”队伍。

在陈双梅老妈妈和老伴的细心照料下，庹万鹏伤势渐渐有所好转。可心急的他还不等好利索，就迫不及待地派护兵四处打听部队消息。日子稍长，石家坳有寄留红军的消息开始暴露，当地地主、团防如临大敌，开始挨门挨户进行搜查。陈妈妈得知消息后第一时间告诉庹万鹏，并让他们赶紧想办法转移。

四月下旬，庹万鹏等三人化装成逃荒难民，抄小路走了七天七夜，终是回到咸丰老家。让庹万鹏伤心且愤怒不已的是，昔日茶园的自家房屋如今已成一堆瓦砾，家人更是不知去向。后向周围的亲邻打听，才知父亲庹国士被国民党张刚保安团的部下白连长逼死，房屋也是被他们烧毁，无奈只能寄居叔父家中。

此后又多方打听，庹万鹏得知妻儿在内弟的帮助下，正躲藏在大沙坝的一座高山上，过着担惊受怕的非人生活。又是着急又是心疼的庹万鹏急忙派人将妻子、儿女八人，从山上接回家中。

民国二十三年（1934）七月初，正在家中养伤的庹万鹏，突然听到门外吵闹——一个跛脚的叫花子，大声嚷嚷，说一定要亲自面见他。庹万鹏急忙出门察看，原来是自己在恩施搭救过的段跛子。他一看见庹万鹏就急忙迎了上去，一边恭手连呼“大恩人，大恩人”，一边贴近脸旁，附耳低语道：“我好不容易找到此处，一来报信，二来报恩。我在咸丰听到重要消息，县政府悬赏抓你，希望你千万小心。我虽无法帮你，也算尽到一点报答之情。”

7月8日，筹好路费的庹万鹏准备出走，却不料发现咸丰县大队大队长王兰泽，早已安排黑洞的联保主任王勉之正在门口监视。

▲ 位于黄金洞外的庹万鹏塑像（摄影 / 陈旭）

英勇赴死

7月11日，庹万鹏准备趁着天黑，监视的人不注意时连夜出走。不曾想，天快黑时，黑洞“神兵”的战友杨平章冒险给他报来一个更坏的消息，说是“县大队和团丁已将四面包围，要抓活的。走，恐怕是难以走脱，赶快另想办法吧。”

被敌人四面包围，腿部伤口又未痊愈的庹万鹏，知道突围无望，自己也难躲魔掌。为了不给敌人留下活口，也为了不再拖累家人，庹万鹏决定自杀成仁。

庹万鹏当然不害怕死亡，只是身为曾经的“神兵”领袖，以及当下的红军干部，他有自己的骄傲和尊严。便是死，也要死得壮烈和体面。

当天晚上临睡前，庹万鹏先是写下一张字条：“龟儿们，要活的休想，要情况找鬼去！”压在床头，然后平静地拿出止痛的鸦片和一枚戒指，一口吞服下去。第二天早上，待家人发觉时已经无法挽救。

含恨而去的庹万鹏去世时，年仅33岁。中华人民共和国成立后，人民政府追认他为革命烈士，立碑塑像。

一缕英魂，终得安息。

参考文献

[1] 咸丰县史志办公室．中国共产党咸丰县历史（1919—1949）[M]. 北京：中国党史出版社，2008.

[2] 李亨善．黑洞“神兵”始末 [M]// 政协咸丰县委员会文史资料委．咸丰文史资料第一辑 .1987.

[3] 梅兴无．从“神兵”到红军——庹万鹏事略 [M]// 政协咸丰县委员会文史资料委．咸丰文史资料第一辑 .1987.

[4] 彭云程口述，杨道雅整理．目击黑洞“神兵”攻陷咸、来县城的回忆 [M]// 政协咸丰县委员会文史资料委．咸丰文史资料第五辑 .1996.

[5] 湖北省咸丰县老区建设促进会．血沃巴陵——咸丰革命老区 [M]. 武汉：湖北省人民出版社，2012.

▲ **黄金洞出口鸟瞰图** 黄金洞是鄂西黑洞“神兵”的发祥地，庹万鹏是其重要领导者，后加入红军，随贺龙转战湘鄂川边区。牺牲后被追认为革命烈士，在黄金洞外树立塑像一座，以示纪念。（摄影/陈旭）

第二节 龙潭暴动话双杰

黄兴武(1902—1931),原名黄明祠、黄明暸、黄明世,土家族,湖北咸丰龙潭司人。1924年,在武汉中学求学时加入中国共产党。1927年年初,奉命回乡开展农民运动,建立党组织。曾任咸丰首个中共组织的负责人和中共施鹤临时特委委员,在家乡龙潭司举行农民武装暴动,失败后坚持在施鹤一带打游击,1931年8月13日乘船去上海,然后转威海卫,执行党交给的更大任务,不幸在上海遇难,年仅29岁。

黄子全(1904—1929),又名黄埔,土家族,湖北咸丰龙潭司人。他是黄兴武的堂侄,后在其影响下,于1924年在武汉加入中国共产主义青年团,不久转入中国共产党。在家乡龙潭司举行农民武装暴动时,任中共施鹤临时特委委员、施鹤农民武装总队总队长。1928年11月,参加贺龙红军后,被编入红四军特科大队,任中队长。1929年9月12日,坚持在施鹤一带打游击的黄子全,因与红四军失去联系,不幸遭利川毛坝团总刘清平暗算,光荣牺牲,年仅25岁。

▲ 黄兴武画像（绘图/任靖雯）

▲ 黄子全画像（绘图/任靖雯）

一、地主家造反分子

黄兴武和黄子全都是封建地主家庭出身，发动穷人打土豪，就是要先造自家的反，革自家的命。黄兴武先对母亲和妻子做思想工作，告诉她们说："我们占有的田土和家财都不是自己的，而是剥削穷苦大众取得的，要还给他们。"

叔侄

黄兴武和黄子全是革命战友，也是龙虎"兄弟"。

虽然两人仅相差两岁，但按辈分讲，二人其实是叔侄关系。黄兴武生于光绪二十八年（1902），属虎，土家族人。他出生在咸丰龙潭司的一个封建地主家庭，父亲黄光晓是前清的秀才，只可惜英年早逝，加上母亲王氏双目失明，黄兴武早早就承担了家庭的重任。

早熟敏感的他，打小就有一颗滚烫的爱国济世之心。少年时期，因目睹"政府肆威于其上，人民痛苦呻吟于其下"的社会惨状，常常"按剑抚膺，痛哭流涕而不能自已"。这从他频繁改换的名字中，从明祠、明瞭、明世，一直到兴武，即可窥见他极其强烈的革命之心。兴武，是在他认识到兴建革命武装的重要性以后取的，借以明志。

1923 年 11 月，黄兴武为寻求济世利民的强国良策，毅然抛却家业，告别娇妻盲母，奔赴武昌，就读于私立武汉中学。

武汉中学是由著名的无产阶级革命家董必武先生创办，他是学校董事，同时担任国文教员；另一位杰出的共产党人陈潭秋也在该校担任英文教员和班主任，平常就住在校内，和学生们打成一片。就是在这所被称为"共产党窝子"的学校里，黄

▲ **1920 年 3 月，董必武在武昌开办私立武汉中学** 旧址位于武昌区粮道街 279 号。

兴武阅读了《共产党宣言》《湘江评论》《觉悟》《向导》《武汉星期评论》等大量的马列著作和进步书刊。

在武汉求学期间，他也参加过声援“二七罢工”和“五卅运动”的示威游行。在两位老师的影响下，深受马列主义熏陶的黄兴武，坚信只有共产主义才能救中国，遂于 1924 年加入中国共产主义青年团，不久，即转正为中国共产党党员。

1926 年 10 月，北伐军攻克武昌，为适应革命大发展的需要，认为“投身革命比伏案读书更为重要”的黄兴武积极响应党的号召，投考到国共两党合作的湖北省党务干部学校第一期受训，并遵照党的指示，以个人名义加入了国民党。

大概是受黄兴武这位小堂叔的影响，年龄相仿的黄子全早期走上革命道路的经历也非常相似。黄子全（又名黄埔）生于光绪三十年（1904），属龙，出身也是地主家庭。小时候念过私塾，后来在施南和武汉求学。

他大概是和堂叔一起接受的革命教育，也是 1924 年加入中国共产主义青年团，也是同时转入中国共产党。后来他也进入到湖北省党务干部学校学习，只不过比黄兴武迟了几个月，就读的是第二期。如果说黄兴武“偏文”，擅长思想政治及宣传组织工作，那么黄子全就是“偏武”，对于武装斗争和军事组织更在行，当时他就参加过阻击夏斗寅叛军进犯武汉的战斗。

1927 年年初，根据中共中央的指示，董必武、陈潭秋等代表中共湖北区委，号召共产党员和共青团员“大力协助国民党健全地方组织……特别要在各县开展农民运动，建立雄厚的革命力量”。在湖北省党务干部学校受训完毕的黄兴武和黄子全，奉命回到家乡，以国共合作的形式，筹备建立国民党县党部，积极开展群众运动。

农会

1927 年 2 月，黄兴武和黄子全回到家乡。

当时的咸丰，政府新委任的县长还没有到任，地方完全由土豪劣绅当权。黄兴武和黄子全一到咸丰，就立马竖起革命大旗，公开成立了国民党咸丰县党部和咸丰县农民协会，黄兴武任县党部书记、常务执行委员和农民协会会长，冯子楠任县党部秘书，叶达仁任农民协会副会长，同时还秘密成立了中国共产党咸丰县支部，黄兴武任书记。

为破除群众的封建迷信思想，改变信仰鬼神的传统观念，营造浓郁的革命气氛，两人特地将党部和农协会的办公室设在兴国寺，黄兴武还在寺庙的山门上贴了一副大红对联：

木偶有何知吾侪何须供奉；

革命可救国同胞快来参加。

为了向贫苦农民揭露旧社会的黑暗，灌输穷人团结起来闹翻身的革命道理，叔侄俩积极配合，依据《湖北省农民协会第一次代表大会宣传提纲》，提出了“打倒土豪劣绅，铲除贪官污吏，建立廉洁政府”“不准富人剥削农民”“平均地权，实行耕者有其田”等振奋人心的口号。

他们还用群众喜闻乐见的《苏武牧羊》调，填了一首《农民歌》到处教唱：

要吃饭，要穿衣，大家打主意。快快团结起，加入农协会，群策与群力，无事不可为。打倒土豪和劣绅，才得享安逸。

黄兴武和黄子全都是封建地主家庭出身，发动穷人打土豪，就是要先造自家的反，革自家的命。黄兴武先对母亲和妻子做思想工作，告诉她们：“我们占有的

▲ 红军在龙潭司村房屋木板上书写的宣传标语（摄影／陈旭）

田土和家财都不是自己的，而是剥削穷苦大众取得的，要还给他们。”黄兴武这样说，也是这样做的。他带领农民首先吃了自家的粮食和猪肉，并公开表示要拿出100挑（约25亩）的田土分给穷人。

在开展“吃大户”的斗争中，黄子全也很诚恳大方，他对大家说：“我家也是大户，财产是剥削来的，父老兄弟们先到我家去吃大户！”然后亲手开仓分粮，杀猪砍肉。黄子全的父亲气得破口大骂：“逆子！”

此后，为了进一步支持革命，黄兴武、黄子全还相继变卖了自家的田产，筹款购置枪械，在龙潭司组织了一支30余人的农民自卫武装。根据群众要求，二人率领农民自卫队赶走了长期在龙潭司、店子湾一带鱼肉乡里、作恶多端的税警，改由农民协会派人公平收税。

1927年4月初，曾效力于北洋军阀的李镜南，由恩施前往咸丰就任县长。黄兴武、黄子全二人闻讯，即刻带领农民自卫队埋伏在恩施至咸丰的必经之地——茶园坡蒿子坝附近。当国民党县长乘坐的大轿经过时，队员们突然冲杀出来，捶烂了大轿，李镜南吓得抱头鼠窜，逃回恩施。

赶走了腐败的税警，打跑了“反动”的县长，农协会的威风一下子立了起来，贫苦农民纷纷加入农协会，农协会会员很快就发展到200余人。赶走反动县长后，黄兴武等人召开各界代表会，民主推选忠堡开明士绅蒋菽藩当了县长，建立起“廉洁政府”，一批共产党人和农运积极分子也被委派担任了政府要职。

此外，黄兴武、黄子全为代表的共产党人，在咸丰的早期活动中还致力于妇女解放运动。他们成立了咸丰县妇女协会，强调能顶半边天的妇女是“很重要的群众”，相信妇女们若行动起来加入革命战线，“政府的实力将更充裕，敌人更可以加速的被打倒下去！”同时，在他们的领导下，妇女协会还在全县范围内开展了“放足运动”和“剪发运动”，四处张贴湖北省放足运动委员会编绘的《放足运动画报》，教唱《妇女放脚歌》。

在妇女运动中，黄兴武也率先垂范，说服妻子何天云成为龙潭司第一个剪了发、放了脚的新妇女。随后，县城各地的广大妇女也都纷纷效仿，高唱《放脚歌》，冲破封建枷锁，投入到滚滚的革命洪流中。

正当革命顺利发展的时候，国民党右派反共势力，开始公然背叛革命，抢夺北伐胜利果实。1927年4月12日，蒋介石在上海发动反革命政变，以“清党”名义大规模捕杀共产党人和革命群众。咸丰时局也骤然紧张起来，黄兴武先是奉上级指示，选派黄子全等党员骨干到省党务干部学校学习，其他支部主要成员遂以更为隐蔽的方式往返于县城、清水塘、龙潭司、中寨坝、老里坝等地，继续广泛深入地发动群众，并在有觉悟的农民群众中秘密发展中共党员，壮大党的支部和革命力量。

7月15日，汪精卫不顾宋庆龄等国民党左派的反对，也公然叛变革命，大肆搜捕和屠杀共产党人及革命群众。施鹤贪官污吏、土豪劣绅凶焰复起，接连捣毁各县县党部、区分部、农协会，咸丰县党部也遭到破坏。

8月，民主运动中产生的县长蒋菽藩被废黜，中共党员叶达仁遭监禁，其余革命党人四处逃散，农民运动和大革命陷入低潮时期。

低潮

面对反动派的嚣张气焰和极其不利的革命局势，沉着冷静的黄兴武决定放弃县城，撤到自己的家乡龙潭司继续闹革命。

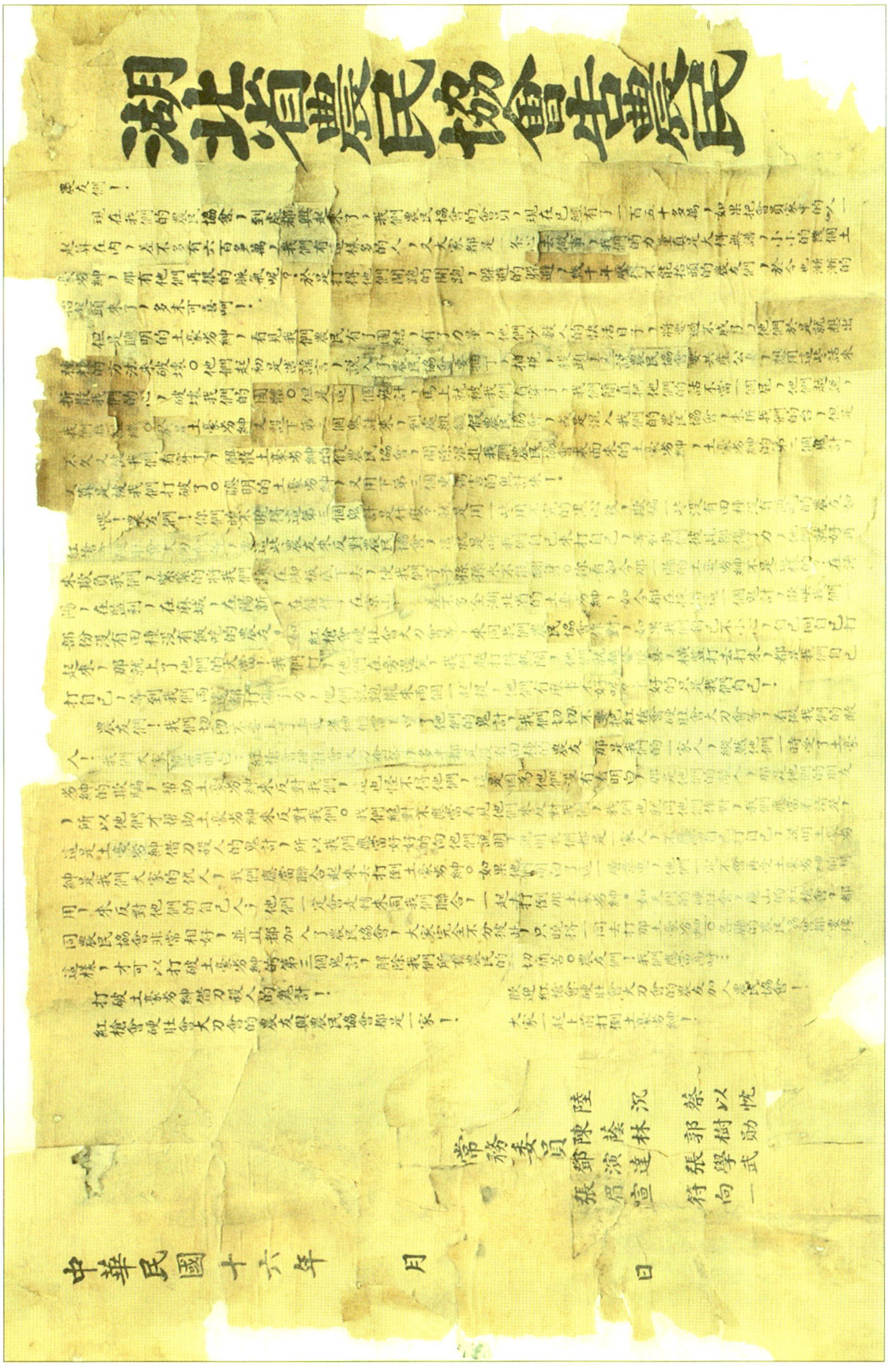
湖北省農民協會告農民

中華民國十六年 月 日

▲《湖北省农民协会告农民》原件 由冯子楠从武汉带回咸丰，秘密保存在自家阁楼上，外贴报纸隐藏。1982年，由咸丰县文物局工作人员揭下，交付恩施州博物馆收藏。

龙潭司是黄兴武和黄子全的出生之地，距咸丰县城 20 多千米，位于现清坪镇以东的唐崖河畔，曾是元至清代中国西南众多土司之一的龙潭司治所，闭塞偏僻，不通公路。那里聚居的 430 多户人家，主要是黄、田、周、颜四大家族。对黄兴武和黄子全而言，在家乡龙潭司开展革命工作，有着良好的群众基础和组织条件，更安全，也更方便。

回到家乡后，黄兴武把自家作为开展革命活动的据点，然后带着《湖北省农民协会告农民》（以下简称《告农民》）等宣传资料，一头扎进贫苦的乡亲们中间，夜以继日，走乡串户，不断发动群众。他告诉大家“土豪是少数，只占百分之几，穷人是多数，要占百分之几十。只要大家团结一心，就能打倒土豪劣绅”“穷人受土豪压迫多年，只有起来革命，才能出头”。

此外，按照《告农民》的宣传精神，他还强调“神兵”和贫苦农民是一家人，一致联合起来对付土豪劣绅和反动当局，就一定会取得胜利。

为了加强党的组织建设，在黄兴武的培养和教育下，青年农民黄子才、刘培厚、黄介南、黄德隆、周胜钊、苟文胜等先后加入中国共产党，黄子部、黄德柱、黄明轩、黄明俊、黄华清等青年积极分子加入共青团，党的队伍得到充实壮大。其中，能够接受任务和参加活动的党员就有 13 人。

1927 年 9 月，为把党的工作不断推向前进，黄兴武秘密召开党团联席会议，成立中共咸丰县委，机关设在龙潭坪黄兴武家，在党员同志的一致推举下，黄兴武担任了县委书记。县委成立以后，龙潭司的各项工作更有起色，他们进一步发动群众，建立各种组织，壮大革命队伍。在县委的领导下，龙潭司先后成立了共青团咸丰县委、咸丰县农民协会、咸丰县妇女协会和咸丰县少年先锋队等群团组织。黄子才任团县委书记，黄德隆任农会主席，周胜钊任农会副主席，张月英任妇女协会主任，周远钊任少先队队长。

通过有力的组织和宣传，仅在龙潭司、中寨坝、青冈岭一带，就有 1200 多名土家、苗、汉等各族群众加入共产党领导的各种群团组织，广大贫苦青年农民几乎全部参加。其中大坪上 14 户人家，除两户地主外，其余全都加入了革命队伍。

随着革命烈火的熊熊燃烧，龙潭司男女老幼的革命激情更加高涨，对敌斗争的浪潮风起云涌、势不可挡。在当时广袤而充满白色恐怖的施鹤地区，唯有龙潭司才是在共产党领导下的穷人的天下！

二、龙潭司暴动始末

300余名农民武装总队队员瞬间被革命激情点燃，他们高举三面红旗（一面绣斧头镰刀，一面绣犁铧，一面绣“青年协进社”五个大字），背着土枪，扛着土炮，举着大刀和梭镖，高唱新编的《农民歌》战歌，雄赳赳、气昂昂地向县城进发。

特委

1927年8月7日，为应对国民党的反共狂潮，中共中央在汉口召开紧急会议，确立了土地革命和武装反抗国民党反动派的总方针，并把发动农民举行秋收起义作为当前党的最主要的任务。

会后，中共湖北省委根据“八七”会议精神，制订了《湖北省秋收暴动计划》，要求各级党组织“立即领导农民起来……并进一步武装农民，抗租抗粮，实行全省大暴动……建立农民协会的政权。”

当时，在省城参加学习的黄子全，因为对国民党的叛变行为极为愤慨，将所携带的国民党反动文件全部抛入江中，然后偕同杨维藩（来凤籍党员）、金裕汉等人，直接到宜昌寻找党的上级组织，并列席参加了中共鄂西的党团联席会议。

1927年10月，经中共鄂西特委党团联席会议研究决定，由参加会议的黄子全、杨维藩、金裕汉等三人回施鹤地区，组建临时特委，发动农民暴动。

回来后，他们在施鹤地区的七个县进行多方联系考察，最后决定选择地势位置险峻、群众基础良好，革命组织扎实的龙潭司作为据点，组织农民年关暴动。重逢的黄兴武和黄子全非常激动，也特别高兴，因为他们叔侄俩又可以一起文武搭配，同心同德干革命了。

1927 年 12 月底，施鹤七县的部分共产党员、共青团员，秘密汇集龙潭司，召开党团联席会议，成立了施鹤地区中国共产党第一个地区级组织——中共施鹤临时特别委员会。机关就设于龙潭司王家湾黄子全家，杨维藩任临时特委书记，黄子全、金裕汉、徐锡如等为委员。为加强组织保障工作，时任中共咸丰县委书记的黄兴武，后来也增补为特委委员。

当时，大家一致认为，举行龙潭司农民暴动的首要工作就是成立农民武装总队。为了支持革命，黄兴武和黄子全决定把全部家财贡献出来，充作公用军粮和革命经费。

1928 年 1 月 29 日，以龙潭司农民为骨干的施鹤农民武装总队宣布成立。总队由黄子全任总队长，杨维藩任党代表，下辖 4 个大队，共有 300 余人，配有土炮 1 门，土枪 30 余支，其余武器是大刀和梭镖。

为了迅速提高农民武装的战斗力，武装总队特地聘请宣恩晓关乾善统“联英会”的“神兵”头目戴庆云出任教练，指导队员脱产操练。此后，在龙潭司王家湾一带，农民武装总队几百名队员每天都勤奋操练，舞刀弄枪，杀声震天，颇是壮观。

农民武装总队为提升士气，还特别改编了一首《农民歌》作为战歌，歌中唱道：

要吃饭，要穿衣，大家起来打主意，快快都团结，加入 CCP，建设苏维埃，实行分土地，打倒土豪劣绅，才得享安逸。

2 月 7 日，施鹤青年协进社成立，中共党员郑廉任社长，黄兴武任副社长。2 月 20 日，咸丰县共产主义青年团、农民协会、妇女协会、少年先锋队等一系列社团组织也先后成立，其中由黄子全兼任共青团书记。

在筹备武装暴动的革命活动中，施鹤临时特委及中共咸丰县委，充分利用社团、协会及主要成员的个人交情和社会关系，联络宣恩晓关乾善统和咸丰黑洞王锡九“神兵”一致行动。在以青年协进社名义写给王锡九的信中，热情写道：

誓愿与先生及诸豪杰一致联络，永结友好，协力同心，无诈无虞。敝会如有他处以武力干涉时，希贵处出兵帮助，贵处如有事件发生，敝会所有群众愿听驱策。耿耿此心，有如皎月，天厚地实所共见。

1928 年 2 月下旬，施鹤临时特委为贯彻两湖（湖北、湖南）省委关于举行年关暴动的指示，决定施鹤农民武装总队马上举行暴动。会后，杨维藩、黄子全等临时特委主要成员，还分别前往咸丰黑洞和宣恩晓关两地，直接面请王锡九、乾善统派兵协助暴动。

暴动

1928 年 3 月 6 日，施鹤农民武装总队在龙潭司庙前举行誓师大会。

24 岁的总队长黄子全，全副武装，威风凛凛地站在队伍前面。他先是宣布没收乡长黄明鼎（黄子全三叔）、地主周远奎的粮食和财产，同时还宣布无壁寺的全部田地和财产也将被没收，然后他开始做战前动员，鼓励大家奋勇杀敌，并带头喊出“打进咸丰城，建立苏维埃”的口号。

在他颇有感染力的演讲动员下，300 余名农民武装总队队员瞬间被革命激情点燃，他们高举三面红旗（一面绣斧头镰刀，一面绣犁铧，一面绣“青年协进社”五个大字），背着土枪，扛着土炮，举着大刀和梭镖，高唱新编的《农民歌》战歌，雄赳赳、气昂昂地向县城进发。按照计划，部队开过唐崖河后，就兵分三处，驻守在离咸丰县城不远的青冈岭火烧坝、兴隆街和无壁寺一带。他们要等黑洞王锡九、晓关乾善统的两地“神兵”汇合，然后一起攻打咸丰县城。

龙潭司农民武装暴动的消息，被家住龙潭司清水塘（今清坪镇）反动联防中队长颜希之察觉，并连夜密报咸丰县政府，县长秦国达闻讯大惊，遂决定采取“一手硬，一手软”的两面策略：一方面军事上采取“硬”措施。除了留下王卓然等两个团防守城外，急调邓仲礼、冉采萍、李可端、颜希之 4 个团防，同时收买龙坪“神兵”头目

▲ “龙潭司起义誓师大会”浮雕　龙潭司村大坪寨院文化墙。（摄影 / 陈旭）

▲ **龙潭司武装暴动誓师大会所在地——观音庙遗址**（摄影 / 陈旭）

陆耀弟，集结1000余人的兵力，于次日前在老里坝完成设防堵击；另一方面谈判上采用“软”手段。他派遣黄兴武的妻兄弟何天义、何天榜“劝说”黄兴武、黄子全等人解散武装。黄兴武、黄子全斩钉截铁地说：“把秦国达的脑袋提来，我们就解散武装！”

1928年3月8日清晨，恼羞成怒的秦国达兵分三路向农民军扑来。左路李可端的团防自龙坪出发，沿打帽山进攻；中路陆耀弟的“神兵”和颜希之的团防，从新拱桥沿广四沟进攻；右路邓仲礼、冉采萍的团防从老里坝出发，经猴子槽、穴场、眼睛田进攻；秦国达则亲率卫队，尾随右路行进。

当时，乾善统和王锡九的“神兵”都还没有赶到，面对千余名官兵形成的三面包抄之势，农民军只好被迫孤军应战。黄子全率兵迎战中路来犯之敌，沉着应战。他先命令土炮手黄明轩用土炮轰击冲在最前面的100余名陆耀弟“神兵”。只听一声巨响，无数只耙齿从炮口射向敌军。无奈土炮阵势很足，声音也算吓人，可实际杀伤力太小，陆的“神兵”又是亡命之徒，自恃神佑，根本吓阻不住，他们仍是毫无顾忌地向农民军的阵地猛扑过来。

黄子全决定避开锋芒，率领农民军一齐迂回到穴场附近，准备直接袭击秦国达的指挥部，以期达到“擒贼先擒王”的目的。他们刚到穴场，就和秦国达卫队遭遇，短

▲ 龙潭司起义纪念碑（摄影／陈旭）

兵相接，卫队火器失去优势，暴动健儿的大刀、梭镖威慑敌胆……招架不住的秦国达只好退据山堡上，又被农民军团团围住。

这时从正面进攻的颜希之，是秦国达的老部下，得到秦国达被围困的消息，带着 40 余名精兵冲上山来，救走了秦国达。其余各部团防也都掉转枪口，一齐扑向农民军。身陷重围的农民军四面受敌，手中的土炮、土枪和梭镖、大刀，也实在难敌千余名官兵的“子子火”“汉阳造”，经过两个多小时的激烈战斗，农民武装总队终因敌强我弱而溃散。

秦国达乘机率兵进占青冈岭和龙潭司，并开始疯狂的报复。他先命令士兵纵火焚烧了无壁寺，又赶到龙潭司，放火烧毁了黄兴武和黄子全两家的所有房屋，临走之前，还不甘心的他又放纵团丁在龙潭司大肆抢劫，共抢走肥猪 400 多头、耕牛 180 多头。

其中，一个叫欧朝志的团丁抢的东西最多，也因此掉了队。当时被打散的农民军战士又重新拿起武器，各自为战，奋勇反击。这个贪心又倒霉的欧朝志，刚好被农民军战士田明才、黄光瑞碰上，愤怒的他们从路旁的丛林中一闪而出，手起刀落，贪心鬼瞬间便成了刀下鬼。

尾声

龙潭司暴动失败后，黄子全与杨维藩、黄兴武等人率领30余名暴动队员骨干，掩护临时特委机关撤至宣恩大岩坝一带，并随后成立施鹤游击大队，黄子全任大队长。

3月底，临时特委在鹤峰召开会议决定：临时特委委员分别打入各县“神兵”组织，在宣、鹤、咸、利等县继续开展对“神兵”的统战工作。黄子全率施鹤游击大队到宣咸边界活动，并很快同乾善统“神兵”联英会武装建立了统一战线。5月，联合“神兵”武装三四百人大败宣恩团防秦汉章大队，并乘胜攻占宣恩县城，杀了县长施雨田，火烧县政府后撤出。

1928年9月上旬，贺龙领导的中国工农革命军第四军在石门遭敌袭击，损失严重，10月底退至桑（植）、鹤（峰）边界。11月29日，贺龙率领仅有91人、72条枪的红四军抵达宣恩晓关。黄兴武和黄子全率队加入红四军，随后又担任联络员，协助贺龙收编联英会“神兵”和黑洞李长清“神兵”共100余人。贺龙随后将施鹤游击大队和黑洞“神兵”整编为红四军特科大队，黄子全任中队长。

1928年12月24日，黄子全、黄兴武率20余名特科大队队员，乔装成百姓，混进建始县城，配合主力内外夹击，杀死县长陆祖质，30分钟就占领了建始县城。这场战斗之后，叔侄俩便因革命工作的需要，不能再在一起战斗。只是谁也不曾想到，这一分开，竟成永别。

1929年1月后，黄子全率领的特科大队与红军主力失去联系，但他一直保持革命战士的本色，率部在宣恩、咸丰、利川一带打游击，持续战斗。

1929年6月中旬，黄子全联合利川李文光“神兵”和全万帮“神兵”共1000余人，杀进利川县城，击杀蔡营长手下100余人，缴枪100余支。6月底，黄子全率部进入川东，在石柱黄水坝遭团防冉光寿袭击，突围出来后，仅剩20余人，驻扎在利川老屋基。

1929年9月12日，黄子全不幸遭利川毛坝团总刘清平暗算，光荣牺牲，年仅25岁。在他牺牲后，烈士的头被刘清平送往利川县城邀功，而身体则由龙潭司的群众索回，葬于龙潭司锅厂沟。

自奇袭建始城战斗结束后，黄兴武则被派去铜鼓堡去找同志，拉队伍。可由于时机不成熟，加上红四军马不停蹄地运动，黄兴武也与部队失去了联系。后来他只得在铜鼓堡潜伏下来，与建始的革命同志一起，以隐蔽的方式开展农民运动。

▶ **黄子全烈士之墓**（摄影 / 陈旭）

黄子全牺牲后，黄兴武继续从事革命工作，咬牙坚持战斗。1929 年，他与鄂西特委恢复了联系；1930 年，组织 1000 余名农民抗税抗捐，并获得胜利；1931 年春，他与革命同志一起发动建始暴动，失败后辗转来到武汉，与党组织重新取得联系。1931 年 8 月 13 日，黄兴武奉命乘船前往上海，准备执行党交给的更大任务，却不幸在上海遇难，年仅 29 岁。

参考文献

[1] 龙潭司武装暴动 [M]// 政协咸丰县委员会文史资料委．咸丰文史资料第五辑 .1996.

[2] 湖北省咸丰县老区建设促进会．血沃巴陵——咸丰革命老区 [M]. 武汉：湖北省人民出版社，2012.

[3] 施鹤 7 县第一个农民暴动地——龙潭司 [M]// 政协咸丰县委员会文史资料委．咸丰革命遗址．香港：中国文化出版社，2007.

[4] 滕树清．中共施鹤临时特委 [M]// 政协咸丰县委员会文史资料委．咸丰革命遗址．香港：中国文化出版社，2007.

[5] 咸丰县史志办公室．中国共产党咸丰县历史（1919-1949）[M]. 北京：中国党史出版社，2008.

▲ **龙潭河** 从高空俯瞰龙潭司村的龙潭河大拐弯，犹如一幅泼墨的山水画。在这片土地上曾经谱写了恩施革命史上的“五个第一”：第一个农民政权组织驻地、恩施地区第一个党的地级青年组织诞生地、第一个地级党组织诞生地、第一个党领导的农民起义发生地、第一支党的革命队伍诞生地。（摄影／秦兴武）

第三节
游击队长韦广宽

韦广宽(1884—1936)，又名韦玉堂，湖北咸丰大村人，土家族。他自幼兼习文武，精通医术，1933年11月，受红三军之请救治红军伤员，与红军解下不解之缘；1934年带领亲属10余人组成“韦家父子兵”，后被红军收编为咸丰游击大队，任大队长，傅忠海为政委。

1935年加入中国共产党，率部粉碎国民党军“围剿”，抵桑植与红六军团一部会合，后编入红五师十三团，参加长征，历任红五师十三团团部书记长，师部书记长。在向贵州西部进军的作战中负伤，仍随军前进，1936年6月，病逝于西康白玉附近。

此外，韦广宽的二子韦定富、四子韦定安、五子韦定官及女婿朱平安、外甥朱平松、族侄韦定贵等先后为革命英勇牺牲，可谓满门忠烈，后世的人尊称他们为“韦氏七雄”。

▲ 韦广宽画像（绘图 / 任靖雯）

一、看病结缘的红军好朋友

红军的伤病员都非常喜欢这位和蔼可亲、医术精湛的老伯，也很是感激，总是热情地给他讲述红军的故事，宣传党的政策。“红军和穷苦百姓是一家”“红军是穷苦人自己的军队”等思想认知，也慢慢在韦广宽的脑子里扎下根。

红军

韦广宽第一次和红军打交道，是1933年的深秋。

这一年的10月底，由于“左倾”领导错误，在国民党军的重兵“围剿”下，湘鄂西革命根据地的最后一块红色区域湘鄂边苏区丧失，贺龙、关向应率领红三军被迫向鄂川边转移，部队由15000人锐减至3000人。

10月27日，贺龙的军部就曾驻扎在大村集镇，并留下一批伤员在当地治疗；12月上旬，红三军第七、九两师在恩施石灰窑胜利会师，17日部队抵达咸丰的风背岩，次日经黑洞、小村到大村宿营。当晚，贺龙、关向应率领的红三军，又一次将军部设在大村水井湾的大地主朱海峰家里。此后三天，湘鄂西中央分局在这里召开了红军军史上著名的“大村会议”。

大村会议总结、讨论了湘鄂边革命根据地失败的教训与当前的任务，形成了《中共湘鄂西中央分局大村会议决议》，决定放弃恢复湘鄂边苏区，另创湘鄂川黔新苏区；把“恢复湘鄂边苏区”口号改为“创造湘鄂川黔新苏区”的新口号，会议统一了红三军的行动方针，实现了军事战略目标的转移。

这样的军事机密，作为大村的一个普通农民，韦广宽当然无从知晓。他只是听闻红军战士和老乡们摆龙门阵时，讲起红军首长贺龙“两把菜刀闹革命”的故

▲ **中共湘鄂西中央分局大村会议旧址** 3层楼房，共有房屋20间，面积280平方米，石木结构。该旧址是研究中共湘鄂西苏区发展史的重要文物。（摄影/陈旭）

事，觉得很是痛快。他对红军战士教老乡们唱的一首歌印象也非常深。歌中唱道：

太阳出来满地红，扛起梭镖跟贺龙，贺龙跟着共产党，共产党里有个毛泽东。

韦广宽虽不懂革命，但对这支队伍的印象颇佳。虽说队伍装备破烂，可纪律严明，精神面貌极好，部队首长也没有一点官架子。最让韦广宽佩服的是，这支名叫红军的队伍很讲道理，和老百姓打交道时，不但秋毫无犯，而且讲究公平交易，便是托付伤员照顾，也会付给大洋，不占老百姓的便宜。特别是当红军离开大村时，贺龙还亲自下令捉拿了一批作恶多端的土豪恶霸，展开了一场轰轰烈烈的“打土豪，分浮财”运动，让韦广宽心里更是有说不出的痛快：

“天底下到底出了叫地主恶霸害怕的队伍了！替我们老百姓出了口怨气。”

结怨

韦广宽对地方恶霸的恨，是有缘由的。

清光绪十年（1884），韦广宽（又名玉堂）出生在咸丰县大村的一个普通农户家庭。他的祖父韦兴万、父亲韦子俊为了让这个独苗能够顶住门户，不受人欺负，全家人节衣缩食，甚至借钱凑粮，也要供他读书学艺，在“教育”上下了很大的功夫。

他的父亲韦子俊粗通文墨，曾在当地的朱家私塾教过书，对儿子的教育，他并不赞成读死书，也无意让韦广宽走科举仕途之路，他让儿子学的技艺都很实用。除了读书识字外，还让儿子拜利川边界的一位武师学习武艺，兼习接骨斗榫的医术。几年下来，好学上进的韦广宽已成长为一个文武兼备、才智双全的棒小伙，在乡亲们眼中，更是有名的“全把式”。

有技艺傍身的韦广宽，一来手脚勤快，二来头脑活泛，小日子过得很是红火。待他成家立业后，家境已颇是富足，不但拥有一个由 5 幢吊脚楼组成的韦家大院，而且还置办了上好的 70 余亩良田，此外还种了大量漆树，有 5“早”（地方上的的一种漆树产量统计方法，以一个早工收割之数计量）之多。

韦家在当地不是大姓，又非名门望族，没有家族撑腰，也没有过硬的社会关系资源，日子过得好点就招人眼红，也容易遭到地方恶势力的欺凌。当时，大村的大地主兼团总（地方武装民团首领）朱海峰，伙同本房兄弟、大村联保主任朱太根，一心想侵占韦广宽辛辛苦苦积攒的家业，总是仗势欺人，三番五次找韦广宽的茬。

有一次，在大村街头，朱海峰和朱太根带着十几个团丁，团团围住韦广宽，欲寻衅滋事。忍无可忍的韦广宽奋起还击，他顺手一挡，就让冲在最前面的一个团丁摔了个狗啃泥，然后他猛地撕掉上衣，露出结实的身板，双手叉腰，大喝一声：

“连家伙都不消得用，只叫你们当个光棍儿（意即绝后）就是了！”

对方见他拉开拼命的架势，顿时认怂，灰溜溜地散了。

治病

红军来到大村时，身为大土豪，又是地方团防头目的朱海峰自然是吓破了胆。慑于红军威力，大概也是为了保存实力，狡猾的他先向红军表明“你不打我，我不打你”的合作姿态，又派他的侄儿朱南轩，带领 20 多名团丁和枪支参加红军。同时，为了证明诚意，还积极表态可以在大村收留红军伤员照顾。

虽说韦广宽很看不上朱海峰的两面三刀做派，可他也很能理解红军在革命低潮时期的妥协做法。为了支持红军，他特意在家里腾出两间大房子，主动将十几名红

▶ **傅忠海** 1914年生，湖北沔阳（今仙桃市）人。1930年加入中国共产党，同年参加中国工农红军。曾任第三军营长、鄂川边区红军游击总队政委。曾两次负伤，并在韦家大院接受韦广宽的治疗和其家属的护理，与韦家结下浓厚的革命情谊。

军伤病员接回家中居住，予以精心的呵护和治疗。他每天不辞辛劳，爬悬崖，攀峭壁，采集草药，家中火塘的四周，煨满了各种各样的药罐。红军的伤病员都非常喜欢这位和蔼可亲、医术精湛的老伯，也很是感激，总是热情地给他讲述红军的故事，宣传党的政策。“红军和穷苦百姓是一家”“红军是穷苦人自己的军队”“共产党是为老百姓谋利益”等思想认知，也慢慢在韦广宽的脑子里扎下根。

也就是在这个时候，韦广宽结识了一位名叫傅忠海的红军“小首长”。傅忠海是湖北沔阳（今仙桃）人，当时年仅19岁，可已经是个老革命。他13岁参加湘鄂边秋收起义，16岁加入中国共产党，18岁就被火速提拔为红三军某营营长，后调任师部当参谋。1933年春，又被调任到红7师21团任书记长，并在随后向川黔边转移的战斗中负了伤。韦广宽当时救治的这批红军伤病员中就有傅忠海。

在韦家大院养伤的过程中，通过两人不断地深入交谈和接触，49岁的韦广宽喜欢上这位比他小了整整30岁的红军“小首长”，傅忠海也很敬佩这位老成持重又可妙手回春的“韦大叔”，双方结下了浓厚的情谊。傅忠海与韦家长达半个世纪之久的不解之缘，也就此悄悄埋下历史的伏笔。

二、一个家族的红军游击队

韦广宽学着红军打土豪的样子，在咸丰大村、小村、李子溪、中心场一带及利川毛坝、黄泥塘等地打富济贫，惩邪治恶，大长了穷人的志气，赢得了广大穷苦百姓的赞扬和支持。

军民鱼水情

1934 年 6 月，在石柱县组建鄂边游击总队（后改编为独立团第七大队）的傅忠海，在一次战斗中不幸头脑中弹，再次光荣负伤。

或是基于对韦广宽的信任，以及对他高明医术的信赖，当时头部伤口开始化脓恶化，已经不省人事的傅忠海，被鄂川边工委紧急安排，派人将其从利川抬到大村，去找韦广宽治疗养伤。

虽说距上次离开的时间不到半年，但大村的政治气氛已经大是不同。当时投机红军的朱南轩，因红三军龙山战斗失利而悲观失望，裹挟着人、枪、财物等又逃回了大村，大肆造谣说“红军打光了”，并和朱海峰串通一气，背信弃义地杀害了当时遗留大村的几名红军伤员，白色恐怖再一次笼罩在大村周围。

韦广宽冒着极大的风险收留了傅忠海及其他一些红军伤病员。为了躲避朱海峰的迫害，他将这些伤病员藏在轿顶山的山洞里。同时让自己的妻子朱春英和女儿韦翠荣佯装打柴，上山照顾护理。

韦翠荣是韦广宽的小女儿，当时年仅 15 岁，为照顾这些伤病员吃了不少苦，还要面对不小的精神压力。当时她的祖父祖母就看不惯，说一个十五六岁的黄花大闺女，成天和一些大男人在一起，太伤风败俗。韦广宽和妻子朱春英劝解说：

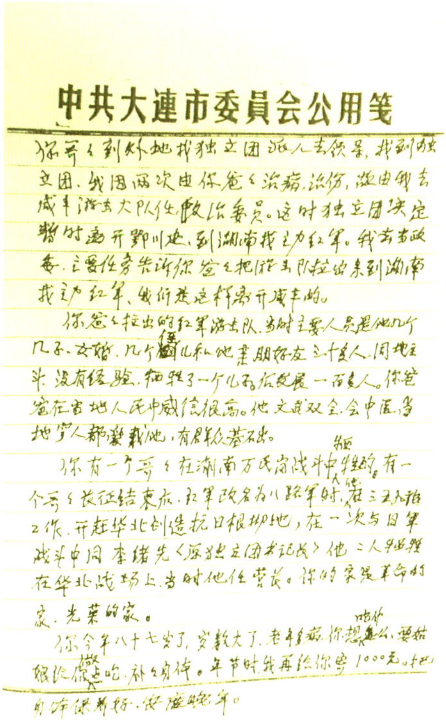

中共大連市委員会公用笺

你哥哥到外地找独立团派人去领导，找到独立团。我团两次由你爸爸治病、治伤，派由我去咸丰游击大队任政治委员。这时独立团决定暂时离开鄂川边，到湖南找主力红军。我去当政委，主要任务告诉你爸爸把游击队拉出来到湖南找主力红军，我们是这样离开咸丰的。

你爸爸拉出的红军游击队，当时主要人员是他几个儿子、女婿、几个侄儿和他亲朋好友三十多人，同地主斗没有经验，牺牲了一个儿子，后发展一百多人。你爸爸在当地人民中威信很高。他文武双全，会中医，当地穷人都拥戴他，有群众基础。

你有一个哥哥在湖南万民岗战斗中牺牲的。有一个哥哥长征结束后，红军改名为八路军时，他在三五九旅工作，开赴华北创造抗日根据地，在一次与日军战斗中同李绪先（原独立团书记长）他二人牺牲在华北战场上，当时他任营长。你的家是革命的家，光荣的家。

你今年八十七岁了，岁数大了，老年多病，你想吃什么，要姑娘给你做点吃，补补身体。年节时我再给你寄1000元。把身体保养好，安度晚年。

▶ **傅忠海的信** 一九四九年后，傅忠海千方百计与韦广宽的家属恢复联系，并常年对他们予以照顾。他也一直与韦广宽的小女儿韦翠荣保持通信联系，直到去世。

“红军都是好人，我们以后要想不受朱海峰的气，就要靠这些人。红军是为穷人打江山的，我们应该好好照护他们。再说红军里面还有女兵哩，不碍事的。”

在父女俩的悉心照料护理下，红军的伤病员们都很快痊愈，返回杀敌战场。但傅忠海的病却是个老大的难题。一是他受伤的是头部，情况复杂；二是伤口已经严重化脓感染，当时傅忠海已经陷入昏迷状态，不吃不喝，昏睡了20来天。深谙医理的韦广宽知道，仅靠中草药是无法治疗傅忠海的头伤，随后他冒着很大的风险，连夜步行，去利川天主教堂寻求西药。在韦广宽“中西合璧”的精心治疗下，傅忠海奇迹般地恢复了健康。许多年后，傅忠海回想此事，还会连连感叹：

“不晓得韦广宽用的什么办法，硬是把我救活了。”

更让傅忠海念念不忘的，是在这次治病养伤期间，小他4岁的韦翠荣为其熬药喂药、送饭送水、盥洗清理的种种照顾细节。朝夕相处中，20岁的傅忠海对这位土家阿妹也暗生情愫，并记挂了一辈子，可谓长情。特别是到了晚年，已是辽宁省人大常委会副主任的傅忠海，对偏居乡下的韦翠荣一直照顾有加，经常写信问候，寄钱寄物，表达自己对韦家的感激之情。自然这是后话，更是佳话。

▲ **中华人民共和国成立后韦广宽家人合影** 前排左二是韦广宽的夫人朱春英，她因精心护理红军伤病员和送夫送子参加红军，被称为“红军妈妈”，1964 年去世。

韦家父子兵

1934年8月，也就是傅忠海伤愈刚刚归队后不久，韦广宽决定自己也拉一支队伍，和地主恶霸们对着干。这样做，一是受红军的启发，二是迫不得已。当红三军转移后，朱海峰的团防反动势力卷土重来。因为知道韦广宽替红军做事，又一直惦记着韦广宽的家产，所以总是三天两头来找茬。

韦广宽忍无可忍，对家里人说：“他朱海峰横行霸道，无非仗他手头有几个人，几杆枪；我何不也拉人拉枪同他干？！”

老父忧心忡忡地说：“姓朱的家大势大，四乡团防又听他的摆布，还有官府撑腰，一龙难挡千江水啊！”

韦广宽咬了咬牙说：“他朱海峰再凶，我也要拼他个鱼死网破。我韦广宽宁愿站着死，也不愿跪着生！”

恰巧当时鄂川边红军独立团的交通员陈南庭，正以做小买卖为名，客居他家，也给他打气。胆足气壮的韦广宽，很快就串联自己的房族子侄和亲戚朋友，拉起一支 10 余人的“韦家父子兵”——除了早逝的大儿子韦定守外，二儿子韦定富、三儿子韦定宣、四儿子韦定安、五儿子韦定官全部参加，还有大女婿朱平安、二女婿张正群，亲血表朱太培、朱太海，外甥朱平松，侄子韦定贵、韦定志等。此外，族弟韦广钟、亲家朱继群、同窗好友李宪成也都纷纷加入。

当时，韦广宽鼓动大家说："不能再让少数人骑在多数人头上拉屎！从今天起，我们团结起来，拉起武装同他们赌起搞。你们说要得不？"受够地主恶霸欺凌的大伙早已忍耐不住，齐声说："要得！"

这支由韦广宽自发组织的农民武装，没有快枪，只有大刀、杆子（梭镖）、柴刀、斧头、火枪等。韦广宽学着红军打土豪的样子，在咸丰大村、小村、李子溪、中心场一带及利川毛坝、黄泥塘等地打富济贫，惩邪治恶，大长了穷人的志气，赢得了广大穷苦百姓的赞扬和支持。很快，一些"日无鸡啄米，夜无鼠耗粮"的长工、佃农也纷纷加入到这支自卫队来，队伍很快发展到 30 余人。

虽说自卫队已有 30 多人，可在实力上仍无法与朱海峰的团防武装相比。朱海峰天天叫嚣着要铲除韦广宽，并恣意制造事端，向自卫队挑衅。韦广宽率领自卫队奋起反抗，可他不懂打仗的规律，又没有战斗经验，加上众寡悬殊，自卫队连连失利，濒于覆没……

当初，为壮声势，韦广宽对外宣传自卫队是"咸丰红军游击队"，事实上并没有党的领导。几场小仗打下来，韦广宽深感党的组织先进性和党的领导重要性，因此，他很快就派三儿子韦定宣寻找正在利川忠路活动的中共鄂川边工委和红军独立团，主动要求党和红军来领导，并希望派出骨干加入，提高自卫队的战斗能力。

红军大队长

为了不让这支刚刚诞生的农民武装被地主团防扼杀在摇篮里，傅忠海亲自请缨，要求委派自己去大村，配合韦广宽做好工作。12 月中旬，工委正式将韦广宽的队伍改编成独立团咸丰游击大队，任命韦广宽为大队长，傅忠海为政委，另将杨仁泽等四名骨干充实进游击队。

此后，韦广宽和傅忠海一老一少成为最好的工作搭档，两人经常一起促膝谈心。50 岁的韦广宽对这位 20 岁的政委很佩服，从他那儿明白了许多革命的道理，学会了不少游击战的方法，思想觉悟也提高很快。

▲ **韦家院子** 是当年红军的“临时医院”，先后有八十余名红军伤员在此养伤治疗。从这里走出去的“韦氏七雄”舍生取义、投奔革命、英勇善战、壮烈殉国。（摄影 / 李攀）

1935 年年初，经傅忠海和杨仁泽介绍，韦广宽光荣地加入了中国共产党，由一个自发的农民斗争领袖成长为无产阶级先锋战士。他非常高兴地说：

“党要我干什么我就干什么。上刀山下火海，我都敢闯。我是党的人了，做什么，一切听党的。”

从此，韦广宽就将自己的命运同革命、同红军的命运紧紧地联系在一起。他无私无畏，一心扑在革命上：家中的 5 间大房子都腾出来，做游击大队的活动据点；全家老弱妇孺，则搬到轿顶山上住岩洞，种菜、养猪、照顾伤员……

从 1933 年 10 月至 1935 年元月，在 16 个月的时间里，先后几批共有 80 多位红军伤病员在韦家住院治疗，当时的韦广宽家，俨然成为独立团的后方医院。经常有十几个伤病员同时住在他的家里，韦广宽精心诊治，家属们悉心护理，伤员们很快就得以康复，陆续返回部队。治病期间，战士们和韦家结下了深厚的革命情谊，亲如一家人。他们亲切地称呼韦广宽的妻子朱春英为“朱妈妈”，并用当地的土话，把韦翠荣喊作幺妹。

▲ **红军洞（穿洞）** 距小村集镇3千米，1934年3月4日，74名红军游击队员在洞内遭敌军烟熏而壮烈牺牲。一九四九年后，为纪念英烈，将穿洞改名为红军洞。（摄影/陈旭）

在韦广宽和傅忠海的领导下，游击大队在大村及邻县利川的毛坝、黄泥塘等一带展开灵活机动的游击斗争。他们打团防，惩土豪，夺取团防的武器武装自己，缴获地主老财的粮食财物，除部分留作军用外，其余全部分给穷人。贫苦百姓形象地描述为："大楼房空仓响，茅草房饭菜香。"

此外，韦广宽还利用自己的一些老关系，协助独立团把小村土著武装李子生、陈子章部的十几条枪争取了过来。游击大队的队伍也不断壮大起来，很快队伍的规模就扩展到100多人，成为独立团一支不可忽视的战斗力量。

1935年2月，国民党新三旅以3个团的兵力，向鄂川边红军独立团发动新的"围剿"。朱海峰趁机纠集小村、田坝等反动团防武装400余人，向游击大队发起猛攻。18日，联保主任朱太根带领团防，烧毁韦家大院的游击大队队部，将韦广宽的家财洗劫一空。19日，韦广宽率领游击大队甩开大股敌人，绕道龙潭溪，攻打朱太根盘踞的山洞。战斗中，韦广宽的四儿子韦定安和几名游击队员冒险爬到洞口，不料洞里突然枪响，冲在最前面的韦定安中弹跌下悬崖，壮烈牺牲。

三、忠诚勇敢的红军老战士

年逾半百的韦广宽，带着伤病，以惊人的毅力和斗志，战胜了严寒、缺氧、饥饿等重重困难，先后翻过玉龙山等三座大雪山。可长途跋涉的辛劳，频繁战斗的损耗，加上艰苦的生活条件，伤病交加的韦广宽终是倒下了。

长征路上的传奇

面对强大的反动势力和严峻的斗争局面，为了保存有生力量，鄂川边工委和独立团决定，游击大队随独立团一道撤离，突破敌人的包围，撤往湘西同主力红军会合。

1935 年 2 月 22 日，韦广宽奉命率游击大队转移撤离前，将年迈的父母、半百的妻子、未成年的儿孙和柔弱的女儿、儿媳等寄托在亲戚家里。当时韦翠荣还找到傅忠海，说想跟着部队一起走。但傅忠海考虑到一路战事紧急危险，女同志随军又不太方便，加上军事保密的需要，所以忍痛拒绝。当月 27 日，部队抵达湖南桑植县的龙溪河，与红军主力会合。其后，鄂川边独立团编入红二军团五师第十三团，韦广宽先是担任十三团团部书记长，后又升任第五师师部书记长。

1935 年 6 月，离开家乡三个月之久的韦广宽听到一个振奋人心的好消息。为策应中央红军突围北上，红二、六军团主力北出鄂西，由贺龙亲任总指挥，在咸丰忠堡一带，打了一个漂亮的“围点打援”歼灭战。这场战役歼灭国军 1 个师部、1 个旅和 1 个特务营，共计 4000 余人，时任敌第一纵队司令兼第 41 师师长的张振汉也被活捉，是为红军历史上有名的“忠堡大捷”。

▲ “忠堡大捷”战役红二、六军团指挥部黄连棚旧址（摄影 / 陈旭）

1935 年 11 月 19 日，红二、六军团从湖南桑植刘家坪出发，开始长征。已经 52 岁的韦广宽，不顾年事已高，坚持随队长征。虽说年纪大，可他不服老，每天都和年轻人一起行军打仗，并不时乐呵呵地和战友们说笑。他又有长者慈爱的一面，到了宿营地，不是抢着做群众工作，就是替不会打草鞋的战士打草鞋……

韦广宽坚定的革命意志和乐观主义精神，让年轻的战士们得到极大的鼓舞。无论干部，还是战士，都把他视若慈父一般，尊敬他、爱戴他。当时为了照顾他，红五师司令部还特地给他配了一匹马，并派一位战士协助照顾。

1936 年，在向黔（西）、大（定）、毕（节）进军的转移作战中，韦广宽不幸中弹负伤。他谢绝了首长要他留在当地养伤的好意，忍着伤痛的折磨，坚持随大部队继续前进。韦广宽过去吃大烟，入党后就以坚强的毅力给戒了。在爬雪山的时候，同志们见他伤病严重，就劝他吸点大烟缓解一下疼痛，可他断然拒绝了。

在战友们的帮助下，年逾半百的韦广宽，带着伤病，以惊人的毅力和斗志，战胜了严寒、缺氧、饥饿等重重困难，先后翻过玉龙山等三座大雪山。可长途跋涉的辛劳，频繁战斗的损耗，加上艰苦的生活条件，伤病交加的韦广宽终是倒下了。

尾声

1936年6月6日，在西康白玉县城附近，伤病缠身的韦广宽又染上了痢疾。生命垂危，弥留之际时，他还不忘给前来探望的五儿子韦定官鼓劲：

“别伤心，跟着红军朝前走吧！为老百姓打天下，为你死去的亲人们报仇！”

韦广宽牺牲时，年仅53岁。更让人感慨的是，他的亲人当中，还有六人先后为革命捐躯：四儿子韦定安牺牲于咸丰龙潭溪，二子韦定富牺牲于永顺县的万民岗（当时任排长），女婿朱平安牺牲于大庸县的教子垭，外甥朱平松牺牲于桑植县的陈家河，族侄韦定贵牺牲于西康的巴安，五子韦定官（时任八路军三五九旅某营营长）牺牲于抗日战争时期的华北战场，后世的人尊称他们为“韦氏七雄”。

而韦广宽寄留在利川县（今利川市）的妻儿老小也受尽了苦难。小女儿韦翠荣被贩卖给地主家当童养媳，其他老小则因叛徒出卖，被迫四处颠沛流离，蹲岩洞，住岸阡，饱尝了人间酸辛，直到抗日战争胜利后，方才重返故里……

大概70多年后，已近90高龄的傅忠海，在写给86岁韦翠荣的信中，还满怀深情地感慨道：

“您的父亲不仅是我的救命恩人，也是咸丰县人民的好儿子，是我们党的好党员。你的家，是革命的家，是光荣的家。”

参考文献

[1] 咸丰县史志办公室．中国共产党咸丰县历史（1919–1949）[M]. 北京：中国党史出版社，2008.

[2] 韦广宽 // 政协咸丰县委员会文史资料委．咸丰文史资料第五辑，1996.

[3] 傅忠海．老红军傅忠海的自述 [M]. 北京：中央文献出版社，2008.

[4] 单绪林．世事沧桑 往事茫茫——红军游击队护理员韦翠荣 [M]// 政协咸丰县委员会文史资料委．咸丰革命遗址．香港：中国文化出版社，2007.

[5] 李发美，仁中．韦家父子兵 [M]// 湖北省咸丰县老区建设促进会．唐崖河风云录． 2002

[6] 刘德山．红军妈妈 [M]// 湖北省咸丰县老区建设促进会．唐崖河风云录．2002

▲ **大村会议旧址二楼陈列室** 挂满了在咸丰战斗过的红军将领图片。土地革命时期（1928—1936），贺龙、任弼时、关相应、李达、萧克、王震、廖汉生等在内的近 200 位党、政、军领导人在咸丰战斗、生活过。（摄影 / 陈旭）

▲ **“忠堡大捷”纪念碑**　“忠堡大捷”是写入了《中国人民解放军战史》的一次以少胜多的著名战役。1985 年，咸丰县人民政府在忠堡镇修建了“忠堡大捷纪念碑”；2005 年，在纪念碑的基础上再次扩建为烈士陵园。（摄影 / 陈旭）

第四章

风/流/名/士

第一节　土司夫人田彩凤

第二节　眼科妙手严雪樵

第三节　咸丰南剧名伶传

第一节
土司夫人田彩凤

田氏夫人（？—1630），原名田彩凤，龙潭安抚司田氏之女，唐崖第十二任土司覃鼎之妻。她好善乐施，笃信佛教，相夫教子，皆以忠勇著称。在明万历三十九年（1611）时，因其公公覃文瑞和丈夫覃鼎外出征战，已开始执掌府印，而且政绩斐然，“内则地方安谧，外则转输无乏。”

在她和丈夫覃鼎主政期间，是唐崖土司的历史鼎盛时期，明天启年间，皇帝因覃鼎参与平定“奢安之乱”的军功，敕建“荆南雄镇、楚蜀屏翰”石制牌坊。唐崖土司城也是在她主政期间扩建。她的儿子覃宗尧袭职后，因“肆行不道”而被她“绳以礼法”，经她安排，传位给侄儿覃宗禹。田氏夫人是唐崖土司历史上承上启下的关键人物。明崇祯三年（1630）夏天，病逝于唐崖土司城。

▲ 田氏夫人画像（绘图/任靖雯）

一、风光的田氏夫人

女性代领夫职，做“女正官”，无论上祭祖宗，还是下告百姓，都是再正常不过的事情。当时的官员在写给朝廷的奏折里，对这样的事情也持特别理解的态度，并评价说：“子承父袭，虽为正道，妻继夫职，实系伦常。”

贵子

大明万历三十年（1602），岁在壬寅，是中国传统的虎年。

一位名叫田彩凤的土司夫人，在咸丰唐崖长官司生下了一位白白胖胖的儿子。她是唐崖长官司第十二代土司覃鼎的正房夫人，土家族人。土家族是巴人的后裔，以白虎为其精神图腾。这个生于土司世家的属虎小子，自然天生就带着几分热气腾腾的贵气。

田氏夫人对于这位长得虎头虎脑的亲生儿子，内心自然非常欢喜，但同时又夹杂着一些担忧。因为她知道生下的这位大少爷，将会是唐崖覃姓土司的下一代继承人。她相信自己的儿子将来一定会和他的父亲一样彪悍勇猛，但又希望除了勇猛还能多些……

田氏夫人虽是土生土长的少数民族土司后裔，但对于中原王朝的儒家文明却一直心存敬重和仰慕。或真是厌倦了当地土司之间一言不合就举兵械斗的世代纠纷，也可能真是不喜欢土司率领“土兵”四处恶意劫掠的生存模式，她后来真心归皈了汉传佛教，并希望将来儿子治理一方时懂得些文明礼教。为此，田氏夫人特地给儿子起了一个特别汉化的名字：“覃宗尧”，以此激励儿子将来作为下一代土司治理唐崖时，能效法古代尧帝的贤明治理。

▲ **覃鼎和田氏夫人蜡像** *唐崖土司民族服饰展示馆藏（摄影／陈旭）*

武略

田氏夫人之所以这样做，是因为她十分了解覃氏家族历史，也非常清楚如何保护覃氏的家族利益。她嫁的唐崖覃氏土司，是武陵地区的强宗大姓，世代尚武，军功不断，历来以“劲勇善斗”而著称。

覃氏先祖覃汝先早在南宋时就在施州清江郡（今恩施地区）定居，宋庆元三年（1197），其子覃伯坚因征“蜀吴曦乱”有功，受封于行军总管，镇守施州（恩施）；覃伯坚之子覃普诸世袭行军总管，后因功加授“镇国大元帅”，任施州万户总管府总管；元至元二十年（1283），覃普诸的三子覃化毛执掌唐崖千户所，是为唐崖始祖；元至正十五年（1355），朝廷正式下令设立唐崖长官司，隶属于施州卫，一个土司王朝的传奇历史就此开始书写，到田氏夫人的丈夫覃鼎这一辈，已世袭土司12代，雄霸一方差不多250年。

田氏夫人很骄傲夫家的一点，就是早在唐崖第九代土王覃万金时，就以“自明季唐崖最倔强”而赫赫有名。西南土司历来以“耐劳习险，劲勇善斗”著称，唐崖“土兵”的战斗力更甚，常常四处征伐，抢夺地盘，最远打到了黔江的七个州县。

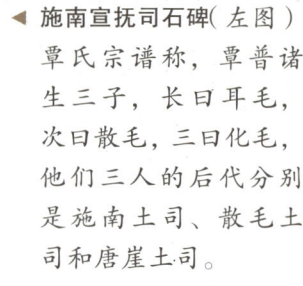

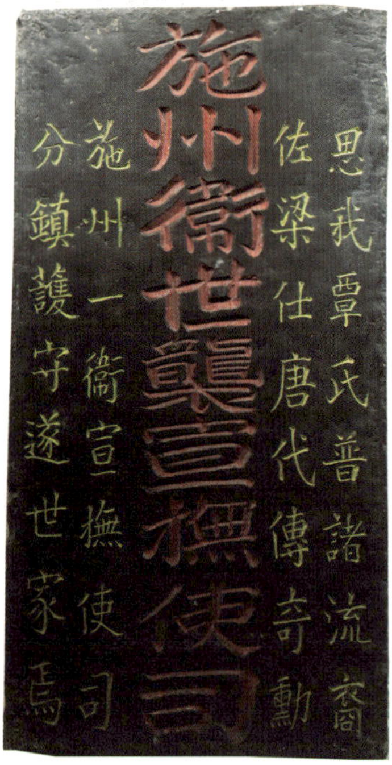

◄ **施南宣抚司石碑**（左图）
覃氏宗谱称，覃普诸生三子，长曰耳毛，次曰散毛，三曰化毛，他们三人的后代分别是施南土司、散毛土司和唐崖土司。

◄ **唐崖长官司印**（右组图）
这枚印章出土于土司城衙署区官言堂遗址内，是唐崖土司投降吴周政权时由吴三桂颁发，印章为铜质方形，重675克。

到了明隆庆、万历年间，由于“中原多事，法度凌弛”，唐崖土司更是乘机扩张，侵占黔江的地方就有洞口（今黔江区舟白镇地）、峡口（疑在今舟白镇）、中塘（今黔江区中塘乡）、后坝（今黔江区后坝乡）各乡地共计59处。

便是大明朝戍边的正规部队大田千户所，被侵占的辖地就有四度坝、麻地坨、冉寨屯、大河边、谢家泉、龟肚溪、生地坝、偏坡屯、陵家田、柿子堡、官岩沟、王家沟、红石坂、赵家堡、铜厂沟、魏家坝、长沙坝共计17处。

到了第十代土司覃柱，也就是覃鼎的爷爷主政时期，又因奉调征剿金峒土司覃璧叛乱，“斩功九十三颗”，而获得大村、小村两个村庄土地。第十一代土王覃文瑞，也就是田氏夫人的公公主政时，也常联合有姻亲关系的周边土司“擅操兵戈”，四处扩张，到了覃鼎掌印时期，唐崖土司管辖的领地已近600平方千米。

文韬

除了得意的“武功”之外，唐崖土司的历代土司也很重视“文治”。这从历代土王的名字就可以看出一些端倪，如覃忠孝、覃斌、覃彦实、覃文铭、覃文瑞等，都是特别文绉绉的名字，一般人很难与霸蛮的土司联系起来。

覃氏深受儒家文明教化影响，也颇有历史渊源。早在始祖覃化毛治理唐崖期间，就已深悟“齐政修教，因俗而治”的重要性。在他看来，管理边疆民族地区，最成熟的做法就是因地制宜，结合地方风俗和社会发展实际情况，实施礼仪教化，以德服人，以“仁政”抚靖地方，取信百姓。他如此想亦这般做。也正是在他的文明教化和开明治理下，地方安宁无事，人民安居乐业，为感其恩德，老百姓尊称他是“启处送”（蛮语，意为上天赐予的仁主）。

与一味蛮横，只懂武力抢夺的普通土司相比，唐崖土司最大的聪明之处，就是不但明白“仁政礼教”的重要性，而且懂得政治尺寸和合纵谋略，擅用“软”实力，譬如用联姻的手段融洽和官府的关系。田氏夫人还记得，第九代唐崖土司家族里有一位女性长辈，生于嘉靖十六年（1537），后为了家族的政治利益嫁给了大田千户所的长官，成了世爵正千户田阶的母亲。这位田门覃氏，曾经的唐崖土司小姐，活了整整69岁，于万历三十三年（1605）才过世，一辈子应该为母族作了不少贡献。

田氏夫人也很明白，在西南众多土司中，唐崖覃氏土司级别不高，价值有限，十多代以来，只给予“长官司”（正六品）的政治待遇，但后期能快速崛起，达到其他土司很难达到的历史位置，在很大程度上取决于唐崖覃氏独特的政治智慧，那就是永远和中央王朝保持密切良好的关系。譬如第六代土司覃彦实性子很野，“以桀骜闻”，听闻有政府官员来到唐崖，多是避而不见，唯有听说施州卫指挥佥事童君（正三品）来视察工作，马上就恭恭敬敬地出来迎送。这就是所谓的政治分寸感，覃彦实很清楚官场上什么人不能得罪。

这或是缘于一个严重的历史教训。明初洪武年间，第二代土司覃值什用也曾“不老实”，随湖广土司叛乱，后被平叛，治所废毁，随后不再造反，慢慢成了中央政府最信赖的地方武装力量。第四代土司甚至为了表明决心，特地用“忠孝”二字作为名字，明廷也终是原谅了他们，治所得以恢复。弘治年间，第六代土司覃彦实又以高超隐忍的政治手腕，进一步解除中央政府的戒心，完成土司衙署的建设工程。

此后，唐崖覃氏土司在中央政府眼中，一直是“忠勇”的代名词，凡是周边土司造反，需要剿匪平叛时，唐崖土司历来都是打头阵的。譬如隆庆四年（1570），奉调征剿金峒土司覃璧叛乱，譬如万历二十八年（1600），奉调参加“平播之役”等。此后，田氏夫人的公公、丈夫，以及儿子，也都积极活跃于朝廷征召的各种平叛军事活动中。

印官

耐人寻味的是，自从田彩凤嫁到唐崖，做了第十二代土司夫人后，或是缘于极高的政治天赋和良好的治理能力，很快就被推到台面上，成为唐崖土司的实际掌权者，也是真正的女主人。她的公公、丈夫，也乐于做一个有名无实的“元首”。

早在万历三十九年（1611），她的儿子覃宗尧刚满 9 岁，她的公公覃文瑞离正式退位还有两年，年轻的田氏夫人就已经成为唐崖土司事实上的“掌印官”。

这一年的夏天，为了保佑在外戎马征战的公公和丈夫，田氏夫人决定修建一座张飞庙。这是因为在鄂西南一代，民间崇拜的武神不是红脸的关公，而是黑脸的张飞。庙宇建好后，田氏夫人还特地捐钱刻了一对石人石马。

为了表示诚心，田氏夫人花了重金，请来高明的石匠，雕刻出来的石人石马，整体造型奇伟雄壮，雕刻细节栩栩如生。石马以当地特产的西南贡马——利川马为原型，用巨大的砂岩整块雕琢而成，左公右母，公马高些，约 2.38 米，母马矮点，约高 2.08 米，皆是提腿欲行状，马身上还雕饰着花纹精细的鞍、蹬、缰、辔等，特别是马鞍两侧，还刻有活灵活现的麒麟雕饰。此外还有伴马而行的两位武士，身高 1.9 米，大头阔鼻，体块厚实，横眉竖目，威武肃立；他们头戴盔帽，脚蹬战靴，

身着铠甲，左肩紧依宝剑，反握纸伞，右手执辔侍立马前，如控驭状。

田氏夫人在家族中的权威地位，在石人石马上的铭刻上显露无余。在略高的公马缰绳上，阴刻一行小字："万历辛亥岁（1611）季夏月四日良旦，印官覃夫人田氏修立"。而略矮的母马缰绳上，阴刻另一行小字："万历辛亥岁季夏月廿四日良旦，峒主覃杰同男覃文仲修立"。覃杰辈分很高，是田氏夫人公公覃文瑞的叔父，可能年龄较小，作为峒主（土司的佐官）和覃氏家族的族长，辅佐田氏管理唐崖土司内务。

与田氏夫人相比，覃杰捐献的石人石马，不但个头小，是匹母马，而且雕刻完成的日期也要刻意推迟20天，一切动人的细节都显示出唐崖土司家族里最别致的"尊卑有序"，颇有几份武则天"牝鸡司晨"的豪放做派和文明新意。

田氏夫人独特的身份和地位，取决于她的精明能干，当然也有一定的历史原因和文化背景。当时川、鄂、湘、黔武陵边区一带的少数民族风俗，与汉人的传统礼仪习俗完全不同，女性往往有着更高的家族和社会地位。

正如田彩凤氏夫人的姻亲秦良玉一样，女性代领夫职，做"女正官"，无论上祭祖宗，还是下告百姓，都是再正常不过的事情。当时官员在写给朝廷的奏折里，对这样的事情也持理解态度，并评价说"子承父袭，虽为正道，妻继夫职，实系伦常。"

▲ 张王庙石人石马图（摄影／杨力）

二、精明的覃家媳妇

朱燮元以皇帝的名义，为覃鼎树立牌坊，既反映了朝廷对其军功的表彰，也说明了唐崖土司城地理位置的重要。在田氏夫人心里，当然要感激“皇恩浩荡”，但更打动她的，应该是这位才华过人的钦差大臣。

姻亲

能做覃家媳妇的田彩凤，身世背景自然也不一般。田彩凤的娘家也是土司世家，而且最初规格还要比唐崖土司的长官司稍稍高些的安抚司——龙潭土司。

田、覃二姓，是当地最有名望的两大强族大姓。早在宋元时期，施州地区基本就是两大家族的势力范围，“其势甚盛，屡为边患”；明代以来，两大家族子弟又分为十四个司，传了几辈后，便“亲者渐疏，遂为仇敌”，土司之间常年械斗不止，战乱不绝。由于唐崖长官司和龙潭安抚司辖地相接，为争夺资源，覃氏、田氏两族更是“世相仇杀”，互相攻伐不断。

田彩凤嫁到唐崖土司的时间，大概应该是明万历二十几年左右。在这段时间里，唐崖土司发生了一个产生严重连锁反应的重大历史事件，使得没有精力再与其他土司争斗，通过姻亲的方式与世代为仇的田氏结为亲家，是当地土司惯用的利益平衡策略，也是不得已为之的补救之策。

个中缘由，要从另外两个姻亲的故事讲起。

先是万历二十二年(1594)，唐崖第十一代土司覃文瑞接到一个好坏夹杂的消息。好消息是嫁给石柱宣抚使马斗斛（也就是秦良玉的公公，秦良玉嫁给马斗斛的长子马千乘）的覃氏夫人因丈夫马斗斛和儿子马千乘双双被朝廷抓捕（因朝廷在辖区开矿被查亏损），而成为石柱宣抚使的“女土官”；坏消息是当地的土吏马邦聘、马斗霖等人不服气，为夺取官印控制权，竟然“集众数千”造反，“纵火焚公私庐舍

▲ **“田氏夫人出嫁”浮雕** 位于清坪镇龙潭司村大坪寨院文化墙上（摄影 / 陈旭）

八十余所，杀掠一空”，情况很是紧急，惊恐的覃氏赶紧向娘家求救。

覃文瑞接到消息，自然很是不爽，马上联合同样和马斗斛有姻亲关系的散毛长官司（今咸丰县高乐山镇、忠堡镇及来凤县地界）土司覃玉鉴，“轻自举兵助虐”，一起杀进石柱，要替覃氏出气。朝廷得知消息，也马上命令四川官府派人安抚灭火，结束混乱残酷的“内斗”局面，但官员们不是搪塞，就是贪腐，始终也没拿出个合理的解决方案。直到万历二十三年（1595），石柱族人凑齐赎金，将马千乘从监狱里“捞”出来，重掌官印，事情才算告一段落。

征剿

另一个姻亲的故事则更尴尬，甚至有些狗血。万历二十五年（1597），播州（今贵州省遵义市）宣慰司土司杨应龙发动叛乱，石柱宣抚司的土舍（土司二把手）马千驷，也是马斗斛的二儿子，率兵进入播州，声援杨应龙。

马千驷为什么要这样做呢？这也和他的母亲覃氏夫人有关。因为覃氏夫人和杨应龙“有私情”，且覃氏专宠马千驷，一心想让马千驷取代其兄马千乘的世袭地位。为了壮大二儿子的实力，她与杨应龙合议，把杨的次女许配给马千驷。

万历二十七年（1599），杨应龙以当人质的儿子杨可栋被官府害死为名，在马千驷为内应的配合下，轻易攻破綦江城。为报儿子冤死之仇，杨应龙在綦江大肆报复，“男女被杀死万计，被掳千余，童稚亦不得免……尸浮水东下……民间望王师如时雨”。

万历二十八年（1600），朝廷急调朝鲜抗倭主帅李化龙回国，集结川黔湖广约18万官军，土司军数万以及30万民夫，在重庆府誓师，东西南北兵分八路合围播州。造反毕竟是原则立场的大事，姻亲也好，血亲也罢，都不值一提。石柱土司马千乘为自证清白，马上摆出“大义灭亲”的姿态，亲自率领白杆兵3000人出击，他的夫人秦良玉则以500多人押运粮草跟从。

而其他有姻亲关系的土司也都硬着头皮，纷纷配合出兵征剿。其中，散毛宣抚使覃玉鉴应征出兵1000名，田氏夫人的娘家龙潭安抚司出兵500名。唐崖长官司覃文瑞、覃鼎父子俩，更是把打碎的牙往肚子里咽，硬着头皮，积极配合出兵征剿杨应龙。

平播之役历时114天，最后以斩杀造反“土民”2万人，杨应龙自杀，两个儿子被“磔于闹市”，朝廷完胜结束。事后万历皇帝还特意铸造“三宣慰八宣抚司鼎”以示警告，鼎铭曰：“惟星拱北，惟水朝宗，惟天王建极八方会同，惟西南氏土各世其封，惟敬天勤民庶不坠。尔祖厥功，尔其不信，视杨应龙。”

牌坊

这两个令人伤感且血腥的姻亲故事，应该对田、覃两个土司家族的影响都颇为深远。双方最终决定走出“世相仇杀”的伦理怪圈，通过和亲，世代联姻，化干戈为玉帛，两族重归于好，双方百姓此后不再好勇斗狠、相互掠夺，而应互不侵犯，和睦相处，方能彼此相安，一起安居乐业。

对于覃鼎和田氏夫人而言，他们的姻亲石柱土司马千乘和秦良玉夫妇，为小两口树立了很好的婚姻样板，一起忠勇朝廷，共同保家卫国。此后多年，他们一个主内，一个主外，夫唱妇随，琴瑟相合，颇是恩爱。土司城后面的玄武山上，他们还亲手种植了一对苍翠挺拔的杉树，以示对爱情的纪念，两树枝干连理，如夫妻携手，相亲相爱，被百姓们称作“夫妻杉”。

万历四十一年（1613），也就是田氏夫人修建张飞庙，捐资雕刻石人石马的两年之后，唐崖土司第十一任土司覃文瑞病故，田氏夫人的老公覃鼎就任第十二任唐崖土司，正式登上历史舞台。七年之后，即天启元年（1621），已人至中年的覃鼎和田氏夫人，终于迎来了一个命运转折的机会。

▲**共沐雨雪的“夫妻杉”** 位于土司城西面玄武山，树龄超过400年，传说由覃鼎、田氏夫人共同所植，是夫妻爱情的象征，历来得到覃氏族人的保护而存活至今。（摄影／何继明）

▲ **唐崖土司城的石台阶和牌坊** 土司城营建依山就势，象征土司战功的“荆南雄镇”牌坊，数百年来一直宣示着土司的威权和中央王朝赐予的正统地位。（摄影 / 陈旭）

这一年，永宁土司奢崇明起兵反叛，分四路进攻，各有兵数万。叛军连破四十一州县，水陆并进，势如破竹。当时，奢崇明先行派其女婿樊龙和樊虎率军叛据渝城（今重庆），覃鼎奉调征讨，　协助布政使朱燮元平定叛乱；当时一起出兵的还有他们的姻亲石柱宣慰使秦良玉，领白杆兵一万余人进攻。

天启二年（1622），奢崇明联合贵州水西土司安邦彦再次起兵犯黔，覃鼎再次辅助布政使朱燮元，担任“监军道”的职务，监督武职，整理文书，商榷机密，参谋军务。当时，唐崖土司的另一位重要人物峒主覃杰也随军出征，当时副将（后担任贵州总兵官）王国祯冒险杀入大方县的叛军老巢，后在被叛军团团围困之际，覃杰率领唐崖土兵“冲关斩煞、势如破竹”，终是将他们救出重围，并且毫无损失。

天启三年（1623），覃鼎再次追随右都御史兼兵部左侍郎朱燮元，奉调征讨永宁奢崇明、奢崇辉，几番血战，均是功报大捷，胜利而归。特别是这年四月，攻克叛军老巢永宁，奢崇明兵败仅以身免，这场叛乱才暂告一段落，覃鼎还特地留下收缴的“永宁卫前千户所百户印”一枚，作为战事纪念。

在这场“击毙叛军2.79万人，俘获1.26万人，招降头目134名”的惨烈战事中，“朴勇善战”的覃鼎率领唐崖土兵，三年连续征战，凭借“凡战必捷人莫敢撄”的显赫军威，让大帅朱燮元印象非常深刻。他后来特地给朝廷题奏上报，对覃鼎大加犒赏，以军功授宣抚使之职，并让其以平西将军参军事，同时颁赐皇令三道：钦赐大宝十两；敕赐大方平西将军“帅府”二字；赐建牌坊一座，书“荆南雄镇，楚蜀屏翰”八个大字。

此外，皇帝还颁发一道圣旨，特别诰封田氏夫人为“武略将军”。与此相比，当时亲自带兵杀敌的姻亲秦良玉被诰封的是“诰命夫人”，而在家中坐镇谋划的田氏夫人却和丈夫一样，获赠“武略将军”的称号，可见她的贡献一定非同小可。

天启四年（1624）正月，一座全石仿木结构的高大牌坊在唐崖土司城的官衙前巍然矗立。这座牌坊通高7.15米，面阔8.04米，四柱三开间，正门上两角有透雕“象鼻勾月”，方形石柱前后基部各有撑鼓相护前后。

牌坊枋面采用高浮雕、浅浮雕、圆雕和透雕工艺，刻满各种精美的图案，如“渔樵耕读”“麒麟奔天”“龙凤呈祥”“槐荫送子”“断桥接子”“土王出巡”等寓意美好、趣味独特的传统图案。而最能体现田氏夫人拥抱中原文明礼教态度和教化雄心的，要数一块称作“魁星点斗，独占鳌头”的石刻。

▲ **唐崖土司城牌坊正面** 刻有“荆南雄镇”四字。（摄影 / 陈旭）

在“荆南雄镇”额枋下面中部，镶嵌的这块石刻造型非常独特：在两朵祥云中间，拱托着一位面目狰狞的小鬼，身披混天绫，一脚向后翘起，右手执笔，左手捧斗，活脱脱一个汉字“魁”的象形造型；小鬼的另一只脚，踩在一尾巨大的鳌鱼头部，象征“独占鳌头”。此外，整个雕像的背后，还有四颗星星，用折线连接成“斗”状，这些雕刻的元素组合起来，就是“魁星点斗，独占鳌头”的意思。

魁星点斗又称魁星踢斗，或名文魁夫子、魁星爷等，是中国神话中主宰文章兴衰的文运之神，在儒士学子心目中，魁星具有至高无上的地位，为读书士子的守护神。在牌坊如此重要的位置雕刻这般寓意深远的雕像，田氏夫人或是想来告诫或激励唐崖族人和子民，“武功”的成绩或很荣光，但“文治”的结果会更加体面，也更有价值。

覃鼎和田氏夫人对读书或读书人的敬畏，或缘于覃鼎的老上级，也是修建牌坊的主持者朱燮元。他是万历二十年（1592）的进士，满腹经纶，一身才华，不但官做得大，文章写得好，而且排兵布阵，指挥打仗也颇有章法。

牌坊侧旁的题记，详细记载着这位大人物的显赫身份：“钦差总督 / 兼湖广荆岳郧襄陕汉中等府军务 / 策授总粮饷 / 巡抚四川等处四方 / 兵部左侍郎 / 兼都察院右佥都御史／朱燮元为”；另一面则刻着：“湖广唐崖司／征西蜀升都司佥事／兼宣抚司宣抚使／覃鼎立／天启四年正月吉旦”。

最让覃鼎和田氏夫人服气的，或是牌坊横额两面分别题刻的四个大字：“荆南雄镇”和“楚蜀屏翰”。这八个大字，字体雄浑，寓意深远，应该是这位进士出身的二品大员用心总结并亲手书写的。因为当时年仅20岁的天启皇帝痴迷于木匠手艺，无心，也无力操持军国大事。幸亏有朱燮元这样兢兢业业的老臣，帮他苦撑着摇摇欲坠的大明江山。

朱燮元以皇帝的名义，为覃鼎树立牌坊，既反映了朝廷对其军功的表彰，也说明了唐崖土司城地理位置的重要。在田氏夫人心里，当然会感激“皇恩浩荡”，但更打动她的，应该是这位“身长八尺、肚大十围”，饭量过人，才华也过人的顶头上司和钦差大臣。

“魁星点斗，独占鳌头”是田氏夫人对读书人的一种致敬手段，是对未来唐崖文化兴起、人才辈出的一种期望，当然，多多少少，也应该有一丝对朱燮元的感激和敬意在里面。

▲ **唐崖土司城牌坊背面** 刻有“楚蜀屏翰”四字。（摄影／陈旭）

三、杰出的土司女官

对于颇有政治头脑的田彩凤而言，除了以和亲消解家族恩怨，靠军功荣耀土司门第之外，她也非常清楚，唐崖土司若要长治久安，仅靠以往的“蛮勇”之力，是走不下去了。要保一方平安，需要更高的政治思维和治理手段。

城池的秘密

对于颇有政治头脑的田彩凤而言，除了以和亲消解家族恩怨，靠军功荣耀土司门第之外，她也非常清楚，唐崖土司若要长治久安，仅靠以往的“蛮勇”之力是走不下去了。要保一方平安，需要更高的政治思维和治理手段。

作为唐崖土司的掌印官，也是唐崖的实际主政者，她抓住一个千载难逢的机会，开始一项伟大的工程，那就是扩建城池。

对鄂西土司而言，修城可以说是“前无古人，后无来者”的惊世之作。鄂西虽说土司众多，可仅有唐崖土司筑造了石头城池，其他土官最为富强的也仅是“无城有基”的连片村寨。战事不断的土司们当然也想修建坚固的城池，只是一来偏远山地，稀缺人力资源，二来建城耗费甚巨，缺乏足够钱财。

以唐崖为例，据明成化、正德年间的官方统计，辖区才有 190 户人家，645 口人；后来发展到“编户三里”，按明代的里甲制度估算，110 户为一里，也不过 330 户，1100 余口。即便是加上四周没有被官方统计的侵占地盘，可调度的人口资源，也远远不足以撑起修建一座石头城池。

便是覃鼎因军功可以扩建土司衙署，也有足够钱财大兴土木，修建规格较高，总面积达 24500 平方米的“大方平西将军帅府”，但要兴建占地 74 万平方米的石头城池，则不是小小一个唐崖土司所能承受的人力、财力和能力范围。

更耐人寻味的是朝廷的态度。以覃鼎年轻时参与平剿播州杨应龙叛乱为例，当时播州土司修建的坚固军事堡垒海龙屯，兵败后被官军大肆破坏，刻意捣毁。那么，朝廷又为何会纵容唐崖土司来扩建一个比其“上级单位”——大田千户所还要大两三倍的军事城池呢？

最不可思议是城池修建的速度。自天启四年（1624）开始兴建，到天启七年（1627）覃鼎因病去世，再到崇祯三年（1630）田氏夫人去世，最多也就六年不到的功夫，一座规划严密、功能齐全、建筑巍峨的石头城池便拔地而起。田氏夫人又是凭什么神奇的功夫做到这一点的呢？

造城的功劳

其实，田氏夫人只是顺势而为。

唐崖土司城池的修建，不是仅靠某个土司的个人野心或热情能够完成，而是全凭借朝廷层面强大的政治意志和军事力量来推动。修建唐崖土司城，依然和主持修牌坊的朱燮元有着密切的关系。

朱燮元作为晚明主政西南的地方大员，为彻底解决土司群起叛乱的顽疾，本着“边徼虽安、不可忘战、制夷之法、必先内固”的原则，采用了屯田戍守，以守为攻的策略。他“一面合力版筑，一面剿除顽梗”，最迟自天启六年（1626）开始，就在川、黔边地的沿河要塞，筑城三十六所，后又在大渡要隘，建筑七座新城，从而达到“近控苗蛮，远联滇蜀……贼必不敢猝入为寇”的战略目的。

这些“皆在酋地，控制河岸，用以防边者”的城池要塞，“俱在内外用石包砌”，都和毗邻唐崖河，位于几省交界的唐崖土司城地理位置、地势地貌和城建特点高度吻合。换句话说，唐崖土司城就是朱燮元治边的重要战略环节中的关键一环。根据时间线的梳理，以及历史发展逻辑推算，唐崖土司城的修建，也可能是他执行这一战略的起始环节。

值得一提的是，当年覃杰曾拼死营救过的贵州总兵官王国祯，早在天启六年（1626），就领命督造了五座小城；和覃鼎一起战斗过的同袍，利川土司覃寅化的儿子覃载勋也曾根据朱燮元的安排，以援剿副总兵的身份督修了好几座边城。

朱燮元能够在短时间内，“多、快、好、省”地营建诸多城池，一个很大的撒手锏就是“合力”。在朱燮元看来，要解决西南的土司动乱问题，“改土设流，不如分土世官”，所以他很重视与地方势力的合作，并和世守边地的有功将领达成“为自己修城，也是为国家谋利”的利益和目标高度一致。在修城过程中，他也不大包大揽，而是“或助工费，或犒工匠”，花费少量的“酬劝之资”，反而达到了节省军事开支，“为费颇省”的战略目标。

唐崖土司城的修建，正是朱燮元这一“治边良策”的受益者。无论是衙署区正对建筑群的“四正”方向“十字刻”柱础，还是三街十八巷三十六院的恢宏布局，无论是大衙门台阶侧面麒麟、海棠、莲花的精美浮雕，还是大面积干砌法包砌青石条的熟练工艺，都说明唐崖土司城在其建造过程中，有高人做过缜密的规划设计，同时应该还有大批熟练的工匠配合。

一座包含衙署、庙宇、兵营、城防等功能详备的城池规划，绝非普通的民间堪舆师可以胜任，而明代严格的匠户管理制度也决定了唐崖土司高规格建筑背后，一定需要官府强大的调度能力和资源支持。而相关资源和专业人力，能在短时间内汇聚一个偏远边地，可能只有一个解释，那就是朱燮元发起的“边地造城”运动。

唐崖土司城，因地理位置绝佳而被朱燮元看中，从军事意义层面资助钱财和工匠，鼓励覃氏修建城池，同时又因覃鼎的卓越战功和战友情谊，给予适度的政策倾斜和资源照顾也自在情理之中。加上田氏夫人“内则地方安谧，外则转输无乏”的高超施政手腕和严谨治理能力，也应该为修建唐崖土司城增色不少。

只有清楚地意识到修建唐崖土司城是朝廷授意的国家意志工程，是重点国防项目，也才能更好理解为何持家主政的田氏夫人虽没外出带兵打仗，却依然被授予与丈夫同级别的“武略将军”。

崇佛的心结

在唐崖土司城的修建过程中，田氏夫人甚是操劳用心。虽说表面上唐崖土司处于最繁盛的时期，但在田氏夫人内心深处也有颇多烦恼。一是牌坊修成后，丈夫覃鼎的身体每况愈下，并在不到三年后的天启七年（1627），因病去世；二是已经长大的儿子覃宗尧，却没如她期望的那样有出息，继承土司职位后，“肆行不道”，

▲ **衙署区遗址全景图** 通过考古发掘，衙署区遗址呈长方形，依山就势分布在四级台地上。遗址东西长 218 米，南北宽 155 米，总面积 33790 平方米。（摄影 / 杨力）

颇是让她头疼不已。为了家族长远利益考虑，她当机立断，再次掌印，对儿子“绳以礼法”，为了让他将功赎罪，又派遣其远赴荆州，参与朝廷组织的剿灭流寇军事活动。她大概是想通过战事来消磨儿子心性，锻炼儿子成长吧。

为了给故去的丈夫和远方的儿子祈福，她曾率领奴婢百十余人，前往四川峨眉山礼佛。峨眉山是佛教名山，也是世称“十大愿王”的普贤菩萨道场。这位骑着大象，象征着“理德、行德”的菩萨，或是田氏夫人最虔诚的信仰。她相信《法华经》里的说法：只要能虔诚信奉，普贤菩萨将与诸大菩萨一起出现守护此人，使她身心安稳，不受一切烦恼魔障侵扰；她也相信《普贤延命经记》说的：普贤菩萨具有延命益寿之不可思议的力量。而去除烦恼，延命益寿也是她最需要的。

颇有意味的是，田氏夫人率领百十余名奴婢前去朝圣，并非为了摆威风，而是做了一件令众人特别惊讶的善事，她将这些侍女奴婢，沿途都一一择配给善良人家。这当然是莫大的善事，但也可能有赎罪的成分在里面。

▲ **大寺堂三维复原图**（供图 / 唐崖土司城遗址管理处）

▲ 覃氏宗祠三维复原图 （供图／唐崖土司城遗址管理处）

试想，若是正常情况，一来不需要养这么多奴婢，二来便是许配人家，也应该就近在辖区内，慢慢寻找，细细撮合。而这样“批发性”地输出到外地，应该是有颇多难言之隐。再联想到被礼法处置的不道儿子，也能猜出一些大概来。

从四川朝拜回来以后，田氏夫人更加好善乐施，借唐崖土司城大肆兴建之机，广施金银绸帛，礼聘能工巧匠，在城里创寺庙，建牌楼，铺街道，让整个唐崖土司城的城建面貌焕然一新。其中，位于城内西北、衙署左侧的大寺堂，是土司的家庙，占地面积约 600 平方米，空间布局类似汉族佛寺，由放生池、山门、前殿、大雄宝殿、法堂、藏经阁等构成，庙里曾挂有一副对联，联曰：“大寺传千古，千家有幸千家福；唐崖镇八方，八德无亏八洞仙”。大寺堂旁边还建有覃氏宗祠，这两组相连的建筑都由田氏夫人亲手创建，一个祭祀祖先，一个礼佛修行，她或是期望祖宗和神佛能够一起交流，共同护佑族人和后世子孙吧。此外在城池周边，田氏夫人还命人修建了尖山寺、铁壁寺和观音寺等 8 座寺庙。

田氏夫人如此崇佛，这般行善，除了个体精神层面的需求外，当然也有通过宗教教化子民求真向善的目的。身为女土司，她有权力为自己的信仰埋单，她也真诚希望自己能如她信奉的普贤菩萨一样，以智导行，以行证智，最大程度圆满自己的随喜功德。

开明的善举

除了诚心奉佛，田氏夫人也积极行善。

她最智慧，也是最开明的善举就是大胆破除“蛮不出境，汉不入峒”的民族藩篱，聘请汉人书生张云松，在唐崖土司城开设书院，课教土家子女学习先进的汉文化。张云松是荆州人，早于万历三十三年（1605），就在大田千户所滴水岩隐居，他博学多才，教习敬业，让覃氏子孙受益匪浅。田氏夫人爱其才学，就招他做了自己的女婿。

田氏夫人对汉文化的认可和喜爱，也是有一定家学渊源的。她的娘家龙潭田氏土司，历来就有不少喜欢舞文弄墨的人才。其中一位田氏土司做的赞美饮咂酒的诗歌，在咸丰当地流传了几百年。诗云：

万颗明珠共一瓯，王侯到此也低头。五龙捧起擎天柱，吸进长江水倒流。

她的很多善行也颇讲实用。譬如去峨眉山拜佛时，她派的人除了朝圣，同时也肩负学习考察的任务，深入成都等地，广泛学习当地汉人养猪、种桑、养蚕、刺绣等先进农耕技术，然后回来再传授给土民百姓，以求快速提升经济水平，富足百姓生活。据说唐崖司一带养猪的传统就是从那时流传下来。便是今天，唐崖司所在的唐崖镇依然是全省闻名的“仔猪第一乡”，当然也是托了她的福。

她的两大善举，当地老百姓后来生动地总结为一句顺口溜——“富不丢书，穷不丢猪”，成为世代相传的生活智慧。而她的善良、她的开明、她的包容、她的智慧，也都润物细无声地滋养着一个地域的精神气度，激励着一个民族的文明进步。

赌气的儿子

崇祯三年（1630）六月，岁在庚午。躺在豪华床榻上的田氏夫人，已走到人生最后的边缘，正渐渐失去意识。她的身边一如往常，围满了奴婢、女眷和子孙，只是没了以往欢快的气氛，大家都压抑着声音，嘤嘤地哭。

儿子覃宗尧已从荆州赶了回来，正垂头丧气地跪在床前。他的身边，还跪着另一位神情肃穆、体态端正的年轻人。他叫覃宗禹，覃宗尧的堂弟，覃鼎二弟覃昇的长子。

早在田氏夫人临终前，就已经和族人合议，订下规矩，那就是缺乏子嗣的覃宗尧，以后要将土司之位传给自己的堂弟覃宗禹。

▲ **田氏夫人墓**（摄影／陈旭）

虽说正如田氏夫人“妻继夫职”一样，“兄终弟继”也是西南土司王位的常规继承制度。但正如中原大明王朝一样，“父死子继”才是主流的继承程序，大明皇帝明思宗朱由检继承哥哥朱由校的皇位，也是无奈之举。

田氏夫人临终前面对的难题和中央王朝一样，要想让唐崖土司不发生内乱，或被外族趁乱侵袭，就必须保证王位传承的稳定性和明确性。当年，田氏夫人的母族龙潭安抚司、姻亲石柱宣抚司司，都因为继承人的不明确性而发生过祸乱。

明确要让儿子覃宗尧传位给侄子覃宗禹，田氏夫人之所以要这样做，既是尊重传统，也是防患未然。但对年仅 29 岁的覃宗尧而言，则可能是一种刺激。他是唐崖土司的第一顺位继承人，为什么就不相信他以后不会生下儿子呢？为什么就害怕他会早死呢？他为什么就没权力以后再决定自己的继承人呢？特别让他不忿的是，为什么前十二世的唐崖土司都是“父死子继”，偏到了他这一代，就要改立规矩呢？

田氏夫人之所以要“破开荒”地改立祖上规矩，替下一代土司、自己的亲生儿子做出这样“胳膊肘往外拐”的政治决定，缺乏子嗣只是表面现象，最大的根由或正是史书上评价覃宗尧“肆行不道”的伦理危机。重视礼教的田氏夫人，肯定是对儿子极度失望，才会做出这样痛苦的决定。这个决定也应是家族集体意志的体现。

面对母亲最后的决定，覃宗尧自然是一百个不高兴。但慑于母亲的威仪，他也不敢有任何造次。便是母亲过世后，顺理成章成了第十三代唐崖土司，他依然对故去的母亲礼敬有加，小心翼翼。内心的憋屈，却变相地撒到早几年过世的父亲头上。这一点，在他为父母两人营建的墓穴规格高低上就已显端倪。

覃宗尧为母亲田氏夫人修建的墓穴，高大阔气，石刻精美。不同于半地穴式的土王墓，田氏夫人墓有一个明显凸起，上面覆盖着巨大的石块。墓前石碑高 1.9 米，有桌几花纹图案。碑面刻着“显妣诰封武略将军覃太夫人田氏之墓”，落款是“孝男印官覃宗尧记”。

另外，田氏夫人墓前还特别附建了一个敦实紧凑，通高 3 米的素面石牌坊，四柱三开间，造型朴实简洁，没有雕饰花纹。牌坊两侧以鼓形石护柱，上以条石为坊，凿榫相接。枋前后两面分别刻有“乾坤共久”和“万古佳城”八个大字。字体为行楷，笔画粗壮，雍容饱满。

有意思的是，这些书法字体还做了些个性化的艺术处理，如佳城二字，“佳”字左右结构紧紧贴在一起，给人以密处无以透风之感；“城”字呈右上角倾斜，最后一点，点在了“成”字的一横和一撇之间，使整个字在动感中达到了平衡；再如“乾”字的“乞”旁，写成一撇加竖弯钩。“共”字的上一横，写成左右两点。 这种写法，在王羲之《普觉国师碑》、苏轼《归安丘园帖》等碑帖中也可以找到。

根据合理的猜想，这八个字很有可能是田氏夫人的女婿张云松书写。文人志趣，用心巧成，大概也是他对有知遇之恩的岳母，示以特别致敬的一种方式吧。

覃鼎虽说早三年去世，但在田氏夫人去世后又同时加以修整。可耐人寻味的是，与夫人的墓穴相比，他的墓穴形制就显得有些简单，甚至寒酸，墓前仅有八字抱鼓石一对和墓碑一块。这与他生前显赫的官职以及土王的身份极不匹配。而石碑的铭文也颇为简单，只写着“武略将军覃公讳鼎之墓”，落款为“孝子覃宗尧祀”。

与同一时间立写的田氏夫人铭文相比，覃宗尧显得太过不够用心，或者讲有些刻意。对自己大名鼎鼎的土司父亲，他既不敬书“显考”二字，也不强调“诰封”意义，便是落款也不强调自己的“印官”地位。好像土司这个职位，不是从他父亲那里继承的，而是从他母亲那里讨要而来。

一个近 30 岁的土司继承人，就这样“不孝”地拿故去的父亲撒气，也是变相地对已故的母亲示威。抛开大义不讲，我们还是需要莫名地心疼一下这位一直没有长大，内心有着莫大委屈和压抑的孩子。更为不幸的是，覃宗尧仅仅做了不到一年的土司王位，就暴病而亡，年仅 29 岁。

倘若田氏夫人泉下有知，对于接班人的安排问题，她应该欣慰自己做出了正确的决定，才让唐崖土司渡过危机，稳定发展，又顺利地传承了 100 多年，并最终成就了一个近 400 年的土司家族传奇。只是对这个不成器却又可怜的儿子，田氏夫人应多少也有一些母亲层面的歉意和愧疚吧。

参考文献

[1] 卷 10：土司志 [M]// 咸丰县志（民国）.

[2] 唐崖覃氏族谱 .1917（民国六年）.

[3] 咸丰县政协文史资料委员会，唐崖土司城遗址管理处编，唐崖土司城址 [M]. 武汉：湖北人民出版社，2015.

[4] 雷思霈 . 荆州方舆书（明万历年间）.

[5] 卷 108：礼部六十六 [M]// 大明会典 .1497.

[6] 朱燮元 . 少师朱襄毅公督蜀疏草（明）.

[7] 卷 24：选举志 [M]// 施南府志 .

[8] 卷 310：列传第一百九十八 土司 [M]// 张廷玉等，明史 .

[9] 朱燮元传 [M]// 张廷玉等，明史 .

[10] 卷 124 [M]// 大明会典 .1497.

[11] 梁厚能 . 湖北唐崖土司城遗址书法遗存初考 [N]// 中国书画报，2016-3-15.

▲ **土司城遗址区全景鸟瞰** 唐崖土司城由城市本体、墓葬及外围附属设施三部分组成，大致以唐崖河和周边的天然壕沟构成一个相对封闭的空间，东西长约1200米，南北宽约700米，占地总面积约为74万平方米。（摄影 / 陈旭）

第二节
眼科妙手严雪樵

严雪樵（1876—1960），字首瑞，湖北咸丰县屯甫坝（今唐崖镇大石沟村）人，土家族，严氏眼科中医疗法创始人。他出生在一个书香门第的家庭里。22岁时考中秀才，后弃文从医，成为当地有名的中医大家。特别是以精于眼科著称，名传鄂、湘、渝、黔毗邻的武陵地区，人称“眼科妙手”。

他同情贫苦百姓，热心地方公共卫生事业，一生做了许多好事善事，深受当地群众的敬仰爱戴。中华人民共和国成立后，他被调任到县人民医院坐班应诊，继续为人民群众服务，同时他还将自己所学的眼科专长，毫无保留地传授给学徒，为传承和发扬祖国的医学遗产作出了积极的贡献。1960年年初，病逝家中，享年84岁。

▲ 严雪樵画像（绘图／任靖雯）

一、严家祠堂的家族传奇

这所修建一新的严家祠堂，也代表着一种全新的家族气象。那些年，严氏子孙的各种头面人物，在祠堂举办的每一次庄严仪式或热闹聚餐，都会让“光宗耀祖”这样抽象的词语顿时变得活色生香，也激励着更多的严氏子孙，努力上进，追寻梦想。

祠堂故事

清光绪二年（1876）九月十三日，严雪樵（字首瑞）出生在湖北咸丰县屯甫坝（今唐崖镇大石沟村）的一个书香门第的家庭里。

他的祖爷爷严修洪位列族中（修字辈）十大秀才之一，爷爷严道培（字因之）是钦加五品衔候补清军府岁贡士，父亲严梦兰（字龙臣）也是贡生（选拔到京师国子监读书的秀才称为贡生，相当于举人副榜）。严雪樵兄弟三人，大哥严章甫，官居司马（清代同知的雅称，正五品，多是佐理知府的副职）。后来他的弟弟严醴泉，也是一名饱读诗书，隐居乡里的处士。

严雪樵出生时，咸丰的严氏族人正在他的爷爷严道培的带领下，为祭祖先之功，在龙洞大兴土木，修建一座面积达736平方米的“严家祠堂”，开工已一年有余。而修建祠堂的缘由得从严雪樵的祖上讲起。

严雪樵的祖上严琅，自乾隆十二年（1747）从贵州举家搬迁到咸丰县境内，到严雪樵这一代，已一百三十余年，繁衍生息了七代人，人丁也达千人之众，在鄂西这片土地上算是稳稳扎下根来。其中，严氏最旺的一辈是严雪樵的祖爷爷修洪这一辈。方氏祖婆共同养了七个儿子，除了老大、老二早夭外，剩下五兄弟修德、修礼、修信、修洪、修达，长大后各自发达，又称“严氏七房”。

▲ **严家祠堂外观全景** 围绕宗祠聚族而居的传统，咸丰唐崖镇的严氏家族一直恪守至今，严家后人守护宗祠已有140余年的时光。（摄影/秦兴武）

据严氏族人回忆，方氏祖婆不但教子有方，而且持家有术，过世前坚持不分家，全家90余口人生活在一起，吃、穿、住、行，都恪守祖辈传下来的礼数和教化，虽人多口杂，可是上下和谐，左右礼让，颇有天伦之乐，也是当地佳话。

方氏祖婆或没有文化，可尊崇祖宗礼数，严格子孙教化，并对修字辈和道字辈的儿孙们产生了深刻的影响。老五严修信至死都一直念念不忘重修家族祠堂，老七严修达无后，但他的夫人（族人称七老婆婆）颇明大义，决定夫妻二人过世后，将遗留的宅基和家产全部捐出，用于修建严家祠堂。

修建祠堂是家族的头等大事，七老婆婆自然想到要托付给族中威望最高的堂侄，也就是老六严修洪的儿子严道培来操办。

光绪元年（1875），也就是严雪樵出生的前一年，他的爷爷严道培已近七十高龄，痛感先辈们建造宗祠的遗愿一直没有实现，借七老婆婆的嘱托之机，率领两个儿子严梦兰（字龙臣）和严梦松（字秉臣），一起出资接受了七房的家产，当作启动资金，然后又牵头捐资倡议，合族共商修建祠堂的大事。

▲ 严家祠堂“敬宗收族”的牌匾（摄影 / 秦兴武）

宗规族约

《礼记·大传》里说：“尊祖故敬宗，敬宗故收族，收族故宗庙严。”大致意思是尊敬祖宗就是尊敬宗族，尊敬宗族才能让族人团结起来，不会离散，所以修建祠堂意义格外重大。世代达官贵人，凡是后人兴旺发达时，都会以报答祖宗恩德为根本，正所谓的“光宗耀祖”。

中国传承千年的宗族文化，表面上看是报答先祖恩德，其实更重要的功能和使命是培养教诲后人。以严道培为代表的严氏族人理解就很到位。在他们看来，修建宗祠，以最高的礼仪规格祭拜祖宗，在肃穆的环境中，庄严的仪式里，可以潜移默化地教育族人，“上以明尊尊之道，下以明亲亲之道，旁以明老老幼幼、贤贤贵贵之道”，也就是说，对上能培养教育后人懂得明白尊祖、尊君、尊卑的道理，对下懂得亲爱、亲族、亲情的道理，对旁人外姓能懂得尊老爱幼、贤惠贤达、贵重贵贱的道理。而懂得了这些神圣的天理道德，为人处事的人品人格自然也就形成了。

严道培老先生德高望重，又是饱读诗书的钦加五品衔贡士，加上儿孙们都很有出息，所以在族中颇有影响力和号召力。由他牵头，自然一呼百应，积极响应。经族人商议，指定由族中官职最大，学问最高的严梦简（时任钦赐花翎盐提举司贵州即补直隶州正堂）及严梦珽（字玉山，当时正在京城读国子监的太学生）二人拟定祠堂建筑蓝本，精心设计修建。大家还一致要求，祠堂的修建规格一定要高，用工用料一定要足，修建费用缺口可由族人共同集资承担。

光绪三年（1877）七月，一座规模宏大，造型精美，充满石刻、木雕、楹联、巨匾的严家祠堂终于顺利建成。族中最有名望的严梦简，不仅担任祠堂监理，还慨然下笔，写下一篇文采斐然、洋洋洒洒的《创建宗祠序》，其中对族叔严道培赞誉有加，认为“因之叔”对家族的贡献，无法简单浮浅地评价（岂浅戡哉）。70 多岁的严道培自然很是欣慰，又和族人中的贤士、耆老一起制订了详细的族规，并写了一篇《祠堂规序》，以示说明。

为了让后世子孙铭记，所有宗规族约都镌刻在石碑上，并镶嵌在祠堂正堂两侧的墙壁上。其中有宗规 16 条，首士戒规 6 条，释回惩章 12 条，祀典严规 15 条，倡导“乡约当遵”“宗族当睦”“蒙养当豫”“职业当勤”“节俭当崇”“赋役当供”等全方位的道德约束和行为规范。

严家祠堂的修建，对咸丰的严姓族人而言，是一件意义非常深远的事情。家族的集体荣耀不但得以形式上的固化，而且更具仪式感和归属感；祠堂里各种庄严的程式化礼仪，以及祠堂里满是故事的石雕楹联，都以沉浸式、场景化的教化方式，在潜移默化中影响着每一位严氏子孙。

从此，祠堂不仅是家族聚会的场所，也是家族文化的精神载体，在这一砖一瓦的情感积累下，在那一石一木的文化熏陶中，家族积蓄百年的正能量得以有序传承。

这所修建一新的严家祠堂，也代表着一种全新的家族气象。那些年，严氏子孙的各种头面人物，在祠堂举办的每一次庄严仪式或热闹聚餐，都会让“光宗耀祖”这样抽象的词语顿时变得活色生香，也激励着更多的严氏子孙，努力上进，追寻梦想。

这样的好时代，严雪樵算是赶上了。

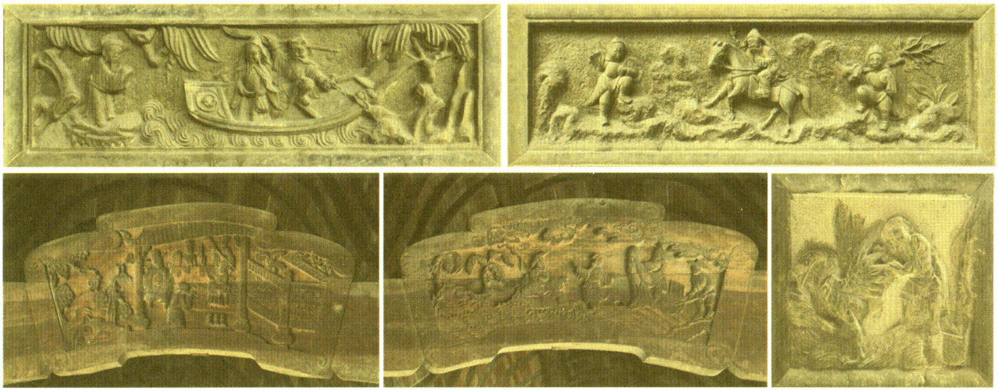

▲ **严家祠堂精美的石雕、木雕** 上左为“单刀赴会”，上右为“陆凯折梅”，下左为“三堂会审”，下中为“文王访贤”，下右为“鹬蚌相争”。（摄影 / 陈旭）

职业当勤

严雪樵的青少年时期，大体是顺利的。

虽说父亲早早过世，但母亲贤淑，家业殷实，加上为官的长兄照顾，生活还是非常安稳的。他从小性格沉静，温良谦和，当时就在祠堂开设的私塾学馆里读书，聘请“德学兼优”的刘贡老先生为师。

按照严家祠堂“曾美奖章”的条例规定，祠堂学馆每个月都会考试，按学习成绩好坏，给予“一二等量给膏火（晚上照明用的油火）”的奖励。此外还特别规定，对子孙后代中能“光前裕后者，无论文武，并宜量力补助，若能奋发有为者，更从重优给”。

正是在家人和族人的双重呵护下，严雪樵可以“两耳不闻窗外事，一心苦读圣贤书”，而且一读就是20年。光绪二十四年（1898），22岁的严雪樵高中秀才，戴着红缨顶子，骑着高头大马，游街串巷，好不风光。自然去祠堂报喜，祭告祖宗的礼仪也是免不了的。

只是命运的悲喜起伏，常常出人意料。也就在严雪樵高中秀才的这一年，他的长兄不幸因病去世，身为老二的严雪樵只好停了举业，负责主持家政，担起家中顶梁柱的重任。

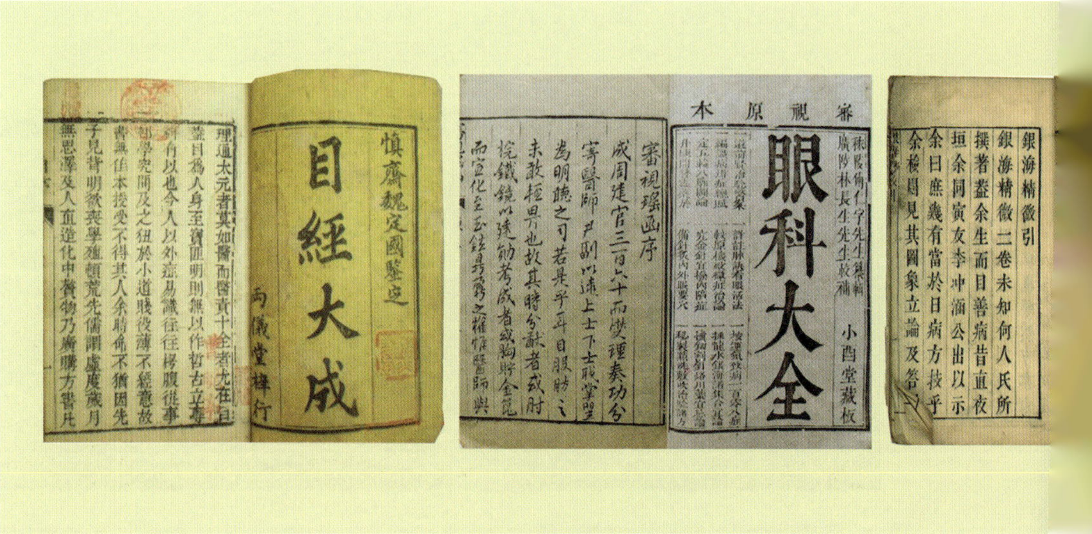

▲ 严雪樵研读过的《目经大成》《眼科大全》《银海精微》等传统眼科医学图书

为了振兴家业，无奈放弃举业的严雪樵开始攻读医学。传统的中医归根结底是一门经验型学科，见多识广是最重要的学术修养。“不为良相，愿为良医”成为传统读书人最喜欢的转型主赛道，在很大程度上也与读书人能够阅读大量传统典籍有关。

严雪樵便是如此。牢记严氏家训“职业当勤”教化的他，为了探求医理，对中医典籍的内、妇、儿、外等科目的医书，无不通览博读，刻苦钻研。他主攻眼科，对《审视瑶函》（又称《眼科大全》）《目睛大成》《银海精微》等眼科方面的专著典籍，更是精研细读，也有着深刻独到的见解。

选择从医，严雪樵或有生计方面的考虑，但更多是天然的喜好。早在光绪十六年（1890），14 岁的他就找到一本眼科秘传的《障翳疗法》，看得是津津有味，废寝忘食。在他读书期间，除了攻读四书五经、八股制艺等文章之外，他还特地将马河坝的名医吴赫武请到家中授课两年，后又聘请四川万县的眼科万先生教了三年。更有意思的是，好奇心强烈且学习能力强大的他，还兼修了兽医，并请专医骡马的吴先生做师傅。

也许正是基于他这种学霸基因和勤奋本性，严雪樵开馆行医仅仅数年，年纪轻轻的他，便成为远近驰名的中医大家。特别是以精于眼科著称，名传鄂、川、湘、黔武陵地区，人称“眼科妙手”。

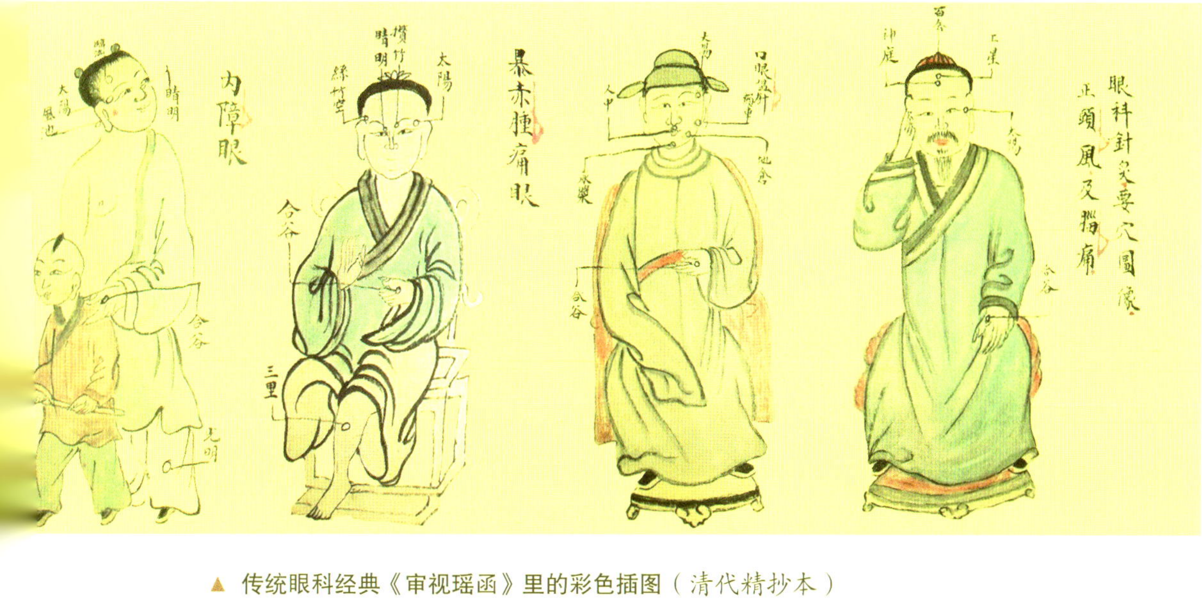

▲ 传统眼科经典《审视瑶函》里的彩色插图（清代精抄本）

二、眼科妙手的善行义举

严雪樵自行医的第一天开始，就特别注重医德医风的修为，时时牢记《严氏宗规十六条·宗族当睦》的四务："怜幼弱，恤孤寡，周穷急，解忿竞"，努力做一位以德服人的"醇谨君子"。

医有非常道

严雪樵是一个性格极其温和的人。

从小跟他背篓牵马的雇工石宗亮回忆说："二老爷（严雪樵排行老二）说话总是斯斯文文的，不打磨人。"这是因为他是秀才出身，对宗法祠规的道德标准和行为规范有着更高的自我要求。他严格遵循宗规里"职业当勤，节俭当崇"的要求，不以富贵骄，不以智力抗，努力做一个谦谦君子。

"言语必逊"的他，待人处事，总是温言善语，从不高声谩骂，在生活上也非常朴素，穿戴上从不过分突出。但对医学方面的追求，以及对弟子的教育，他又是非常严谨苛刻的。他常以《幼科铁镜》中"13不可学"告诫弟子说："医生应讲求医德，重视医术，注意伦理，心正意诚，有道有术，克己救人。"

在中医眼科方面，严雪樵既有坚实的理论基础，又有丰富的临床经验，故有独到的见解和丰硕的成果。他在前人经验的基础上，总结出了外障"风凌、血结、气滞"，内障"神劳、肾虚、血少"12字诀的病因机制。对于治疗突睛翳、蟹睛翳、鱼泡翳、花翳白内陷、绿水灌瞳、目睛灌脓、黄风灌瞳、白内障、暴盲、云雾移睛、视衣脱损等10余大难症，他都得心应手，医疗效果也非常突出。

据他的大儿子，也是嫡传大弟子严子庠回忆，中华人民共和国成立前，他曾亲眼看见过父亲诊疗的几个神奇案例：有个小孩患有“夜晚有亮不能见物”的毛病，他以“夜关门”一味药就给治好；咸丰县城的田某，患有“蟹睛翳”，走路如螃蟹横行，也是被他一治即好；马河范某，双眼珠突出，他处方制剂让患者服用，不曾想病人服药后感觉痛，他却叮嘱病人越痛越要吃，最后眼珠复位，没有丝毫损失；两河口有一位林业工人，晴天和晚上有月光时，就“畏明不能视物行路”，也是经严雪樵的治疗，一剂而愈。

由于严雪樵既在治疗眼疾方面有着“回春如神”的本领，所以登门求治者络绎不绝。不但周围邻县慕名而来，便是贵州、重庆、长沙的病人，也常不远千里，上门求治，后经他治愈而重见光明者有数千人之多。

其中万县有一位姓崔的病人，曾找严雪樵的师傅万先生求治，但没有治好，万先生就介绍自己的高徒给他。后经严雪樵的妙手回春，终于治愈。这位姓崔的病人为了表示感谢，后来竟然举家搬迁，来咸丰定居。

对于医药关系及药品质量，严雪樵也非常讲究。在他看来，医生治病救人，不仅要医道医风正，而且技艺必须过人，在识药采药、用药制药方面格外用心，否则就是“害人”。在制药过程中，又必须遵古炮制，不能为谋私利，以假代真，以次充优。

有一次，他的徒弟肖二元配眼药水要用麝香，却用儿茶代替，被其发现后严厉制止，并批评说：“你硬是不能这样搞，药铺要讲誉，莫坑人。”

医者父母心

行医对严雪樵而言，或许更多是一种爱好，而非赚钱的门道，对于钱财，他从来都看得很淡。22岁那年，严雪樵在施南府应试考秀才时，同窗向海儒的母亲患了眼病，经他治疗，很快就得以痊愈。朋友为了表示感谢，酬赠“仪银两锭、布鞋一双”，他却只收下了布鞋。

严雪樵自行医的第一天开始，就特别注重医德医风的修为，时时牢记《严氏宗规十六条·宗族当睦》的四务：“怜幼弱，恤孤寡，周穷急，解忿竞”，努力做一位以德服人的“醇谨君子”。

◀ 严家祠堂窗棂上雕刻的“礼义廉耻”四字（摄影 / 秦兴武）

对于病人，无论患者贫富贵贱，不管有钱没钱，都会来者不误，一视同仁，精心医治。正如跟了他大半辈子的雇工石宗亮回忆说：“二老爷诊病，不是要别人多的钱，真正是做好事”。

对于贫苦的患者，他更是照顾有加。当时，从重庆、万县、长沙、恩施、龙山等地远道而来的病人，往往一住就是好几个月，不但免收药费，吃住全管，临走时甚至还会赠些路费。被治愈的贫苦病人无以为报，只能磕头感谢。

临走时，他还会关切地问：“路上钱够不？”病人往往不好意思，就会说：“不够路上去借。”他微微一笑，回道：“路上哪里去借，出门有三难嘛！”说着伸手就从蓝布衫子里摸出钱来，递给病人。

当时利川有个叫杨寿德的病人，家里有 6 个细娃，家庭负担很重。他在严雪樵处住了两个多月，终于把困扰多年的眼病给治好了。感恩的他磕头哭谢：“我眼睛治好了，孙孙都忘不了你的恩，现在递不起药钱，我以后慢慢还！”临走时，严雪樵知道他没有路费，就让石宗亮回家找夫人取 10 吊钱。

夫人李氏见他总是这样“胳膊肘往外拐”，又心疼钱，就叫石宗亮莫听他的。严雪樵一看石宗亮没拿到钱，就亲自回去给老婆做思想工作，这才拿到钱交给了杨

▶ 严家祠堂窗棂上雕刻的“孝悌忠信”四字（摄影／秦兴武）

寿德。杨又是感激又是羞愧，伤伤心心地哭，硬是不要，后来是好好相劝了一歇，这才磕头告辞。

严雪樵乐善好施并非一时冲动，而是做人的常态，四邻八乡的许多乡亲都一直惦念着他的好。藁家沟的石宗青曾回忆过两件事情：

一次是民国二十六年（1937），他的嫂嫂刘丙秀生一个叫桃云的闺女时得了产后寒，病情非常严重，“只差要死了！”后把她抬到严雪樵那儿，长住在家里医治，终是治好了，可他的哥哥没钱，走时不但一分药钱没交，严雪樵反倒递上一块大洋，“叫我哥给嫂嫂买点好的吃”。那时的百姓虽穷，可也很讲信誉。几年以后，他的哥哥好不容易攒够了钱，过去还钱，可严雪樵硬是不要。

一次是民国三十五年（1946），他的大哥石宗成犁田时，不小心跌倒在木桩上，眼睛珠被戳伤了，“里头的肉翘起来几多高！”过来找严雪樵看病，可口袋里还是没钱。严雪樵边帮他诊断边对他讲：“没钱，病还是要诊。”开了方子之后，严雪樵还顺手递给一块大洋，要他赶紧抓药。

每次严雪樵骑马上街，也总会有很多人跟着他，把他围起来看病。有些人看完病没钱，严雪樵就说：“没钱就算了。”这句话好像成了他的口头禅似的。

仁义大善人

对严雪樵而言，行医是修行，行善也是修行。

他非常认可宗规里的谆谆教导：“衣食窘急，生计无聊，命运亦乖则周之，量己量彼，可为则为，不必望其报”。他终其一生，也一直在努力、认真地践行祖宗的仁义智慧。只是他的心更大，爱更广，仁更厚，已远远超越了宗族的狭隘范畴。

早在光绪二十年（1894），严雪樵就在家中开了药铺，宣统三年（1911），为方便百姓抓药，他又将药铺搬到尖山街上（小地名长坪），此后一直到解放，都坚持营业。如果说他在家开药铺时属于“玩票”性质，看病开药不收钱或还能理解，可在尖山街上开了药铺，做起生意来，他还是经常给穷人大开方便之门，就只能用“仁义”二字来感叹了。当时许多贫困的病人无钱付费，他常是给了药也不记账，并嘱咐店里的伙计，对这些病人以后也不收算了。

严雪樵家境殷实，家中广置田地，收益颇丰，可他打破了“为富不仁，为仁不富”的社会偏见和伦理怪圈，也完美践行了族规中“富者恤以财谷”的美德，常常济困救急，仗义行善。

他是少见的“算不清账”的地主。许多贫苦百姓找他借粮，有些光景过得太差还不起，他也不着急，从不逼催，也不厚利。唐崖村窑上一个叫田甘某的，曾找他借过 5 斗谷子，10 多年间也只问过一次，后来没还也就算了。

民国十年（1921），地方闹起大饥荒。严雪樵让人每天用“接口”煮大锅稀饭，来赈济饥民。石宗亮跑来打小工，其中最主要的一件事，就是接待过路人和讨吃的。对于四邻八乡的父老乡亲，他平常里更是照顾有加。

据石宗亮回忆说，二老爷（严雪樵）良心好，凡是哪家过年或栽秧时没有饭的，他就叫那些人在他屋去挑谷子。秋收之后，会有个别的人说：“二老爷，我借你的谷子今年还不起。”他就回答道：“那你以后就不用还了嘛。”据石宗亮后来粗略统计，“三股里头有一股的人是没还的。”但严雪樵从来都不以为意。

严雪樵也是少有的愿意花钱请别的医生给人看病的医生。

虽说严雪樵是一名传统的中医，可对先进的西医西药从不排斥，并持开放的心态。譬如，对西医里靠种痘预防天花的方式就很认可，也非常支持，并引申“上工治未病，不治已病”的古训加以说明。

民国二十五年（1936），鸡鸣坝有个姓尹的医生来到唐崖做种痘服务，但收费颇高，还需要先交钱。一些老百姓无意和严雪樵聊起此事，说唐崖一带有好多小娃娃因为没钱而种不起。当时60岁的严雪樵在唐崖校场坝和儿子一起居住，听说后很是不忍，就当着乡亲们的面说："把你们的细娃喊来嘛，我出钱！"随后20多个小孩子全部得以接种。结账时，严雪樵一手拿出15块大洋递给姓尹的医生，可姓尹的非要18块，他又立马添了3块。事后，姓尹的医生还讪讪地说："只有二老爷舍得出！"当时年仅5岁的石宗青也是受益者，对这一幕更是记忆深刻。

民国二十六年（1937），尖山有很多人得了"打摆子"的病。"打摆子"也就是疟疾的俗称，一种由疟原虫引起的传染性寄生虫病，常常是拉痢并伴有伤寒（流感）。61岁的严雪樵听闻此事，每逢赶集，必定场场赶到，在街上免费发药，每次都会发出二三十斤。便是病情不严重的他也会给，并仔细嘱咐道"要是有人也像你害这种病的话，煨起了喊他们都喝。"

当时正值抗战时期，时局动乱，公共卫生治理很差，地方上常会周期性暴发传染病。每当麻疹、天花流行的季节，他都会坚持去爆发流行病的地方赶集，在街上摆设药摊，无偿发药，这样一直坚持了10多年的时间。

凡是受过严雪樵恩惠的，或听过他的故事的，都对他特别尊崇，颂扬有加，夸他"一辈子（都在）做好事！"每逢传统的年节假日，严雪樵家也总是客满盈门，因为远近总会有许多人过来酬谢。

▲ 严家祠堂镂雕磐龙石（摄影/段战江）

三、严老爷子的时代新生

严雪樵无论从医行善，还是为官做人，都围着一个“仁”字，一辈子做了不少好事，又有高明的医术傍身，加上他待人处事的人格魅力，“好人终有好报”，也顺势成就了一个新时代的旧传奇。

挎枪的医生

也许是严雪樵人气太盛，民望太高，他一个文人秀才，一个眼科医生，竟然曾被乡人推举为武职，任职尖山团总，这是民国十六年（1927）的事。

有意思的是，虽说当着挎枪骑马，威风凛凛的团总，严雪樵却一直做着“化干戈为玉帛”的差事。他以一贯“恭俭慈逊”的态度应事接物，维持地方的公序良俗，争取乡民的合法权益，颇受乡民好评。在他治期，“治绩卓著，远无怨讪声”，地方文人夸赞他和东汉清官陈仲弓一样，是个能让百姓安居乐业的好官。

严雪樵能做到这一点非常不容易，因为当时军阀混战，加上咸丰地处川黔鄂湘四省交界处，兵祸更是连连。严雪樵能保一方平安，很大原因在于“为人所不能为，忍人所不能忍至此。”譬如在处理上下级和同事关系上，他就非常有政治智慧，处处以忍为上。有一次，一个叫秦西成的同事骂了他，严雪樵不恼，反而接他去喝酒；还有一次，有人告诉他：“马文栋（后任尖山团总）在说你坏话！”他却故意反驳道：“哪来此事？我同他关系很好，他从不乱说我，快别乱说。”马某得知很是感动，便释前嫌，与他修好。

严雪樵有官位而无官威，不是不懂或不敢生气，而是知道负气无益，内斗有害，他深信《宗规十六条》里的教导：“人有忿则争竞，得一人劝之气遂平，遇一人助之气愈激，然当局而迷者多矣。” 在严雪樵任职团总的两年时间里，他一边从政，做着“疗贫”的事，一边行医，忙着“医病”的活，两头兼顾，从未懈怠。

也正是因为严雪樵无论是从医行善，还是为官做人，都围着一个“仁”字，一辈子做了不少好事，又有高明的医术傍身，加上他待人处事的人格魅力，“好人终有好报”，也顺势成就了一个新时代的旧传奇。

人民的保举

一九四九年后的土改时期，严雪樵因为是地主成分，又做过团总，是当时的重点镇压对象。县里的工作队刚下乡，头一天就把严雪樵抓进桂花树的乡政府所在地，关押在临时牢房里，据说第二天就要直接押赴刑场枪毙。

也就在严雪樵被关押的当天下午，刚好有冉朝坝、南河等地十几个贫农过来找他看病。一听他被抓到乡政府了，大家就急忙赶了过去，并马上求见工作队队长，也是咸丰县人民政府的第一任县长肖继何。这些要看病的贫农乡亲围着肖县长，你一言，我一语地替严雪樵求情说好话。他们说：“肖县长，严雪樵杀不得呀，他是老好人，也是好医生，我们需要他看病呀。”

肖县长起初以为是严雪樵找人故意演的“苦情戏”，不以为然，并故意出了个难题，他说：“乡亲们呀，你们要保严雪樵的心情，我很理解，但你们十多个人说了不算。如果明天上午行刑之前，能凑齐 500 个人来保举，人民政府是可以考虑释放他的。”

这十几个看病的乡亲一听全傻了眼，短短一个晚上，在交通不便、通讯不便的穷乡僻壤，如何凑齐 500 个保人呢？虽说困难比天大，但他们还是想努力一把。谁也不曾想，他们回去刚刚把消息传播出去，很快就有乡亲们主动四处串联，一传十，十传百地传遍了四邻八乡的村村寨寨。当天晚上，几千名群众打着火把，纷纷从四处赶来，往桂花树的方向聚合。

那一晚的场景也让肖继何县长终生难忘。忙了一天的他，正准备要歇息睡觉，不想外面的喧闹声越来越大。当他打开乡政府的大门，看见非常壮观的一幕：到处都是声称要保举严雪樵的群众，他们打着的火把，星星点点，满山遍野。肖继何县长非常震撼，也非常感动，当即表示：“严雪樵医术高明，又没多大恶迹，还要让他为人民疗疾治病。”听到这个好消息，赶来的群众顿时激动地欢呼起来，响彻整个山谷。

幸福的晚年

在党的宽大政策感召下，也在善良人民群众的呵护下，严雪樵终是迈过鬼门关，以古稀之年，迎来第二次新生，再一次勤勤恳恳地献身到人民的卫生事业中去。

1952年，他和大儿子被安排加入到尖山长坪联合诊所，继续为群众治病；1956年，为发挥其专长，发扬光大祖国的医学遗产，政府又把父子俩先后调任县人民医院坐班应诊，并配备魏庭善、刘云汉、颜云成3人当学徒，学习他的本领，传承他的经验。严雪樵老先生也非常开明，对学徒们倾其所有，将其眼科方面积累的全部知识和经验，毫无保留地予以传授。

值得一提的是，为了照顾好严雪樵老先生，政府还给予高级知识分子的待遇，便是在国家最困难时期，给他的猪油、白糖、鸡蛋等供应，也从不曾断过。1958年，已经83岁的严雪樵，因耳目失灵，年老体衰，无法再继续为患者治疗，依依不舍地离开了工作岗位，并由国家负责供养，安度晚年。1960年年初，严雪樵因病安详去世，享年84岁，他被安葬在大石坝的官田坡。

◄ **严雪樵晚年像**（供图 / 严一福）

严雪樵闭上眼的最后一刻，内心应该是坦然的，因为他的善行、善心而终得善终，不辱祖宗的教诲；他的内心也是欣慰的，因为自己教授的弟子，个个都术有专攻，学有所长。其中六儿子严循庸（字子忠），1979 年被县卫生局调任县中医院工作，后传授给孙辈严一福，严氏眼科中医疗法也终得有序传承，如今更被列入第三批“湖北省省级非物质文化遗产”名录。

一个家族的励志传奇，或还将继续。

参考文献

[1] 严子庠 . 眼科妙手严雪樵 [M]// 政协咸丰县委员会文史资料委 . 咸丰文史资料第一辑 .1987.

[2] 周伟民，安治国 . 咸丰县民族志 [Z]. 武汉：湖北人民出版社，2006.

[3] 严雪樵墓志铭 .

[4] 创建宗祠序，宗祠规序，增美奖章六条，释回惩章十二条，宗规十六条 [Z]// 严家祠堂碑文 .

[5] 严一福 . 创建宗祠序释文（刘应世、刘荣之、严福生帮助字词核查）.

▲ **严家祠堂——土家族建筑工艺的集大成之作** 严家祠堂是一组砖木结构的四合院建筑，总面积达736平方米，由门厅、亭院、正堂三大部分组成，其中，正堂并排设有三座供奉祖先牌位的木质神龛。（摄影/陈旭）

第三节
咸丰南剧名伶传

聂介轩（1894—1960），湖北咸丰县城人，自幼喜爱戏曲，先学“矮台”木偶戏，后唱“高台”人大戏（南剧）。精通三弦、扬琴、大鼓等乐器；会唱南、北、上路多种声腔及荆河、高腔等多种路子的戏；对南剧吹拉弹唱演样样在行。

中华人民共和国成立前，聂介轩苦心创办经营南剧业余戏班；中华人民共和国成立后，他又为创办“劳动剧团”立下汗马功劳。1957 年至 1960 年，他发掘整理出 600 多个南剧传统剧本，为继承南剧剧目遗产作出了突出贡献，堪称咸丰南剧史上兴灭继绝的人物。

夏福千（1899—1969），祖籍湖南津市，自幼孤贫，14 岁开始学戏，澧县“福兴”班出科。抗战时期曾在湘鄂城乡搭班演出，中华人民共和国成立后在咸丰定居，加入咸丰县职业南剧团，曾任南剧团副团长，从事舞台生涯 46 年。

夏福千主演生角，演技精湛，唱做俱佳，拿手戏有《八义图》《逼成都》《凤鸣山》《火烧绵山》《上天台》《张羽伐楚》《赶春桃》等。1956 年，湖北省首届戏曲会演，他扮演程婴的《八义图》荣获表演一等奖。

▲ 咸丰南剧脸谱（绘图／何源）

一、“峡谷之音”传唱300年

“演悲欢离合，当代岂无前代事；观抑扬褒贬，座中常有剧中人。”从土司王府戏楼里的《桃花扇》，到如今大剧院里的《唐崖土司夫人》，300年时光流传，南剧艺术生根开花，这一高亢的“峡谷之音”始终保持着旺盛的生命力。

清康熙四十二年（1703），国子监贡士顾彩开始了一个人的旅行，他的目的地是“广袤数千里，山环水复，中多迷津，桃花处处有之”的武陵之地。顾彩此行除了探访陶渊明笔下“渔郎误入”的桃花源，还受好友孔尚任之托，去观看在京城被禁演，却在鄂西容美土司“恒演不衰”的《桃花扇》。

当顾彩携孔尚任的书信从宜昌枝江出发，翻越崇山峻岭到达容美时，受到了土司王田舜年的盛情款待。田舜年雅好文学，对大戏剧家孔尚任尤为仰慕，如今偶像的好朋友前来做客，自然要以上宾之礼款待，“每宴必命家姬奏《桃花扇》”。

顾彩逗留容美五月有余，在游山玩水、诗词吟唱、曲水流觞之外，更对这片帝国边疆的野风民俗进行了深度体察，他在游记《容美纪游》里对容美土司治下的政治军事制度、经济方式、社会生活都有细致入微的描述。尤其是对鄂西地区戏曲活动的详细记载，成为后世研究“南剧”源流的最好证明。

顾彩高度赞扬土司戏班：“女优十七八，声色俱佳，初学吴腔，终带楚调，男优皆秦腔反可听（所谓梆子腔是也）。丙如（田舜年长子）自教一部乃苏腔，装饰华美，胜于父优，即在全楚，亦称上驷（杰出者）……”

这里提到的吴腔、苏腔，乃是《桃花扇》所用本腔之“昆曲”；反可听之秦腔或梆子腔，就是南剧声腔中的“上路”；所说的楚调，就是南剧的南、北路声腔；由此可见，多声腔同台演唱的南剧在康熙末年的容美土司就已具雏形。

▲ 南剧传统剧目手抄本资料汇编 （供图 / 咸丰县南剧艺术传承保护中心）

鄂西土司受中原文化的影响，对曲艺都有较为浓厚的兴趣。除了容美土司盛演不衰的《桃花扇》，唐崖土司城中的戏曲活动也是异彩纷呈，通过“荆南雄镇”牌坊上雕刻的“槐荫送子”“断桥接子”等戏曲图案可窥见一斑。

花开两朵，各表一枝。在以容美土司、唐崖土司为代表的土司大唱“高台戏”的同时，施州卫操防营里也是“拳不离手，曲不离口”。操防营乃是官府派驻的军队，多河南、陕西籍北方子弟，他们把昆曲、秦腔带到鄂西，业余演唱戏剧，世代相传，延及民间，出了不少著名的生、净演员。

清雍正十三年（1735），鄂西南地区实行“改土归流”，原施南土司设立“施南府”，辖恩施、咸丰、建始、宣恩、来凤、利川六县。南剧取施南之“南”而得名，又名“施南调”。容美土司的专业戏班培育了不少色艺俱佳的艺人，当最后一任土司田旻如自杀后，艺人们风流云散，部分人留在鹤峰县城，大多数则流向施南府六县，以及湘西桑植、石门等地，继续传播南剧戏曲艺术。

南剧声腔富有特色，由南路（二黄）、北路（西皮）、上路（秦腔、梆子）三大声腔组成，并吸收昆曲、高腔等部分杂腔小调。南路声腔，音乐曲调多徐缓、凝重、悲伤；北路声腔，音乐曲调多明快、跳跃、刚健；上路声腔，音乐曲调粗犷、激昂、奔放；杂腔，音乐曲调别致优雅，是三路声腔中的一种特殊专享唱腔。

南、北、上路声腔传入鄂西以后，融汇本地的语言和习俗，具有了“深山峡谷”

之音的高亢风格。三大声腔同台演出，长期流传，与地方艺术、语言、民乐、土俗相融合，逐渐演变成具有地方特色的剧种。

南剧擅长演连台本大戏和传奇历史故事剧，曾有“唐三千、宋八百，唱不完的三（国）列国”之说，传统剧目有近千个；行当分生、旦、净、丑；音乐由声腔、弦乐、击乐三部分组成；表演文武兼备、歌舞并重、动作粗犷、气势豪壮；道白与唱词中，常杂有鄂西方言土语，通俗易懂，生活气息浓郁。

“改土归流”后，由于打破了“汉不入境，土不出峒”的禁令，地区之间可以自由往来，汉民流入土家族地区贸易、置产，清王朝更加推行“以教之夷”政策。修庙宫，兴科举，办义学……文化艺术蓬勃发展，南剧也由土司府、施州营转向民间，中原文化与土家文化有更广泛的交流。

据鄂西府、州、县志记载：“咸丰县在乾隆年间由湖南常德、辰州、桃源、贵州思南、安化等地百姓迁入咸丰县各乡镇，先经商后置田。东乡里蒲草堂邓氏原籍湖南辰州人，乾隆时由商至咸，道光初起家富饶，咸（丰）同（治）以后，人文蔚起，今为咸望族焉。”由此可见，在南剧的发展史上，咸丰自始至终扮演着重要的角色。

清道光末年，咸丰县蒲草堂（今龙洞湾）的富豪邓小池创办南剧“天元”班。之后，邓小池的弟弟邓小碧又创办了南剧“连升”班，培养了大批南剧艺人；清末民国之初，南剧流传遍及咸丰城乡；南剧玩友，围鼓坐唱，更为普遍。江湖班社、职业艺人和玩友的出现，标志着南剧正式成形，并开启传承的先河。

中华人民共和国成立之后，咸丰县成立了职业南剧团，使南剧艺术得以不断地丰富和提高。南剧这一流传于民间的艺术形式开始登上了大雅之堂，成为鄂西南一朵独特的艺术奇葩。田汉认为：“南剧文戏武唱，异于其他剧种，与京、汉、粤、评剧都不同”；马可的评价是：“南剧唱腔高亢强烈，有如深山峡谷之音”。

2008 年，咸丰南剧被列入国家级非物质文化遗产名录。

“演悲欢离合，当代岂无前代事；观抑扬褒贬，座中常有剧中人。”从土司王府戏楼里的《桃花扇》，到如今大剧院里的《唐崖土司夫人》，300 年时光流传，南剧艺术生根开花，这一高亢的“峡谷之音”始终保持着旺盛的生命力。南剧这朵艺术之花之所以常开不败，是因为有一代一代的戏曲“园丁”倾情浇灌，他们传技、传艺、传神、传德，才使得南剧艺术弦歌不辍，永葆活力。

名伶已去，艺德长存，作文以记之！

▲ **现代南剧《唐崖土司夫人》** 南剧在土司时期就非常盛行，并流传至今。以反映土司文化为主题的《唐崖土司夫人》一剧以史为料，以民间传说为材，铺陈演化，泼墨点染而成，多次公演，反响热烈。（供图／咸丰县南剧艺术传承保护中心）

二、“戏夫子”聂介轩

聂介轩虽然命运多舛，却一生为戏而痴。在他临终前，曾对自己的徒弟刘国治说："我有一个愿望，死后在我的坟上立一个碑，碑上不打别的，打个鼓，打个钩锣，打把二胡，这一套都打全……"

多才多艺的“戏夫子”

聂介轩是属于“老天爷赏饭吃”的人，虽然命运多舛，却一生为戏而痴。

清光绪二十年（1894），聂介轩出生在咸丰县城一个普通人家。尽管家庭并不宽裕，但父母还是省吃俭用把儿子送进私塾，读四书五经、唐诗宋词、元明戏曲，希望他有一天能出人头地，光耀门楣。

天资聪颖的聂介轩在私塾学习了六年，打下了坚实的古文基础。就在他拼命汲取知识，憧憬着美好未来的时候，命运却和他开了一个玩笑：由于长期熬夜，挑灯夜读，受油灯烟熏，不幸患上了睑缘炎（俗称红线锁边）。当时医疗条件有限，病情不断恶化，大白天只能保持“昏昏月”的能见度，这一疾病伴他终生。

光绪三十一年（1905），清廷废除科举考试，兴办新学。11 岁的聂介轩因为身患眼疾，加上家境贫寒，不得不告别他深爱的课堂。为谋生计，学一技之长，养活自己，父亲送他去跟着瞎子师父黄鹤楼学习易经八卦、测字算命之术，学拉二胡。

聂介轩天资聪颖加上勤奋好学，练就了高超的二胡技艺，再加上四处流浪算命的生活让他接触了各地丰富的民间音乐和戏曲，成为他日后创作的丰富素材。上帝为他关上了一扇门，也为他打开了一扇窗。通过二胡，聂介轩进入到音乐艺术的世界，也成为他日后进入戏班充当乐师的“武器”。

▲ **民国时期街头的木偶戏** 木偶戏的“角色”用木材雕塑成各种头型，按照生、旦、净、丑的脸谱进行彩画，在演出时戴上头饰或髯口，穿上服装，装扮成各类“角色”。

聂介轩的母亲是老里坝何家之女，这里是咸丰县木偶戏发祥地之一。亲戚往来，耳濡目染，聂介轩对“开幕几疑非傀儡，舞台虽小有机关”的木偶戏产生了兴趣。宣统二年（1910），16 岁的聂介轩加入清水塘羊头山木偶戏“本家”黄二的戏班，担任乐师；在搭班演出中，结识了双河石家坡著名木偶艺人石搭搭，拜他为师，潜心学习木偶戏；宣统三年（1911），老里坝最火的木偶戏“本家”陈狗宝看中了聂介轩的才华，邀请他入社担任乐师，并收他为徒。

陈狗宝是当年咸丰曲艺界的名角，木偶戏表演技艺精湛。聂介轩拜师后虚心好学，嗓音洪亮，演唱都会，深得陈的赏识。二人亦师亦友，惺惺相惜：一个是罗汉肚子，装满了戏，几乎是传之不尽，学之不竭；一个是海绵脑袋，拼命吸收，所授一学就会，入脑不忘。两人同台演出，配合得天衣无缝，可谓是珠联璧合。

木偶戏和南剧有着亲缘关系。南剧又称南戏，因常在庙台演出，又长于演唱连台大戏，俗称“高台戏”“人大戏”；木偶戏又称傀儡戏，即用木偶彩画的人扮演各种角色、表演故事，因只在农家堂屋、院坝或者草台演出，俗称“矮台戏”。鄂西地区的木偶戏和南戏不仅剧目相通，剧本内容相同，而且连声腔都一样。

聂介轩跟随戏班在鄂、湘、川边区到处演出，经常和南剧戏班切磋交流。在这期

▲ **晚清时期的演出戏服** （供图 / 咸丰县民族博物馆）

间又学会了京胡、三弦、扬琴等乐器；学习了民间歌舞（玩灯、杂耍）、小戏（灯戏、傩戏、柳子戏）、吹打乐（花锣鼓、唢呐）；最重要的是学会了唱南、北、上路多种声腔及荆河、高腔等多种路子的戏，为后来唱南戏打下了坚实的基础。

民国二年（1913），19岁的聂介轩遵从父母之愿，回家娶亲。第二年，父亲病逝，从此身系家庭，很少外出。后在县城加入了“瀑泉公联社”，任当家。他以特有的人格魅力跻身社会，利用帮会组织和艺术天赋，上攀耆绅政教、社会名流，下交端公术士、三教九流，从这些人身上进一步汲取丰富的艺术养分。

“一入曲艺深似海，从此只为戏痴迷”。聂介轩常与二三知己清唱南剧以共娱，由于他脑海里的戏很多，记忆极强，能把一出戏从开头到结尾的全过程和人物唱腔、对白的台词如数家珍地背诵，并能司鼓、操琴，熟谙声腔套路，讲解表演要领，对那些南剧玩友们具有很大的吸引力和凝聚力。一些玩友常云集他家，围鼓坐唱，切磋技艺，尊称他为“戏夫子”。连一些小孩也喜欢他，暑夜良宵，围着他摆龙门阵，说东周、讲列国、摆三国、道水浒，时时听得入迷。

复兴南剧的“大管事”

民国时期，聂介轩复兴南剧班社，弦歌不辍，成为咸丰南剧江湖的精神领袖。

清道光、咸丰年间，咸丰富商邓小池、邓小碧兄弟俩创办了“天元班”和“连升班”，培养了众多南剧名角，南剧流传遍及咸丰县城、城乡、清水塘、老里坝等地；南剧玩友，围鼓坐唱，更为普遍。

民国初期，县城富商赖亨甫出资购衣箱道具，每逢盛会都在庙台演出。后来赖亨甫在活龙坪购置田产定居，衣箱因是他私人购置也被带走，县城便没有演戏的衣箱了。要演出就得要向老里坝何家或清水塘伍家去借，借与不借全在衣箱主人。因此县城南剧冷落了很长一段时间，只能盼过路客剧班演出以一饱眼福。

县城群众对南剧非常感兴趣，特别是一批"票友"尤其偏爱。大家公推聂介轩领头把南剧搞起来。聂介轩接受重任之后，即与票友聂祖廉、聂祖风、宋香九、杨遂之、张贤富、李德馨等，首先组织围鼓班子，每逢节庆、庙会，打围鼓清唱，吸引群众；发动热心戏曲青年学习，唐会云、杨春宣、张良训、蒋三娃、李明生、冯子权等人纷纷加入。聂介轩的家成了技艺传习教室，他既要口授唱词，又要表情做动作，还要配合鼓点琴音，尽心竭力地传艺，手舞足蹈，乐此不疲。

票友们配合新班子，可以拼凑演一些小戏了，但群众觉得不过瘾，不满足于清唱，要求彩排出台。众人拾柴火焰高。"景星斋"糕点铺吴景星说："你们演出，我捐蜡烛。""杏林堂"药铺老板袁宗福说："演戏时的零杂用费我负担。"有了大家的鼓励支持，聂介轩和票友们计划组建一个正规的戏班。

组建一个戏班，最难的是衣箱道具。当时只有一个狐狸尾巴和一顶旧毡帽，聂介轩不辞辛苦奔走于各寺庙间，向城隍庙、三元宫借神袍；向袁道士借耳帐、围帐；削竹木为兵器，剪纸壳做头盔，扯白布请人画靠子（铠甲）；口条（胡须）不够，聂介轩摸起剪刀去剪家里的马尾，结果被马踢伤，从此身体留下疤痕，行路微跛。

就这样七拼八凑，终于把道具置齐，首演大戏是《花园激将》，群众对演出拍手叫好，并主动凑钱添置行头。因此，县城的人戏称这个班子为"可怜班"。"可怜班"一兴起，不断排演，接着又演出了《芦花汤》《甘露寺》《太平桥》，每场都是座无虚席，掌声雷动。

由于各寺庙及地方绅商主动乐捐款项，要求把咸丰南剧搞起来。于是派聂祖风到老里坝，利用聂介轩与何家甥舅关系，不惜好说苦求，反复商讨，终于把何家大衣箱长期租赁下来了。"可怜班"有了衣箱，真是如虎添翼，新老演员热情高涨，经常排练演出，各地艺人闻风而来，搭班演出，切磋交流。

民国九年（1920），咸丰县万寿宫（江西会馆）戏楼重修完成，上演踩台戏。聂介轩召集“可怜班”全体演员，联合利川、来凤、酉阳来的三个戏班子，上演了南剧最著名的连台大戏《搬金牌》（《说岳传》），连唱四十八天， 晚上还演夜戏。一时间风头无限，经常到各乡镇巡回演出，也不时应邀出县“亮台”，颇受观众欢迎。

民国二十二年（1933），贺龙来咸丰时留下一个“随军演员”杨兴楚，是演南剧的名角。求贤若渴的聂介轩听说后赶紧去拜见，邀请他加入戏班，为他安排住处。杨兴楚加入后，戏班如虎添翼，两人配合默契：一个吹拉弹奏样样都精，一个生旦净丑角角能演；一个前台，一个后台，缺什么他们就填补什么。聂介轩自己常担任司鼓，他如明眼人一样，驾轻就熟，鼓点与演员的动作、台步配合默契，丝丝入扣，令人叫绝。

旧时称呼戏班负责人叫“管事”，又分内管（管理演员，道具）和外管（对外联系）。聂介轩一人身兼数职，是民国时期咸丰南剧的精神领袖。他组织领导的“可怜班”业余剧团三起三落，历尽艰辛，但一直风吹不垮，雨打不散， 坚持传承着南剧这一民间艺术形式，一直支撑到中华人民共和国成立。

兴灭继绝的“艺术家”

中华人民共和国成立后，聂介轩的艺术生命有了新的活力，他殚精竭虑，发掘整理剧本，致力于南剧的恢复和传承工作，堪称咸丰南剧史上兴灭继绝的人物。

1951 年“五一国际劳动节”，咸丰第一任县长肖继何很赞赏艺人们的艰苦创业精神，鼓励大家为丰富城乡人民的文化生活做贡献，并将以前大家戏称的“可怜班”业余剧团命名为“劳动剧团”，聂介轩成为剧团负责人之一。

南剧艺人彻底翻身了，由旧社会的低贱“下九流”，一跃成为新时期文艺工作者，聂介轩埋藏在内心深处的戏剧火焰又迸发出来。他在县城四处串联票友演员，积极准备东山再起。艺人们白天劳动，晚上聚集聂介轩家，讨论排演。

业余剧团的服装道具在中华人民共和国成立前夕被盗卖一空，一切都要从头开始。当时真是穷得一干二净，连狐狸尾巴和破毡帽也没有了，聂介轩在万寿宫得到一大块破鼓皮，摸着缝制头盔。他的老伴同情地说：“我来帮你缝，莫把手锥了。”

除在县城各寺庙收得一些神帐和少数神袍外，道具仍然不够，大家决定派刘培钦、刘惠卿、杨本桃三人到唐崖土司城张王庙“借”神像的神袍。三人一鼓作气赶

▲ **咸丰县劳动剧团巡回演出合影留念** 1956 年 9 月 22 日摄于湖南保靖。

到张王庙，见到神像威严，张口怒目，吓得打颤。但不脱神袍戏又演不成，于是三人低头膜拜，互相鼓励，脱下神袍，几个豺狗步奔出庙门，一溜烟儿地回到县城。

接着由聂介轩作指导，自制服装道具，剪纸壳做头盔，削竹木为兵器；大家凑钱买布请裁缝缝制戏剧服装，请画师彩画衣甲。这样五凑六合把南剧排演出来了。观众拍手叫好，演员们积极性更加高涨，剧团上下齐心协力，大家去搬运修建银行的建筑材料，所得报酬全部捐给“劳动剧团”用来添置服装道具。

聂介轩不顾双目失明，在剧团担当鼓师又负责排演指导。在他的教导鼓励下，培育出刘培钦、刘惠卿、杨本桃、康焕、曹庚禄、张良桂、鲁光印等舞台新秀；唐会云、刘国忠这两位琴师的琴技日趋精进；鼓师刘船山和钹师杨春宣、刘昭万等人的技艺都有提高，为“劳动剧团”的发展打下了坚实的基础。

1956 年，咸丰“劳动剧团”拿到了由省文化厅签发的以南剧署名的专业剧团营业执照，咸丰职业南剧团正式成立。鉴于“可怜班”在旧社会两次破产，中华人民共和国成立后得到党和人民政府的大力扶持，聂介轩深感欣慰，特地将两套大衣箱及自己呕心沥血培育出来的全班人马转入咸丰南剧团。

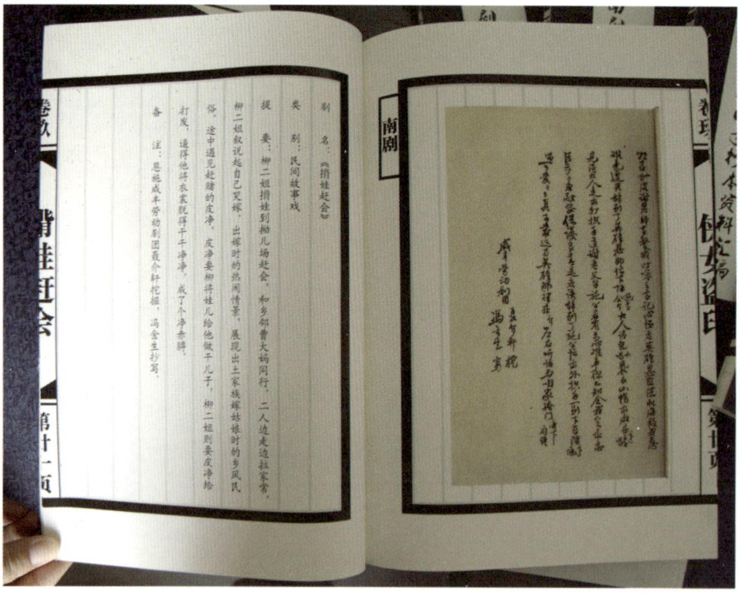

◀ 聂介轩和冯金生合作整理的传统剧本（湖北省艺术研究所编纂）

聂介轩不仅在创兴“劳动剧团”方面立下了汗马功劳，而且在挖掘、整理南剧传统剧目方面也有着不可磨灭的功绩。1957 年，由于南剧在鄂西的“异军突起”，湖北省戏剧研究工作室专门派人到恩施地区挖掘整理南剧传统剧目。

聂介轩欣然接受这一任务，完成了多年的夙愿。他与熟师冯金生合作“打”剧本。二人志趣相投，相得益彰，一个古文功底深厚，知识渊博，文笔生花；一个胸有成竹、思维敏捷，记忆过人。在将近三年的时间里，共挖掘整理出南剧传统剧目 604 出，占鄂西南剧传统剧目的 60% 以上，其中有 67 个剧目在《湖北地方戏曲丛刊》上陆续刊登，供各剧团演出、研究，在湖北地方戏曲史上，留下了浓墨重彩的一笔。

“莫笑老夫双目瞽，不亚明察秋毫人。”聂介轩一生为戏而痴，成为造诣颇深的“艺术家”。他打出的剧本，拿到手就可以演，不仅情节完整、人物齐备，而且连道白、声腔也写得清楚明白。他所整理的连台本戏《四下河南》，在当时填补了其他剧种的空缺，得到全省戏剧界的重视，受到了省文化厅的表彰。

1960 年夏，聂介轩腰患痈疽，病情日趋恶化，但他仍然坚持天天上文化馆“打”本子。为避开衣服擦痛患处，他编了一个篾圈圈箍在腰间以隔住衣服。他自知病情严重，坚持不了多久，就对他的徒弟刘国治说：“我有一个愿望，死后在我的坟上立一个碑，碑上不打别的，打个鼓，打个钩锣，打把二胡，这一套都打全……”就在这年秋天，聂介轩就像树上的落叶一样，悄悄离开了人间。

三、“台柱子”夏福千

1959 年，夏福千被任命为咸丰县南剧团副团长，1960 年当选为县人大代表，享受“高级知识分子”待遇。他感慨万千地说：“学了戏在旧社会没有伸过头，演了一辈子戏，受了一辈子气，好不容易才盼了个‘老来旺’”。

名噪湘鄂的“夏生角”

夏福千是属于“祖师爷赏饭吃”的人，他勤学苦练，疯魔成活，终成名角。

清光绪二十五年（1899），夏福千出生在湖南常德津市的一个贫困人家。清朝末年，津市“舳舻蚁集，商贾云臻，连阁千里，炊烟万户”，鄂西南和湘西山货、滨湖水产大都在此集散，遂成为湘鄂边境和澧水流域的中心商埠。但夏福千却生不逢时，因为父母早逝，无依无靠，从小就成了流浪儿。

民国二年（1913），14 岁的夏福千流浪到了邻近的澧县新安，被当时演荆河戏的“福兴”班收为艺徒，拜赵采堂（亦说刘宝洪）为师。从此接受了“白天不见天日，练功练得浑身下架（即骨头散架）”的严酷训练。

荆河戏旧称“上河戏”或“大台戏”，是在湘西北澧县及湖北荆州、沙市等地流行的一个传统戏曲剧种。荆河戏声腔有高腔、昆腔、弹腔、高拨子四种，以弹腔为主。弹腔也称“南北路”，北路高亢、激越，由秦腔演变而来；南路柔和、华美，由楚调与微调演进。荆河戏的声腔和南剧的声腔有共同之处，都是多种声腔同台演出，西皮（南路）二黄（北路）合奏。

荆河戏对艺术精益求精，各行当历代都有一批身怀绝技，德艺双馨的名角活跃在舞台上。荆河戏早期以在城镇演唱“庙戏”“会戏”为主，后来向农村发展，临时搭台演出“草台戏”；荆河戏的传统剧目多数取材于历史演义、章回小说，这和南剧的剧目也有异曲同工之妙。此外，荆河戏的乐器、角色、表演都和南剧大同小异。所以，学习荆河戏的夏福千后来加入南剧戏班，才如鱼得水。

旧时代荆河戏班的规矩非常严格，戏班的“本家”是权威领导者，往往由当地有威望且爱好荆河戏的豪绅担任。班内学徒多来自贫苦百姓家，也有流浪孤儿。进班只有饭吃，要立字据，盖手印，写明“生死祸福，听天由命，私自逃跑，打死勿论。”每科一班三四十人不等，进科班要改名，给菩萨、师父三叩头后，男的要打屁股十二板，打时嘴要咬板凳角；女的要打手心十二板，叫“剁尾巴”，预示学徒一年十二月“月月红”。

夏福千进入“福兴”班后，也经历了这样一次次的磨炼。据他后来回忆说：“每天天不见亮就起床，晚上二更才准入睡。读台词是三天一小比，五天一大比，背不到就跪在瓦碴子上读。”斗大字不识的夏福千，全凭口传心记来背熟每一句台词，每一段唱腔，所要付出的努力和辛苦可想而知。

“不疯魔不成活”，在“福兴”班这座熔炉里，夏福千终于练就一身本事。所谓“祖师爷赏饭吃”是说天赋一般，但勤学苦练，也能修成正果。夏福千在“福兴”班主攻生角，扎实的基本功，加上日积月累演出经验，让他的表演功力日臻完美，成了名噪湘、鄂、川、黔边境的“夏生角”。

在旧社会，唱戏的是最被人瞧不起的职业，是被排在“下九流”之列的，为了讨得一碗饭吃，夏福千走上了这条路。学艺出科后，他跟着师兄弟王福满、宋福龙等人搭班唱戏，卖艺为生，浪迹江湖，辗转城乡，足迹遍及湘西北、鄂西南及川黔边境的三十多个县、市。抗战期间，曾一度到咸丰丁寨十字路演出过。

民国二十六年（1937），夏福千随戏班到恩施演出，结识了恩施南剧“同庆”班的“管事”徐双庆，两人一见如故，相逢恨晚，遂一起搭班演出，后来又一起在恩施开过戏院。那时候，社会动乱不安，人民生活贫困，哪里能留得住“戏班”？夏福千像水上浮萍，今年飘到这里，明年飘到那里，唱了半辈子戏，仍是孑然一身，无安身立足之地。

有一年唱戏到了重庆秀山，萍水相逢，结识了一位被旧军官遗弃而无家可归的女人。“同是天涯沦落人”，两人一见钟情，心融意汇，结成了同甘共苦、生死相依的终身伴侣，然后继续流浪，以戏班为家。

出神入化的"罗帽生"

中华人民共和国成立后，夏福千定居咸丰，真正找到了彰显自己艺术才华的"舞台"。

1951 年，已经 52 岁的夏福千从湖南龙山到了来凤，被来凤剧团留下。但由于经费困难，剧团难以为继，一年不到就垮台了。当时，咸丰"劳动剧团"刚刚成立，求贤若渴的聂介轩正在到处寻找演员，因为当年"夏生角"的名号在湘鄂戏曲界是响当当的，一听说夏福千的事情后，就赶紧派杨兴楚去来凤邀请。从此，夏福千结束了四十余年的流浪生活，定居咸丰，继续从事他所热爱的戏曲事业。

初来咸丰的夏福千夫妇，衣衫褴褛，全部家当就是一条凉席和一个烂铺盖卷儿。艺人覃克美为他缝制了一套新衣服，玩友王化堂等人供他伙食。在城隍庙戏楼首演《逼成都》，轰动了全城。这一帮艺人、玩友，夜晚演戏，白天搞劳动，换得的报酬自己分文不取，积攒着添置服装和道具，"劳动剧团"越搞越红火。

夏福千少时在"福兴"班学习，练就了扎实的基本功，后来和南剧戏班搭班演戏，又融会贯通，主攻南剧生角。夏福千的台步、身架都有过硬功底，深沉稳健；他的表演艺术独到，唱做俱佳；他的唱腔粗犷、高亢，铿锵悦耳，咬字明晰独特。

▲ 传统南剧《杀狗惊妻》 咸丰县南剧团在古戏楼上演出，观者如潮。

南剧角色分生、旦、净、丑四行，表演除讲究唱、做、念、打，注重手、眼、身、法、步外，还有许多绝招特技，如扫堂翎子、纱帽功、软罗帽功、眼功、抖色（变脸）、气功等，要求演员具有过硬的基本功和精湛技艺。

软罗帽功是南剧生角里的绝招，夏福千运用得炉火纯青。在其拿手戏《八义图》中，夏福千饰演老生程婴，在苦打公孙杵臼时，软罗帽甩成太极图，同时抖须，舞马鞭，单腿独立，另一脚高跷摆动，向公孙暗暗示意，即刻画出角色内心的痛楚和对公孙的疼爱，又使佞臣屠岸贾看不出破绽；罗帽、口条、马鞭、腿功并用，把人物的内心活动刻画得淋漓尽致。夏福千的这一表演艺术，堪称绝招，一般艺人难以望其项背，故又得名“罗帽生”。

南剧在舞台上表演时，常通过抖色（变脸）来表现角色的心情状态，主要是靠独特的“运气”方式达到变脸效果，如表示愤怒时运气让脸变红。夏福千善于“运气”，根据剧中人物性格和剧情发展，他的脸色可由白变红，由红变紫。他常说：“外练筋骨皮，内练一口气。”

夏福千最可贵之处是他对艺术的严谨态度：演戏一丝不苟，精益求精。不管台下观众多少，不顾演出条件好坏，他总是一样认真演戏；一出戏不管演多少回，每一次他都要揣摩剧情，深入角色。他常说：“戏比天大，演戏的人一点不能马虎，一出戏唱到老要学到老。”

加入咸丰“劳动剧团”以后，夏福千积极参与演出、创作剧本，培养新人。和聂介轩、杨兴楚、覃开美等老艺人一起，在50年代，排演了100余部传统南剧，演遍了川黔湘鄂边区30多个县，其中最受欢迎的有《秦湘莲》《二度梅》《王宝钏》等，演不败的有《御河桥》《凤仪亭》等。

与此同时，在“百花齐放，百家争鸣”的方针指引下推陈出新，新编历史昆剧《十五贯》、新编历史京剧《将相和》。特别是通过移植一批现代戏，如将《小二黑结婚》《江姐》《三里湾》《朝阳沟》《红嫂》《刘三姐》《向秀丽》等一批现代戏以南剧的形式表现出来，令人耳目一新。这也是南剧能够深入人心、得到群众广泛喜爱的一个重要原因。

1956年，咸丰成立职业南剧团，1959年，夏福千被任命为副团长，1960年当选为县人大代表，享受“高级知识分子”待遇。他感慨万千地说：“学了戏在旧社会没有伸过头，演了一辈子戏，受了一辈子气，好不容易才盼了个‘老来旺’。”

▲ 现代南剧《张二嫂做中》20世纪80年代，咸丰县南剧团下乡送戏演出场景。

厚积薄发的“台柱子”

夏福千主演的《八义图》在湖北省首届戏曲会演中一举夺魁，咸丰获得职业南剧团执照，他也成为名副其实的“台柱子”。

1956年秋季，湖北省首届戏曲观摩会演在武汉揭幕，全省的新老艺人云集省城，共襄盛举。咸丰县派遣文化馆的聂秀坤，南剧团的夏福千、杨兴楚三人前去观摩参赛，他们精心编排了《火烧绵山》一剧，试图大显身手。

不幸的是，到武汉后杨兴楚患上“痈疽”重症，腹部隆起碗大一个包，不能行动，自然就没法再演出。聂秀坤在和恩施、来凤各县身怀绝技的老艺人一同观摩表演时发现，他们人人喉咙发痒，都渴望上台一展身手。于是他冒出一个大胆的想法：把各县老艺人召集起来，组成鄂西南剧演出团，“搭班”合演。

根据各县老艺人擅长的行当和角色，放弃原来的《火烧绵山》，重新编排大家都熟悉的《八义图》。由咸丰剧团的夏福千饰演程婴，来凤剧团的刘华斤饰演公孙杵臼，徐双庆饰屠岸贾，来凤剧团团长杨二自告奋勇任刀斧手，连文武场锣鼓和跑场都是各剧团颇有名气的老艺人，真是各路高手，汇聚一堂。

▲ **南剧团演员与国家领导人合影** 1984年4月，时任中共中央总书记胡耀邦、全国人大常委会委员长乔石、团中央书记胡锦涛接见咸丰县南剧团演员时合影。

几位老艺人不分昼夜，积极排练。为了达到完美的演出效果，几位艺人商议进行了一些新的尝试：化妆开油脸，略涂点红，便于变脸；屠岸贾站起来用手把公案掀得倾斜喊打，以加强声势；将其他戏剧中程婴戴的高方巾换成软罗帽，这样帽级、口条、马鞭一动就显示出三个太极图，目的是要把这个很普通的《八义图》演出南剧的特色来。

各剧团的会演结束后，鄂西南剧演出团的《八义图》开始“展演”。许多其他剧团的老艺人也纷纷前来，都想一睹南剧的独特魅力。开演后，程婴在鞭打公孙杵臼时，头一摆动果然软罗帽缨一个圆圈回环，口条一个圆圈回环，马鞭一个圆圈回环，现了三个太极图，而且三个太极图随动作连续出现，兼之油脸随剧情变化，恰到好处。一出经典的《八义图》演完，立刻赢得了满堂喝彩，在座的戏剧专家们为这“养在深闺人未识”的南剧而感到耳目一新，并发出了由衷的赞叹。在这个演出中，夏福千表演艺术得到了高度升华，把人物的内心活动刻画得淋漓尽致。

当时在场观戏的有时任全国戏剧协会主席田汉，时任全国音乐家协会主席、中央音乐学院院长马可这两位戏坛泰斗。他们对南剧给予了高度评价。田汉说：“南剧《八义图》中的程婴，头戴软罗帽，文戏武唱，从服饰声腔到表演都异于其他剧种，可谓独具一格。”马可的评价是：“南剧唱腔高亢强烈，有如深山峡谷之音。”还有人评论：“《八义图》中的表演技巧，是一种‘特殊的舞蹈’”。

结果，原本只参演不参评的南剧《八义图》被专家们特许参与评奖。夏福千也因此获得了至高荣誉，拿到了表演一等奖。当年，咸丰劳动剧团拿到了由省文化厅签发的以“南剧”署名的专业剧团的营业执照，“咸丰职业南剧团”正式成立；南剧这个剧种被正式承认，成为湖北省四大剧种之一；南剧这一流传于民间的艺术形式也由此登上了大雅之堂，成为鄂西南一朵独特的艺术奇葩。

晚年的夏福千把主要精力放在授徒传技上。1960 年 6 月，湖北省第四届戏（教学）会演，咸丰南剧团学院演出《三看清》，由夏福千主教；1962 年 8 月，恩施文教局，在来凤举办南剧演员培训班，集中三县中青年演员一百余人，学习南剧折子戏，由咸丰夏福千、鹤峰覃福豹、来凤徐双庆等老艺人执教，教授《八义图》等传统剧目。夏福千对学徒要求极严，信奉“严师出高徒”。

1969 年 9 月，夏福千离开了人间。终年无嗣，遗骨葬于县城西北面梨子树鸦雀塝。一代名角就此陨落，但他对南剧的贡献却一直被后人铭记。

参考文献

[1] 卢海晏 . 恩施州民族研究丛书——南剧 [M]. 北京：民族出版社，2003.

[2] 卢海晏 . 南剧资料汇编 (南剧志编)[M]. 恩施：鄂西土家族苗族自治州文化局民委，1987.

[3] (清) 顾彩 . 容美纪游 [M]. 武汉：湖北人民出版社，1998.

[4] 吴运辉 . 咸丰南剧：高亢的“峡谷之音” [N]// 恩施日报，2005-10-21.

[5] 聂秀坤 . 聂介轩与南剧“可怜班” [M] // 政协咸丰县委员会文史资料委 . 咸丰文史资料第一辑 .1987

[6] 聂秀坤 . 咸丰南剧团首次参加全省会演纪实 [M] // 政协咸丰县委员会文史资料委 . 咸丰文史资料第一辑 .1987.

[7] 晏纯武 . 南剧老艺人夏福千 [M] // 政协咸丰县委员会文史资料委 . 咸丰文史资料第一辑 .1987.

[8] 聂介轩 (简介)[M] // 政协咸丰县委员会文史资料委 . 咸丰文史资料第五辑 .1996.

▲ **吊脚楼里的南剧表演** 南剧是土家族文化与汉文化交流融合的结晶，传唱了 300 多年依然具有蓬勃的生命力，剧团和戏班一直活跃在城乡戏台。南剧在咸丰得到有效保护和良好传承，成为国家级非物质文化遗产。（摄影 / 田宗利）

后 记

人杰地灵的咸丰，享有“荆南雄镇”“楚蜀屏翰”的美誉，在中华民族史册上有着独特的地位和价值。仅仅一个唐崖土司城遗址，便有说不完的故事和传奇。

“咸庆丰年，丰年咸庆。”这片热土养育了许多优秀的土苗儿女。从文武兼备、治理有方的唐崖土司夫人田彩凤，到驾机飞向蓝天的中国航空第一人秦国镛，举旗反清的铁血英雄温朝钟，由“神兵”总理成为红军副师长的庹万鹏，全家父子兄弟齐当红军的“韦氏七雄”……这些耳熟能详的人物故事，每每提及，自豪感油然而生。

然思及这些本土历史人物，虽广为流传、声名远播，但过往的史料过于零散，没有系统的集中讲述，可查阅的资料十分有限，其真实面目模糊。更为忧虑的是，咸丰历史上这些有重要影响的历史人物故事，随着时间的推移，若不抓紧加以搜集查证编撰、补充完善，还原其真面目，恐不能满足后来人特别是本土民众对咸丰历史文化探究的渴求，势必成为憾事。

从事政协工作以来，我深深体会到，政协文史资料，有着“存史、资政、团结、育人”的独特功能和价值，责任重大，使命光荣，是一项崇高的事业。

由此，始终心存一个意念：文史资料工作作为政协工作的重要组成部分，如何以科学严谨的方法，补史之缺，续史之无，详史之略，纠史之错，让众多面目模糊的咸丰历史名人，从散落史册、家谱、碑记等历史角落的故纸堆里走出来、鲜活起来、生动起来，从而有助于对咸丰深厚的文化底蕴和优秀传统文化更好地挖掘整理和保护开发，提升咸丰历史文化品位和影响力，以尽政协文史工作之责。

可喜的是，这一想法得到了同事们的一致赞同，得到了县委、县政府的高度重视和大力支持。

我深知这个重大课题面临诸多挑战。但庆幸的是，我结识了两位与咸丰有缘的地方文史专家，即本书的主编段战江、刘勋两位老师。他们均从事地方文史研究工作多年，发表过大量的研究文章，特别是在史料挖掘和深度梳理方面极具功底。刘勋老师作为从咸丰走出去的才子，自不必言，对家乡爱得深沉。段战江老师曾以专家身份，为咸丰做过许多有益的工作，不仅对咸丰很是了解熟悉，更被咸丰的民族历史文化深深吸引，情不自禁热爱上了这片土地。

他们不辞辛劳查阅了几百万字的史料，走访了十几座城市，几十家博物馆。还遍访民间、深入乡野，调查咸丰重要历史人物的各种遗迹、墓碑、故居等，采访了近百人，费了极大的心血，才终于完成编撰工作。

全书分秦氏五杰、同盟三雄、红色群英、风流名士四大部分，列12个篇目，近13万字，收录照片180多张，复原历史人物画像11张。限于留存史料不足等原因，本书仅收录了秦国镛、秦家柱、秦朝品、秦云龙、秦渤峰、温朝钟、王云龙、冯子恭、庹万鹏、黄兴武、黄子全、韦广宽、田氏夫人、严雪樵、聂介轩、夏福千等16位咸丰本土不同时期历史人物。另因史料太缺，部分收录人物的画像无法复原。

令人欣慰的是，书中所写历史人物，均以“硬”史料为基础，如档案、信件、著作、文物、墓志铭、个人回忆录、官方史料、原始照片、当时报刊、考古报告等，结合以往政协搜集的“三亲”资料和后人采访回忆，多方比对，交叉考证，去伪存真，终于完成这本考据严谨、史料丰富、清晰生动的文史资料。

原本模糊单薄的地方历史名人，一个个鲜活生动起来，比较完美地展示在世人面前，充分彰显了“尊重历史、记载历史、再现历史、宣传历史”的文史资料编撰原则，体现了编者对历史负责的精神追求。

可以说，此书是一项地方人文研究的新成果，也是一本有血有肉、厚实生动的本土文化史料，对于挖掘地方历史内涵、传播优秀文化遗产、弘扬民族传统文化，特别是在培养民族文化自信等方面，有着积极意义和作用。

在本书编撰过程中，得到了社会各界的鼎力支持，特别是受到一些名人后代家属的热心帮助；唐崖土司城遗址管理处、咸丰县档案局、咸丰县南剧艺术传承保护中心等单位也给予了大力协助；陈旭、常琴、何源、任靖雯、王琦、孙宗超、冉琳等各位老师参与了本书的资料搜集、图片拍摄、插画设计工作；滕树清、胡立超、冯正佩、安治国、秦远桥等本土专家学者参与审稿。在此，一并向他们表示诚挚的谢意！

真诚地希望本书能够得到大家的认可和厚爱，成为了解咸丰历史人文的一个窗口、宣传咸丰的一张文化名片。

是为记。

政协咸丰县第九届委员会主席

2018年11月